U0678496

〔中国意象〕
系列图书

老北京 的 记忆

张善培→著

社会科学文献出版社
SOCIAL SCIENCES ACADEMIC PRESS (CHINA)

老北京 的记忆 **目录**

【 一　岁时佳节 】

立春的习俗

　　古人将立春定为二十四个节气之首。立春之日，晚上七点时，仰望星空，可见北斗七星的斗柄正指向东北，即方位角45°的地方，古人称为艮（八卦之一）的方向。

　　立春的"立"表示开始，"春"表示季节，故立春有春之节气开始之意。农谚有"春打六九头"，"几时霜降几时冬，四十五天就打春"之语。从冬至开始入九，五九四十五天，因而立春之日正好是六九的开始，故民间有"春打六九头"之语。

　　立春，作为节令，早在春秋时就有了。那时一年中有立春、立夏、立秋、立冬、春分、秋分、夏至、冬至八个节令，《礼记·月令》和西汉刘安所著《淮南子·天文训》中有二十四个节气的记载。在汉代以前曾多次变革历法，那时曾将二十四节气中的立春这一天定为春节，意示春天从此开始。这种叫法曾延续了两千多年，直到1913年，当时的民国政府正式下了一个文件，明确每年的正月初一为春节。此后立春日，仅作为二十四个节气之一存在并传承至今。

　　立春，亦称"打春"、"咬春"，又叫"报春"。这个节令与众多节令一样有很多民俗，有迎春行春的庆典与活动，有打春的"打牛"和咬春吃春饼、春盘，咬萝卜等习俗。

　　自周代起，立春日迎春，

迎春（绵竹年画《游春图》清代黄瑞鹄绘）

芒神（句芒神）

是先民于立春日进行的一项重要活动，也是历代帝王和庶民都要参加的迎春庆贺礼仪。

在周朝，立春时天子亲率三公九卿诸侯大夫去东郊迎春，祈求丰收，回宫后要赏赐群臣，以施惠兆民。到东汉时，正式产生了迎春礼俗和民间的服饰、饮食习俗。在唐宋时，立春日宰臣以下都入朝称贺。到明清两代时，是立春文化的盛行时期，清代称立春的贺节习俗为"拜春"，其迎春的礼仪形式称为"行春"。在这些迎春活动中，"服饰"与"打牛"是很重要的习俗之一。明清时京兆尹和各府衙官员，都必须将官服穿戴整齐，到"东郊"的东直门外五里的"春场"去迎春，即按规定的仪仗，使用制作好的春牛、芒神、柳鞭等举行迎春礼仪，然后进宫朝贺并接受赏赐。

打牛仪式由县府执行，在旧县志上有详细描述："立春前有司迎句芒神于东郊，里市各扮故事表演，曰庆丰年。民之男女携儿女看春，俟土牛

打春牛（《太岁庙打牛》选自《清俗纪闻》）

过，各以豆麻撒之，谓散痘消疹。立春日祀芒神（指传统中统管农事的地神，亦称春天之神）圣，鞭土牛（用泥土塑造的一个牛状物，亦称春牛）毕，民争土块归置牲圈取畜养蓄息地。是日喜晴厌雨，歌曰：但得立春晴一日，农夫不用力耕田。"说的是，打牛的前一天，先把土牛放在县城东门外前，称为"立牛"，其旁要立一个携带农具挥鞭吆牛的假人做"耕夫"，以此表示春令的到来，农事宜提前准备。那"耕夫"如站在牛前，表示春令早来应早些备耕；"耕夫"立在牛后，则表示春令迟到；若人牛并行，则春令适中。立春日当天，各官府要奉上肉果食品于芒神土牛前，于正午时举行隆重的"打牛"仪式，吏民击鼓，由官员执红绿鞭或柳枝，鞭打土牛三下，然后交给下属与农民轮流鞭打，把土牛打得越碎越好，以示人们对春天的热爱。随后，人们欢笑着抢土牛的土块带回家入牲圈，象征槽头兴旺。据说当天如天晴，万民高兴；若遇阴天下雨，则表示晦气不利，预示这一年年景不佳。

民间迎春活动亦很热闹。立春日时，城内四合院还有乡下农家院里要高挂"春幡"，各家门框上都要贴上用红纸书写的对联，如"一门欢笑春风暖，四季祥和淑景新"，或"瑞雪丰年，八方献瑞"，"春风得意，六合同春"等联语，院内屋内墙上也贴满"迎春"、"宜春"以及"福"字，院里一片红彤彤的景色，显得春意浓浓，也象征着吉祥。大人孩子要换上洁净的新装，妇女们脸上抹上胭脂粉，头上插上写着有"春"字、"福"字的红绒花，或用彩色绫罗剪出象征春天已到的春燕花鸟等图样，用簪子插在发髻上，也有的用红纸剪刻个雄鸡形状的剪纸贴在屋门上，因鸡与"吉"谐音，有吉祥如意之意。"剪绮裁红妙春色，宫梅殿柳识天情。瑶筐彩燕先呈瑞，金缕晨鸡未学鸣。"这首古诗正写出春色满院，欢乐迎春的情景。

另外，有些村镇立春日还举办"迎春会"，常找个十多岁的少年化装成一个官老爷，身穿纸宫服，头戴纸帽，脚蹬纸靴，骑着个牛，前往祭祀

春联（喜屏对字。清道光，天津杨柳青年画）

坛，带领百姓祈祷保佑风调雨顺，五谷丰登，沿途敲锣打鼓放鞭炮，以迎春天到来。

旧京时还有农家找一男童，穿青衣戴青帽，站在田野中，然后众农家敲着锣鼓，从田野里将小孩拜迎回来，叫做"迎春"。至今也有农家写些"迎春接福"或"春到家兴旺"等红条幅贴在墙上，并摆上果品或春盘，恭候春的到来。因这些迎春礼仪、装饰、服饰及打牛等活动，故立春也被称为"打春"。

立春又叫做"报春"。现在农村中仍有这个古老的习俗，即由一个人在立春日手敲着小锣鼓，唱着迎春的赞词，挨家挨户送上一张春牛图。在红纸印的春牛图上，印有一年二十四个节气和人牵着牛耕地的图画，人们称其为"春帖子"。送春牛图，其意在催促提醒人们，一年之计在于春，要抓紧农时，莫误大好春光。这种送春牛图之俗，在《燕京岁时记》中有记载："立春日，礼部呈进春山宝座，顺天府呈进春牛图，礼毕回署。"

在老北京时，民间居室墙上也常贴着春牛图及二十四节气文图并茂的年画，可见报春之俗在皇宫与城乡自古就很盛行。

"咬春"是指立春日吃春盘、吃春饼、吃春卷、嚼萝卜之俗，一个"咬"字道出节令的众多食俗。

春盘、春饼是用蔬菜、水果、饼饵等装盘馈送亲友或自食，称为春盘。杜甫《立春》诗曰："春日春盘细生菜，忽忆两京梅发时。"周密《武林旧事》载："后苑办造春盘供进，及分赐贵邸宰臣巨珰，翠柳红丝，金鸡玉燕，备极精巧，每盘值万钱。"

春盘晋代已有，那时称"五辛盘"。五辛广义讲是指五种辛辣（葱、蒜、椒、姜、芥）蔬菜做的五辛盘，服食五辛可杀菌祛寒。那时是将春饼与菜同置于一个盘内。到唐宋时，吃春盘、春饼之风盛行，皇帝以春酒、春饼赐予百官近臣，宋人陈元靓撰《岁时广记》称："立春前一日，大内出春饼，并以酒赐近臣。"当时的春盘极为讲究、精致。至清代时，皇帝也以春饼、春盘赏赐大臣近侍，受赐者感涕不尽。

这种吃春盘、春饼之俗，传向民间，更以食饼制菜并相互馈赠为乐。清代的《北平风俗类征·岁时》载："立春，富家食春饼，备酱熏及炉烧盐腌各肉，并各色炒菜，如菠菜、韭菜、豆芽菜、干粉、鸡蛋等，且以面粉烙薄饼卷而食之"。这正是清末民国时期老北京人家吃春饼应景咬春之节俗，至今北京仍传承着此食俗，俗话有"打春吃春饼"之语。

说到春饼，过去讲究的人家到锅饼铺去买。听老人们讲，民国初时，北京西单报子街有一家叫"宝元斋"的蒸锅铺，那儿烙的春饼质料地道，手艺精湛，在京城首屈一指，买回家来稍加热，夹上羊角葱丝，抹上六必居的甜面酱，夹上"合子菜"，来碗小米粥一吃，那真是一顿节令美食。

如今，春饼随可在家庭中自制，用温水烫面烙制或蒸制，形状可大如团扇，可小如碗碟，一公斤面粉约可烙出十六合（两页为一合）。烙时每张饼上的一面抹些香油，则吃时很容易揭开。除必备有葱丝、甜面酱外，其他菜可据一家人爱好，可多可少，生熟兼有，荤素齐全。其中热菜应必有炒粉丝、豆芽、摊黄菜（鸡蛋），炒韭菜，有豆腐干则最好。这种菜俗称"合菜"（即古称春盘），食春盘、春饼，老北京最讲究一定要卷成筒状，从头吃到尾，俗语叫"有头有尾"。立春日，阖家围桌食之，其乐无穷。

炸春卷，亦是古代装在春盘内的传统节令食品。《岁时广记》云："京师富贵人家造面蚕，以肉或素做馅……名曰探官蚕。又因立春日做此，故又称探春蚕。"后来蚕字音谐转化为卷，即如今常吃的"春卷"。古时常用椿树的嫩芽为馅，元代用羊肉为馅，现今则多以猪肉、豆芽、韭菜、韭黄等为馅，外焦内香，是很好的春令食品。

咬春之俗还有嚼吃萝卜。《燕京岁时记》中云："是日富家多食春饼，妇女等多买萝卜而食之，曰咬春。谓可以却春困也。"

萝卜古时称芦菔，苏东坡有诗云："芦菔根尚含晓露，秋来霜雪满东园，芦菔生儿芥有孙。"旧时药典认为，萝卜根叶皆可生、熟、当菜当饭而食，有很大的药用价值。常食萝卜不但可解春困，还有助于软化血管，降血脂稳血压，可解酒、理气等，具有营养、健身、祛病之功。这也是古人提倡在立春时嚼吃萝卜的本来用意吧。北方人多爱吃生萝卜，尤以心里美和小红萝卜为最佳。旧京时，以南苑大红门的萝卜最受欢迎，有"大红门的萝卜叫京门"之俗语。

老北京时，卖萝卜的小贩和农民常挑担或推着排子车串胡同叫卖："水萝卜哎，又脆又甜哟！"主妇们出院门挑好萝卜后，小贩用小快刀先咔吧一刀将心里美一刀去顶，再飞快几刀旋开萝卜皮，不切断再将红萝卜芯按方格样儿横竖几刀切成方形条状，整个萝卜被切得好像一朵盛开的红牡丹花，非常好看。拿回家掰开，全家人嘎巴、嘎巴咬着吃，那可真是又脆又甜又有点辣的极水灵的好春令食品哟。

春分的习俗

春分是我国四时（春夏秋冬）八节（春分、夏至、秋分、冬至、立春、立夏、立秋、立冬）中一个最重要的节令。民谚有"春分秋分，昼夜平分"之语，故春分又称"日中"、"日夜分"。这天太阳沿黄道从南向北跨越赤道，处于黄经 0°位置直射赤道，此日地球南北两半球昼夜相等。春分正置于春季 3 个月的正中，春分节古今都是重要的农业节日，此时正值春雷震响，雨水明显增多之时节。农谚有："二月惊蛰又春分，种树施肥耕地深"；"春分麦起身，肥水要紧跟"；"春分有雨是丰年"等。自春分节起，农乡百姓都会对越冬农作物抓紧灌溉深耕细作，加强田间管理，以祈盼农作物有个好收成。

由于农民对想象中的太阳极为虔诚，自周代起，历代帝王为表示重视农桑，每年春分节在城东郊都要进行祭日典仪。日坛建于明嘉靖九年（公元 1530 年），明初建成时坛面曾用琉璃砖砌成，象征太阳，极其耀眼壮观。皇帝祭日礼仪很隆重，届时要面向东方太阳升起之处，行三跪九拜大礼祭拜太阳。如今日坛已经成为北京著名的公园，成为群众休闲健身游乐的场所。

春分节除仍有与立春时一样吃酱肉卷春饼的食俗外，民间还有"酿春酒"，"吃春菜（野菜）"、"吃菠菜虾皮馅合子"、"吃豆面糕、艾窝窝、豌豆黄、年糕"等风味食品的风俗。旧京时，春分时节百姓饮食上也很讲究春夏养生调节阴阳，春分吃豆面糕等小吃，有辟邪祈福调节饮食之意。老北京最负盛名的南来顺、护国寺、隆福寺等地的老字号小吃店，及大栅栏门框胡同小吃一条街等，都会在二月二至清明节期间制售应节的豆面糕系

卖米粥

列，如驴打滚、艾窝窝、豌豆黄、年糕、凉糕、小豆糕、八宝粥等，清淡适口，清凉不油腻，是很适合春夏养生食疗的小吃，有些饭庄还会适时推出"春分宴"等应节宴席。像南来顺曾有旧京小吃第一家的美誉，很多名伶文化人，如马连良、谭富英、侯宝林、王雪涛等经常前往品尝。如今南来顺等老字号仍常在春分节等节庆日，适时推出独特的"京味小吃宴"，专供老百姓品尝，豆面糕等风味小吃古今都很受市民们的青睐。

这些小吃也曾是春夏一些集市上出售的冷食，林立的商摊吆喝着"豆面糕来，要糖钱"，"豌豆黄儿哟，大块的哟"……喊声此起彼伏，成为四九城里的一景。

春分时节正值春暖花开之际，此时健身游乐活动也丰富多彩。"杨柳儿活，抽陀螺，杨柳儿青，放空竹，杨柳儿死，踢毽子，杨柳儿发芽，打柭儿（一种两头尖中间大的儿童玩具）。"这是明代《帝京景物略》一书里记载的歌谣。它描写的是春日里旧京儿童抽陀螺、抖空竹、踢毛毽等的情景。如今三四十岁以上的"60后"、"70后"也许对这些游戏并不陌生，像抖空竹、踢毽子、放风筝等游戏，至今仍是老百姓日常健身的项目，抽陀螺则很少见了。陀螺俗称"嘎嘎儿"，因其声而得名，用木料做成圆锥柱形，五六厘米高，直径四厘米左右，锥底嵌有个小钢珠，还有一根小鞭子，用一根布绳或细皮条拴在小木棍儿上，玩时把鞭绳绕在陀螺上，猛一拉绳，陀螺就在地上旋转起来，然后用鞭绳不断抽打使其加速不断旋转。抽陀螺是旧京时男孩最爱玩的游戏。旧京时在白塔寺等庙会上专有卖制作精良，画有京剧脸谱、山水画等花样色彩俱佳的陀螺。旧京最盛行抽陀螺是上世纪[①]40年代抗战胜利后的春天。抽陀螺也叫"打水溜"、"抽汉奸"。这是因日寇侵略者凶残，汉奸丑恶，人们就把抽陀螺作为泄愤的替代品！我就曾与小伙伴们在宅门的门道或胡同里较平坦的地方，共同舞鞭抽"汉奸"，边抽边不断唱着当时流行的歌谣："抽，抽，抽汉奸，打汉奸，棒子面落一千；抽不着，打不着，棒子面涨两千"等。当时我那画满五色彩圈的陀螺旋转着像飞翔的蝴蝶一样，非常好看，至今记忆犹新。

谷雨的习俗

"春雨惊春清谷天"，谷雨是春季的最后一个节气。每年的 4 月 20 日前后当太阳到达黄经 30°时即为谷雨节。古籍《通纬·孝经援神契》载："清明后十五日，斗指辰，为谷雨，三月中，言雨生百谷清净明洁也。"《月令七十二候集解》也曰农历"三月中，自雨水后，土膏脉动，今又雨其谷于水也……盖谷以此时播种，自上而下也"。即从此时起天气温和，雨水增多滋润大地极有利于谷类等农作物的生长，雨水的适量亦有利于越冬农作物返青拔节和春播作物的播种与出苗。我国古代还将谷雨节气分为三候（每五天为一候）："第一候萍始生；第二候鸣鸠拂其羽；第三候为戴任降于桑"，即是说谷雨后降雨使浮萍开始生长，那布谷鸟鸣叫提醒人们快播种，那戴胜鸟已落在桑树上啦！谷雨时节是农家大忙季节，农谚有"清明忙种麦，谷雨种大田"，"谷雨前后，种瓜种豆"。谷雨气候谚语有"谷雨阴沉沉，立夏雨淋淋"，"谷雨下雨，四十五天无干土"。农谚俗语还有"苞米下种谷雨天"，"棉花种在谷雨前，开得利索苗儿全"，"过了谷雨种花生"，"谷雨前后栽地瓜，最好不要过立夏"等等，谷雨的农谚不仅指明了它的农业意义，也道出了"春雨贵如油"之说，这些由农家根据千百年来耕耘操作实践总结出的宝贵经验和务农技艺的结晶，有利于农作物取得大丰收，值得永世传承。

老北京及各地在谷雨时节有"谷雨帖"、"食香椿"、"春季进补"、"踏青野游"等很多民俗，有些至今在民间仍传承着。

---

① "上世纪"系指 20 世纪，后面各文所用"上世纪"皆指 20 世纪。

谷雨帖

就像旧京城乡立春时在屋中悬贴"迎春帖"那样，旧京时谷雨节也张贴"谷雨帖"以祈求吉祥。农谚有"过了谷雨，遍地生火"，"三月多雨，四月多疸"，"谷怕钻心虫"，"不怕棉儿小，就怕蝼蛄咬"等，俗语也有"百草发芽，百病复发"之说。即是说谷雨时节各种害虫、细菌进入旺盛繁衍和复苏期，它对农作物及人体危害极大。旧时百姓不太懂科学，当时也无防治农作物害虫的农药和对人疾病的有效防治，故旧时城乡人家多在谷雨之日在家中各个房间张贴"谷雨帖"。其长约七寸，宽约三寸，系用黄色纸上半部分书写："谷雨洋洋，日出东方，宝剑一斩，五毒俱亡"；或"谷雨三月半，害虫有千万，老君（指太上老君）吹口气，永世不见面"等，下半部分则画上两口交叉的宝剑。谷雨帖虽是用迷信的咒符形式来寓意消除害虫的一种措施，但也确是人们对灾害的警示。

谷雨食香椿

谷雨时节吃香椿是咱北京人几百年来的食俗。香椿又名香椿芽、香椿头，自古为时令名品。品种分为紫椿芽和绿椿芽，以前者为佳，它通体紫红，芽苞肥厚，香味馥郁纯正，富含糖、蛋白质、脂肪、钙、磷、维生素等，是春天的佳肴，亦是医病的良药。服食香椿可提高机体免疫力，有健胃、理气、止泻、润肤、抗菌、消炎、杀虫等功效。香椿在东汉时就已是贡品，深得皇家的喜爱，相传王莽篡汉时将刘秀打败，当时有一忠良之后蒋香春用计策救助刘秀逃离王莽的追赶，并摘取香椿树芽炒鸡蛋为刘秀充饥。后来刘秀打败了王莽做了皇帝，就封蒋香春为娘娘。正因当年刘秀吃香椿炒鸡蛋解饥，香椿炒鸡蛋就成了御膳食品，香椿也成了贡品并有了香椿的美名。香椿树，曾被视为长寿之木，象征吉祥。庄子曾曰："大椿者，以八千岁为春，八千岁为秋。"民间常以"椿年"、"椿龄"为祝长寿词语，寿联就有"筵前倾菊酿，堂上祝椿龄"等。北京的城乡百姓家多喜爱栽植这象征多寿多福的椿树，旧京丰台等地农家用温室育栽香椿树，一些商贩趸来挑担串胡同吆喝"嫩了芽的香椿哟"叫卖。老北京的王府、四合院乃至平民小院都栽有椿树，那王府贵族的庭园中有"桐（梧桐）梓（梓树）交耀，椿（香椿）萱（萱树）并茂"的讲究，庭园里繁花似锦，满院里香椿等花木异香袭人。在百姓家中，有每逢谷雨节及除夕夜摸古椿树之俗，以祈求儿童快长大，老者长寿多福。椿树最早在谷雨前初长嫩芽，民间有"三月八吃香椿芽"俗语，食香椿分初芽、二芽、三芽，采摘越早，香味越浓郁，风味越佳。街市的大酒缸等酒铺常用嫩芽煮花生米制成"香椿花生"小食品供嗜酒者下酒配菜。百姓家亦多在谷雨时用香椿芽煎鸡蛋、炸"香椿鱼"、拌南豆腐或拌黄豆，亦常用香椿芽做老北京炸酱面的菜码儿。我少年居住在古老的四合院时，就曾爬椿树摘取椿芽食用，忆此往事难以忘怀。

阳春三月，花开遍古都四九城内外，古今人们都爱在仲春谷雨前后去郊外爬山，去古寺拜佛，登山峦观赏满山遍野的山桃花、丁香花、梨花等花木，既赏花悦目陶冶身心，又是一项健身的娱乐旅游活动。

搭凉棚（《六月纳凉》选自清代《十二月令图轴》）

立夏的习俗

立夏节，自古在皇宫及民间有很多礼俗、习俗和食俗。据《岁时佳节记趣》载：自先秦时起，各代帝王在立夏这天都要亲率文武百官迎夏于南郊，举行庄严隆重的祭炎帝、祝融（传说中的农作物祖师爷和火神）的仪式。届时为表达渴望五谷丰登的祈望，君臣一律身着朱色礼服、佩戴朱色玉饰，乘坐赤色马匹车子前往祭祀。

"岂无九重居，广厦帘垂湘。冰盘与雪簟，激滟翻寒光。展转（辗转）者热烦，心在黔黎旁。"清乾隆帝这首诗，较形象地描述了几百年前北京皇宫内外度夏的情景和一些民俗。那么在没有空调、电扇、冰箱这些现代化电器的年代里，老北京人在入夏后有哪些习俗呢？

凉棚·竹帘·冷布

搭凉棚、挂竹帘、糊冷布，是老北京人入夏的传统民俗。《北京风俗杂咏》

里有《都门杂咏》一诗："绿槐荫院柳绵空,官宅民宅约略同。尽揭疏棂糊冷布,更围高屋搭凉棚。"说的是旧京皇宫、大宅门、四合院及大杂院里的住房都宽阔高大,房子的门窗前都有很宽的走廊或凸前的房檐,那时的建筑规制是"檐步五举,飞椽三五举,柱高一丈,平出檐三尺,再加拽架",这样的建筑利用日影的角度使得房间内冬暖夏凉;而入夏后富家房屋的门上挂起湘帘竹帘,将窗户拆掉或用棍支起来,大杂院房屋的窗户则将很稀疏的纱布(俗称冷布)糊在窗框上,并用纸和小木棍做成卷窗,都是为了通气纳风并防蚊蝇。皇宫、大宅门和四合院内搭起布或苇席子的凉棚,既可遮挡阳光对庭院的暴晒,又可供家人在院中乘凉和孩童戏耍。

入夏日要称人

旧时在立夏这一天,要在户外悬秤于大树下,为小孩及老人称量体重,以检验一年来身体的变化,俗称"验一年肥瘠"。而妇女们则将秤悬于屋梁,以称量"品肥论瘦"并相互逗趣,似闺中嬉戏。蔡云的《吴觎》有诗曰:"风开绣阁扬罗衣,认是秋千戏却非。为挂量才上官秤,评量燕瘦与环肥。"称人之习俗相传起源于三国时期,传说刘备死后,诸葛亮把刘备之子阿斗交给赵子龙送往江东,拜托阿斗的后母孙夫人好好抚养,那一天正是立夏日。孙夫人当着赵子龙的面用秤给阿斗称了体重,看增加多少以便向诸葛亮汇报。这立夏称人之法,后来传入了民间。

立夏称人（清末上海发行的明信片,中图为"立夏称人"。上海习俗:"节交立夏记分明,吃罢摊粞试宝秤。"立夏之日要吃稻米粉和金花菜合成的煎饼,中午时无论男女老幼都要称一下体重。）

挂夏绳（长命缕）及五彩线（《系彩丝》选自《北京风俗图谱》）

斗蛋与疰夏绳

这是两种与孩童有关的习俗。每当立夏日这天，家家户户都要将一些鸡蛋、鸭蛋或鹅蛋煮熟，在冷水里浸泡后，将蛋套入已编织好的丝网袋内，挂于孩子的脖颈上。四邻的孩童们则会三五成群地进行斗蛋游戏，斗蛋时蛋头对蛋头，蛋尾击蛋尾，破者认输。最后蛋头不破者为第一，为大王；蛋尾不破者为第二，称为二王或小王。此习俗也源于传说：瘟神嗜睡，直至立夏日方醒，醒来就散布瘟疫，孩童受害最甚。女娲闻之与瘟神辩理，瘟神无奈，应允凡立夏日孩童胸挂蛋者一律不加伤害。疰夏，中医指夏令的小儿发烧、食欲不振、身倦肢软等症状。旧时用五色丝线于立夏日系于孩童的手腕等处，说这样即能消灾祈福不得疰夏病，丝线被称为"疰夏绳"，亦称"长命缕"。

夏至的习俗

农历五月端午节后就是夏至节，夏至节是我国历史上最早测定出的二十四节令之一，在古代时要放假三日。夏至日，太阳几乎直射北回归线，北半球白昼最长，夏至后太阳南移，白昼渐短。跟冬至一样，夏至自古流传着很多"九九歌"，清人杜文澜撰著的《古谣谚》里就选有北京流传的夏"九九歌"："一九至二九，扇子不离手；三九二十七，冰水甜如蜜；四九三十六，衣衫汗湿透；五九四十五，树梢轻风舞；六九五十四，乘凉勿太迟；七九六十三，夜眠寻被单；八九七十二，当心受风寒；九九八十一，家家备棉衣。"

"夏至尝黍，端午食粽"是古时食俗。《吕氏春秋》载，当早黍于农历五月登场时，天子要在夏至时举行尝黍仪式。古人要用黍和鸡祭祀祖先，仿照西周人用牛角或羊角祭祖庆丰收时的传统形式，将黍用竹叶或苇叶包成形如牛角的角黍，先祭祖然后蒸熟品尝。黍曾是北方先民们的主食，并可酿成美酒，《诗经》中就有不少"年丰多黍"的诗句，大家一起尝食角黍被认为是一种欢庆年丰的标志。

"冬至饺子夏至面"，这句老北京的俗话说的是另一民俗。因为北京地处黄河流域的北方地区，主要农作物是麦子，在新麦收获之时，人们用新面制作喜面是喜庆年丰的最好方式。吃面条不但能满足人们的口腹需求，而且吃着巧手制出的众多样式的面条，生活中平添了多样的乐趣。有人爱在酷热的夏天吃热面，除了爱好，据说还有"辟恶"之意，吃热面是为驱除邪恶，多出汗以祛除人体内滞留的潮气和暑气。记载中杜甫爱吃槐叶冷淘面，还曾写诗："青青高槐叶，采掇付中厨。新面来近市，汁滓宛相俱。人鼎资过熟，加餐然欲无。"

说到老北京，很早街市上就有用手工或机具制出宽、细面条的切面铺，街上的饭铺也早有"小碗干炸酱"等多样面条供应。但四合院、大杂院里的老百姓，更多的还是愿吃自家的手擀面、押面、扯面或面片儿，煮熟后用冷开水一过，用芝麻酱（或炸酱）、花椒油、蒜汁、老陈醋、黄瓜丝、水萝卜丝那么一拌，嘿，吃起来别提多美啦！

立秋的习俗

八月木樨蒸，露降寒蝉鸣；荷塘花香映日红，凉风阵阵秋色浓。好一幅秋光靓景。秋，就在你我心中。金秋八月，那奥运五环旗帜飘满在鲜花缤纷的北京城，使古都不似秋天，更像明媚的春景。

秋，是一年四季中的第三季，农历七月至九月，自古有很多称谓，在唐人徐坚等人辑撰的《初学记》一书中载有梁元帝《纂要》云："秋日白藏，亦曰收成，亦曰三秋、九秋、素秋、素商、高商。"三秋即指初秋、中秋、晚秋。九秋指秋季的九十天，西晋文人张协《七命》诗有："晞三春之溢露，溯九秋之鸣飙。"唐代文人陆龟蒙《秋色乐器》一诗有"九秋风露越窑开，夺得千峰翠色来"之句。素商，按古代五行之说，秋季，色尚白，乐音配商，故有此称。元代文人马祖常的《秋夜》中也有"素商凄清扬微风，草根知秋有鸣蛩"的诗句。秋三月包括立秋、处暑、白露、秋分、寒露、霜降六个节气，并以中秋即农历的八月十五日作为气候转化的分界，此时炎热的夏季过去，秋天已来临。农业生产有秋收、秋耕、秋种的三秋。"春种一粒粟，秋收万颗子。"立秋是早稻收割，晚稻移栽管理，秋作物灌浆、壮子粒生长发育的关键时期。立秋历来是二十四个节气中很重要的一个节气，古今文人都把立秋当做夏秋之交的重要时刻。《史记》上有："夫春生夏长，秋收冬藏，此天道之大经也。"春华秋实，春种秋收，秋天是丰收的季节，秋天给世间人们带来无限的欢乐。因粮食、蔬菜、瓜果等在秋天收获，如获金银财宝，又因秋在五行学说中属金，故自古秋天有"金秋"之美誉。

立秋，自古就是皇宫和民间的传统节日。古时盛行祭祀之礼仪，殷商时有每日进行宾日、饯日的仪礼，到周代时祭祀礼仪要在每年的立春、春分、立夏、夏至、立秋、秋分、立冬、冬至几个节气转换时举行。早在周代，每逢立秋之日，天子都要亲率三公九卿诸侯大夫到都城外的西郊，举行隆重的祭祀仪式，以迎接秋的到来。到汉代时沿承此俗，并要杀牲畜以祭天祭神，表示秋来扬武之意。《汉书·礼乐志》曾有"飞龙秋，游上天"之语，有因秋季丰收可向世间赠果腹之食物而夸耀扬威之意吧！

民以食为天。在民间，立秋日的天气关系着百姓的日常生活。立秋的民谚农谚很多，如"早立秋，冷飕飕；晚立秋，热死牛"。立秋这天的天气变化，与农田的收成有很大的关系，如在立秋这天有打雷声，田里的庄稼就"秀"（即吐穗开花）不好，谷子会长不饱满。另外，

赏菊（《赏盆菊》选自《月曼清游图册》）

在稻秀之时，农家最忌讳立秋这天有浓雾和白虹贯天的"白鲨"的天象，收获时将会因秕谷多而影响产量。入秋后秋高气爽，天气由热转寒即进入"阳消阴长"的过渡阶段，人的身体也随"长夏"到"秋收"而相应改变。正如《黄帝内经》所云："春夏养阳，秋冬养阴"，在秋季，无论起居、饮食、精神、运动、养生哪个方面都要调摄，而且不能离开"养"、"收"的原则，要收藏阴气，要养阴益气防燥；尤其在饮食上要注意少辛增酸，多补水以润肺生津预防秋燥，以适应自然界阴气渐生而旺的规律。

跟众多其他节令一样，入秋后，民间也有很多讲究，自古在各地传承着称人、贴秋膘儿、吃烤肉、吃螃蟹、吃烤鸭、吃爆肚、"咬秋"、"谢秋宴"、尝秋鲜儿、秋游登高、赏荷赏菊等诸多民俗。

立秋日称人

称人之俗起源于三国时期，盛行于清代及民国时期。其起源传说众多，有一传说是：魏国的司马昭发兵灭蜀汉后，后蜀之主阿斗沦为亡君，司马昭善待阿斗，封他为安乐公，并告下属在生活饮食上绝不许亏待阿斗，要常给阿斗称体重并布告天下，以供世人监督。这做法后来传入民间，不仅在立夏日要称人，更常在立秋日再称，以评量燕瘦环肥。古时看人的身材好坏没有如今的体检之法，只看胖瘦、脸色好坏和体重减了还是增了，并有以肥胖为美之俗。称人方法是将大杆秤吊在树下，称时讲究秤锤只能从里往外捋（表示增加），不可往里捋（表示减少），成人称时握住秤上的秤钩双足离地，儿童多放箩筐内来称，称后将重量跟立夏时对比以观轻重。

贴秋膘儿

贴秋膘儿之俗自古有之，盛行于清代及民国时期。俗话说："一夏无病三分虚"，贴秋膘儿可是咱老北京人的妈妈令儿。称人后，体重减轻者就归罪于苦夏。瘦了当然要补，其弥补之法就是在立秋日及秋后"贴秋膘"，用吃肉之法把酷暑失去的膘重新用肉补回来，故称"贴秋膘儿"。满人在北京建都后带来吃烤肉之习俗，每逢入秋，王公贵族文人雅士多食烤肉。烤肉的历史在我国已有两千多年，在《礼记》中就有"牛炙"、"羊炙"的记载，考古工作者曾在西汉古墓中发现有烹制美食用的青铜烧烤炉和烤肉

一 岁时佳节

用的铁钎子，那烤炉下层放置炭火，上层摆放串着肉的铁钎子，其烧烤肉之技法与现代是一样的。民国时，北京有"烤肉三杰"，即后海银锭桥旁的烤肉季、宣武门内的烤肉宛和天桥市场的烤肉王。他们的烤羊牛肉，刀法精细，鲜嫩异常，味美爽口，最受欢迎。我在上世纪50年代初参加工作后，第一个月喜获薪金时曾与几个老同学相邀同赴后海的烤肉季吃烤肉。

烤肉季　鲁求摄影

慕名而去为的是品味"银锭桥观山一景，烤肉季烤肉一绝"！

赏荷、观山、吃烤肉曾是清咸丰年间流传下来的去什刹海的三大乐子。吃烤肉讲究京味的"武吃自烤"，一只脚踩在大条凳上，一只手拿着约二尺长的长筷子，将肉蘸完烤肉汁后在铁炙子（铁算子）上翻动烤熟，边吃边饮酒边聊。"画楼醉看粼粼水，炙味香飘淡淡烟"，大口喝酒，大嘴吃肉，真乃大快朵颐。一些四合院人家或文人学子在登山秋游时，自带提盒——小烤炉及牛羊肉作料、酒食进行野炊自烧烤肉，也别具一番趣味。四合院人家立秋时多炖肉、烧鱼、炖鸡鸭，其肉多烹制成红烧肉、白切肉或自制酱肘子肉，也有这天吃肉馅、螃蟹肉馅或瓜馅饺子的。讲究的文人墨客名伶及百姓有"要吃秋、有爆肚"之俗，吃爆肚有养脾胃之功效。吃爆肚盛行于清末民初年，北京人吃爆肚讲究去东安市场、大栅栏的门框胡同和东四牌楼等地，那儿有著名的爆肚冯、爆肚杨、爆肚满等，他们的爆肚制作精细，肚嫩佐料唯美，著名作家鲁迅、巴金、丁玲等名人曾是门框胡同的常客，戏剧名伶梅兰芳、马连良、李万春、小白玉霜等也都很喜欢吃爆肚。烤鸭，北魏的《齐民要术》中最早有炙鸭的记载，元代时的《饮膳正要》有烧鸭子之称，明成祖定都北京后，宫廷内流行吃焖炉烤制炙鸭——南京片皮鸭，因系从南方传到北京，故也称"南炉鸭"。清代后，烤鸭制做法传向民间街市，逐渐有便宜坊、全聚德等烤鸭店，吃烤鸭是宴请及家庭欢聚金秋时不可或缺的一道佳馔，烤鸭店亦成为北京人贴秋膘儿必去之处。贴秋膘儿之俗用现代医学观点看应视个人体质情况进行，体弱多病及老幼者可视病情适当调剂进补，中医讲秋补应为"补而不峻"、"防燥不腻"的平补法，如适当食些银耳、百合、南瓜、山药、莲藕、桂圆、芝麻、蜂蜜等，平补之前还应先调整好脾胃并注意润肺，切忌无病乱补、暴吃狂饮、凡补必肉和以补药代食，否则将适得其反，生出其他病症。

立秋要"咬秋"

"咬秋"亦称咬瓜和吃秋。"咬秋"和"咬春"之俗一样自古有之。清人张焘写的《岁时风俗》中早有"立秋之时食瓜，曰咬秋，可免腹泻"的记载。这习俗在北京、天津、河北一带曾很流行，人们在立秋的前一天将南瓜、北瓜、茄脯及香薷汤放在庭院中晾一天，于立秋日吃下，有消除暑气避免得痢疾腹泻的作用。在北方和江南一些地方立秋有吃西瓜之俗，西瓜有清暑气祛积淤的作用。有些地区立秋有吃鸡蛋、吃秋桃子、吃豆腐渣的食俗，杭州的大人小孩子每人都要吃一个秋桃，吃完还要把桃核留起来，待到除夕那天晚上将桃核扔入火炉烧成灰烬，认为来年可免除瘟疫。山东的一些地方曾流行吃用豆末青菜做成的豆腐渣，并有"吃了立秋的渣，大人孩子不吐也不拉"的俗语。自唐宋时起民间流行有面向西方用秋水（井水）送服40粒红小豆的风俗，据说这样吃后一秋天可不犯痢疾病。这些"咬秋"之俗也许不都有科学保健作用，忌盲目模仿。

另外在一些古籍中也有很多秋季养生健身的食俗或方略，亦可借鉴使

咬秋（《卖西瓜》西瓜又名白虎汤，大伏天时食无妨。惟有身弱体虚者，交秋以后不可尝。光绪甲午春。）

一 岁时佳节

用。如《常氏日抄》载：在农历七月十一日用枸杞子（中药材）煎成汤水然后沐浴，可令人不衰老不生病。《杂纂》载：在农历八月将采来的鲜百合晒干，然后蒸食，可治疗乏力。《图经本草》有八月采柏树仁晒干研末，每次服 5 克，久服可延年的记载。《风土记》上说九月九日采茱萸入发中，可辟恶气御初寒。《西京记》讲常饮菊花酒可令人延年益寿。《千金月令》上有九月服食地黄汤，即用干地黄 10 克煎汤，常服令人长寿的说法。《四时纂要》也有中秋后宜服张仲景（医圣）的金匮肾气丸的记载，可增强老年人人体免疫功能，有利于抗衰老、延年益寿。

立秋要尝秋鲜儿

老北京时城乡的老百姓有"尝秋鲜儿"的习俗。旧京时秋后新粮一上市，那四合院、大杂院里的主妇们就都忙着去集市或粮栈买新粮，小伙计还负责给您送到家呢！用新麦面包饺子或吃炸酱面，用黄澄澄的新棒子渣熬粥，用新高粱米煮捞后蒸锅红米饭，哎，看着高兴，吃起来更觉得格外香美。有些城里平民人家还自己有个小石磨，买些老棒子粒儿自己推磨成渣成粉，熬出来的棒子面粥，蒸的黄金塔式的窝窝头，再就点自酿的大酱、炸成的虾米皮酱或自家腌制的酱萝卜。嘿！吃起来味香，别提多舒坦。老

北京人秋后爱吃螃蟹，除街市大饭庄可品尝外，也有从北京东边海河运来的螃蟹等，由商贩挑担在胡同里叫卖。俗话说"七尖八团"，那七月上市的是尖脐（公的），八月上市的是团脐（母的），七八月见到的多是河蟹，北京人有在中秋赏月时吃螃蟹之俗，此时蟹肥膏红，味道

尝秋鲜（《农家尝新》）

最鲜美。螃蟹富含蛋白质等，民间有用秋蟹医病之说，据说吃蟹可活血化淤、消肿止痛、强筋健骨，因此大受老饕们的欢迎。立秋后街市里的果局、水果摊有大量新鲜瓜果上市，果农及小贩也挎篮挑担在胡同里吆喝着叫卖新鲜的玉米、莲藕、菱角、鸡头米、落花生、酸枣儿、葫芦形的大枣、京白梨、香槟子、沙果儿、大柿子以及核桃、栗子等众多瓜果，这些新鲜的瓜果成为孩子们爱吃的零嘴儿，也让那时的北京人大享了口福。

谢秋宴

这是老北京乡村的古老习俗。秋收后为欢庆一年的收获，要在村中庙宇外搭棚起灶，大家动手蒸馒头、炖肉并备几坛酒，邀请高龄老人、病人、穷苦人同吃同饮。在庙内要焚香敬佛，并请来戏班子唱戏以谢诸神。这种"家家扶得醉人归"万民同乐的活动，旧京时称为"谢秋宴"。后来此俗被地主老财等霸为专有，并向农家强征谢秋宴捐款，使其成了苛捐杂税，以后此俗消失。近年来郊区一些乡村又恢复了这种大摆宴席大演社火万民同乐的活动，已成为北京的一项传统民俗和旅游文化活动。

秋分的习俗

农历八月二十四是秋分节。秋分是我国二十四节气中第十六个节气，秋分和春分一样，当太阳在黄经180°时昼夜相等，从此时起阳光直射的位置由赤道向南半球转移，北半球开始昼短夜长。秋分时节我国北方地区将凉风习习、碧空万里、丹桂飘香、蟹肥菊黄，很宜人的时节，正像老舍在《四世同堂》中赞美的："中秋前后是北平最美丽的时候。"

秋分时节是农业生产上的重要节气，是秋收、秋耕、秋种的三秋大忙之际，农谚有："白露早，寒露迟，秋分种麦正当时"，"秋分天晴必久旱，秋分有雨来年丰"，"秋分稻见黄，大风要提防"。这些农谚都很科学地说明了秋分时节天气与农作物的关系，历来很受农家的重视。春华秋实，春种秋收，秋分正是一年中粮食蔬果丰收的季节。

秋分节自古也是皇朝和民间的传统节日。我国古代盛行祭祀礼制，周代祭礼在每年的立春、春分、立夏、夏至、立秋、秋分、立冬、冬至各季节转换时举行。《礼记》载："天子春朝日，秋朝月。朝日以朝，夕月以夕。"说的就是周代每逢秋分节，天子要去城郭的西郊进行隆重的祭月礼奠，并把秋分节称为"祭月节"。但因秋分这一天不一定巧逢月圆，故后来唐太宗时把祭月活动移到农历的八月十五，宋代后逐渐形成民间的中秋节。亦因传统的七夕节、中元节、中秋节、重阳节这些古老的民俗节日正置于秋分节的前后，旧京时把这些节统称为"秋节"。

养秋虫曾是老北京人的最爱，主要以养蝈蝈儿，油葫芦，秋蝉，蛐蛐儿等为主。斗蛐蛐取乐始于唐玄宗天宝年间，宋代曾有"济公斗蟋蟀"的传说。明清时慈禧也喜欢听蛐蛐儿叫，并将宫内养的蛐蛐儿赏赐给京剧名家谭鑫培、杨小楼等名伶。每年的秋分前后是人们捉蛐蛐儿、养蛐蛐儿、斗蛐蛐儿的最佳时节，旧时就有"勇战三秋"之说。另外还有"促织鸣，懒妇惊"的俗语，提醒主妇们听见蛐蛐儿叫时天已渐凉，应该着手准备过冬的衣裳了。

立冬的习俗

农历二十四节气中的第十九个节气是"立冬"，农历的十月至十二月，即孟冬、仲冬、季冬三个月，冬季包括立冬、小雪、大雪、冬至、小寒、大寒共六个节气。冬季又称冬节、三冬、九冬、玄英、严节等，泛指冬天，《后汉书》有"方涉冬节，农事间隙"的语句；三冬之说可见唐杜荀鹤的诗："不说风霜苦，三冬一草衣。"九冬，指冬的九十天，南朝梁人沈约有"九冬霜雪苦，六翮飞不任"的诗句；玄英泛指冬天，《尔雅》中有"冬为玄英"之说。立冬节在每年十一月七日前后，太阳到达黄经 225° 时即为冬季开始。《月令七十二侯集解》载"立，建始也"，"冬，终也，万物收藏也"等句。终是指一年的田间农事结束了，要把收割的农作物等都收藏起来之意。此时黄河中下游地区即将结冰，我国各地开始冬季农田水利修整等农事活动。由于我国幅员辽阔，实际各地的入冬时间并不是在立冬节这天同时开始的，因北半球获得的太阳辐射越来越少，东北最北的漠河、大兴安岭在九月上旬即进入冬季，而长江以南流域常有"十月小阳春，无风暖融融"之说，直到小雪节气前后冬季才真正开始，我们北京则在十月下旬见到冬日景象。

立冬时节虽是万物收藏之时，但各地区气候不同，农事活动也不尽相同。"立冬种麦正当时"，华南地区此时还正忙着抢种冬小麦，正抓紧移栽油菜等菜蔬，一些地区田间的土壤夜冻昼消，正抓紧时机对麦苗、菜地、果园浇灌好水，搞好清沟排水以防冰冻危害。立冬时节自古就有很多农谚，如"立冬北风冰雪多，立冬南风无雨雪"，"立冬晴，一冬晴；立冬雨，一冬雨"，"立冬有风，立春有雨"，"立冬有雨防烂冬，立冬无雨防春旱"，以及提醒早耕翻土地的谚语"立冬前犁金，立冬后犁银，立春后犁铁"等，至今这些农谚对指导农业播种还有很好的实用价值。

立冬节自古就是皇朝与民间的重要传统节日，自周代起，立冬节这天皇帝要率领文武百官到城郭北郊外设坛祭祀，进行祭天祭神祭祖的典礼。古时立冬节有很多民俗，立冬日要相互贺冬，要洁身沐浴。官吏和太学学生立冬前后还被给予一个月的"授衣假"，准其回家添置冬服抵制冬寒。农历十月初一为古代寒衣节（冥阴节），"剪纸为裳片片飞，立冬朔日送寒衣"。《燕京岁时杂咏》记载，此日有给亡故的祖先亲人"送寒衣"之祭俗。《帝京岁时纪胜》中记有"士民家祭祖扫墓，如中元仪。晚夕缄书冥楮，加以五色彩帛作成冠带衣履，于门外奠而焚之"。新中国成立前，立冬前后，旧京胡同的院门前常见住户烧焚自制或从冥衣铺定做的彩纸剪糊的衣裤及纸钱冥钞的包袱，以祭祀怀念去世的亲人。旧有"十月一，鬼穿衣"的俗语，立冬被称为三大鬼节之一。而在此冬初之时，也是家家主妇们忙碌着为一家老小拆洗制作御寒的棉衣裤、棉鞋之时。此时气候常是风雪连天寒气袭人，特别冷，那时人们都穿戴的是棉袄、棉裤、棉猴帽、毡绒帽，脚穿骆驼鞍棉窝或五眼系带棉鞋，无论男女老幼都穿得厚厚的，那臃肿的样子活像个狗熊模样儿，哪像如今暖冬里大家穿戴得如此轻松时髦，美观又现代化呀！

寒衣节（《烧寒衣》。选自《北京风俗图谱百图》）

　　立冬要储存好过冬的煤炭和蔬菜。旧京古老的四合院及大杂院在严冬到来前，除趁早用高丽纸把门窗重新糊严实，把炉子搪好装起来，把棉门帘挂上外，还有最要紧的事——储备好冬三月使用的煤柴和蔬菜。旧时皇宫里宫殿的地下都建有地道和烧炭的大炉子，炭火从地面将热气扩及屋内每个角落，皇帝后妃们更是住在设有暖阁的房中。而农乡及城内的四合院的百姓家都建有砖垒成的火炕。火炕一般都砌筑在屋南的窗下，三面连着墙，白天放个矮桌在炕上吃饭，晚间在上面睡觉。城里人烧火炕要先用煤炭点燃好一个能推拉带轱辘的小火炉，把它推进炕的炉道内，不一会儿工夫整个炕和屋子就都热啦。新中国成立前常有驮煤的骆驼队从门头沟等地将煤驮进北京城，送至煤铺或百姓家，当胡同里响起驼铃声和卖炭木柴的手摇拨浪鼓的咚当咚当的鼓声，主妇们就知晓是串胡同卖煤卖炭卖柴的来了，急忙走出四合院购买。新中国成立后，人们使用有烟筒的两用取暖炉，从街市的煤铺购买煤球、蜂窝煤用来取暖做饭。旧时四合院外冷风吹窗瑟瑟响，屋里一家人围着旺旺的煤火炉说着家常话儿。"雪纸新糊斗室宽，映窗云母月团乐。地炉土炕重修葺，从此家家准备寒。"《都门杂咏》诗正咏的是旧京冬日之景。旧京农家收藏了粮食及种子，还要挖个地窖收藏秋菜——白菜、土豆、萝卜、胡萝卜等。在上世纪80年代前，市场上副食蔬果不丰富，城内百姓冬三月都以大白菜为当家菜，立冬时节家家都要到副食店凭副食本排队购买白菜，记得那时的白菜很便宜，分级供给，好的一级满芯菜才两分三一斤。美味的白菜营养丰富，煮炖炒溜怎么制作都成，白菜还是包饺子、包包子最好的馅料，正像大画家齐白石在他画的国画《白菜》上所题"菜中之王"的美誉，民间素有"百菜不如白菜"之说。随着改革开放，人民生活水平大幅度提高，人们已摆脱了白菜、萝卜、土豆，以及烧蜂窝煤的时代，但对从那个年代走过来的人来说，往日的生活仍是难以忘怀的。

　　立冬节有"立冬补冬"的民俗。立冬伊始天气逐渐寒凉，草木凋零蛰虫伏藏，万物活动趋向休止，处于冬眠状态。但人类的生活压力并未减少，仍要紧张地生活工作学习。祖国医学认为，冬季是收藏的季节，应养精蓄锐补充元气以抵御严寒，为来春的生机勃发做准备。因此入冬后应像贴秋膘儿那样在冬令进补，以便收藏和养生。古代五行说认为，冬季五行属水、五方属北、五味属咸、五脏属肾，因而要做好养肾养藏养阴三养，并应以敛阴护阳为根本，平衡阴阳疏通经络，即冬令不仅仅是"补"，同时更要做到"通"。要重视从饮食上调养，旧时有"三九补一冬，来年无病痛"之俗语。江南地区进补多以鸡、鸭、鱼类为主，清补甘温之味，而北方地区多用大温大热之品，以牛、羊、狗肉煲热汤、涮烤或烹制佳肴而食。在京津地区百姓立冬有吃饺子之俗，并有饺子来源于"交子之时"的说法，所以秋和冬之交的立冬日家家必吃饺子。旧京时平民百姓生活贫苦，在立冬节吃有肉馅的水饺已是最好的进补美味啦！立冬还有吃栗子进补之俗。老北京时每到冬令之始，各街市上的干果局干果铺门前就支起大铁锅，从早到晚点火，用黑沙子、饴糖翻炒板栗，出售糖炒热栗子，其香味飘满大街，炒栗子数前门大街的通三益干果铺的最有名。栗子富含蛋白质、脂肪、维生素等营养成分，自古就是人

卖花生柿子

们补肾强身厚肠胃的滋补品，每天吃几粒也有补肾健腰之效，亦可用生品熬粥、烧肉、制肴，是很好的补物，栗子因价廉好吃成为百姓喜食之秋果。立冬还有吃柿子之俗，旧京时主妇们买了红柿子讲究先放在四合院屋外窗台上去冷冻，老人们说冬吃冻柿子可避煤气！吃冻柿子还有清热、润肺、镇咳和补筋骨强身的功效呢！

　　赏菊不仅仅是重阳之俗，立冬节也有观菊赏菊的民俗。菊花春天发芽，夏天叶茂，盛开于秋冬，其色艳丽，花朵千姿百态，富于神韵，其品坚贞，经寒霜不凋，自古有"延年客"的美誉。菊花可用于药食疗疾，酿酒健体，其多姿花品更可供人观赏，古往今来文人雅士种菊画菊成风气，并对菊抒怀吟诗作赋，留下众多脍炙人口的佳句。老北京时王府、宅门、四合院的庭院里每逢秋冬时节，满院菊花盛开，还有些人家在庭院窗前用菊花盆码成山形，喻"寿高"之意。人民艺术家老舍就酷爱养菊花，他家的小院里每年都精心养殖几百盆菊花。旧京时在景山公园、

中山公园等园林中常有菊花展览，一些名人、文人墨客以及文学社团成员常到中山公园的唐花坞去赏菊花观花展。

另外，旧时立冬节，各地游泳爱好者有用冬泳祝节之俗。在东北哈尔滨等地，人们常凿冰涉水游渡松花江。在北京，昆明湖、什刹海等场所也有在立冬日时进行游泳比赛的健身活动，冬泳成为冬日一景。

冬至的习俗

冬至是二十四节气之一，古人认为：阴极之至，阳气始生，日南至，日短之至，日影长之至，故曰冬至。《礼记 月令》载："是月也，日短至。"

每年仲冬之月的冬至日，这一天白昼在一年四季中最短，所以"冬至"也称为"短至"。而冬至后，白昼从最短的一天开始逐渐加长，故冬至又称为"长至"。由于有这种自然现象的变化规律，最早在春秋时古人通过土圭观测太阳，定出了这第一个节气——冬至。《史记 律书》云："气始于冬至，周而复生。"《易经》上也有"冬至阳生"之说。古人认为过了冬至白昼长了，阳气回升，是个吉日。唐代诗人杜甫就曾用"天时人事日相催，冬至阳生春又来"的名句，诗咏冬至这个节。《清嘉录》中还有"冬至大如年"的说法。

按照史书记载，在周朝十一月里的"冬至"节，比后人夏历的岁首"过年"还受重视。周朝在冬至时就曾有"天子率三公九卿迎岁"的盛典之礼俗。冬至时，天子要在城外荒郊处边乐舞表演，边进行拜天大礼，以祈求上天的恩赐和保佑。

到汉代时冬至被列为"冬节"。《后汉书》中载："冬至前后，君子安身静体，百官绝事，不听政，择吉辰而后省事。"官府要放假七天，举行祝贺仪式，称为"贺冬"。《四民月令》云："冬至进酒肴，及谒贺君师耆老，如正旦。"这一天民间百姓也有贺冬习俗，此日要穿新衣，备办饮食佳肴，外出的家人要回家过冬节，以示年终有所归宿，全家和谐团圆。

贺冬之俗至唐宋明清时更为热闹，据南宋周密写的《武林旧事》载："朝廷大朝会，庆祝排当，并如元正仪，而都人最重一阳贺冬，车马皆华整鲜好，

祭天（选自《点石斋画报·郊祀纪盛》）

五鼓已填拥杂于九街。妇人小儿服饰华炫，往来如云……三日之内，店肆皆罢市，谓之像过年。”

　　明清时期，宫廷王府及民间冬至日更盛行祭天、祭神、祭祖之俗。自明永乐年间在北京城南修建天坛后，明清历代皇帝在每年冬至日都要亲自率众大臣去天坛内的"圜丘坛"举行隆重盛大的祭天大典，谓之"冬至祀天"。冬至祀天大典被称为"国之大典"，祀典时要在"圜丘坛"上层北面设圆形蓝缎幄帐，供奉"皇天上帝"的神位和黄帝列祖列宗配位，由皇帝率众大臣在古乐演奏的九曲乐章中，进行"迎帝神"、"奠玉帛"等九道礼序的祭天典仪，以求皇天的庇护，国泰民安。老北京时清代的满族官宦人家，也延续着原在关外长白山时的祭神祭祖的民族风俗，不论是宫廷还是王府内的祭祀，都仍具有浓郁的满族特色，乾隆年间还颁布过《钦定满洲祭神祭天典礼》规范，冬至时宫廷及王府的祭祀，都要依据此典。冬至日时紫禁城里的坤宁宫，王府里的家庙或神殿祭祀时，要面向神祖画像叩拜，然后要祭祀殿外的"祖宗杆子"或神龛，不忘祖先恩德，并祈福迎祥。

冬至节与众多节日一样也有很多食俗。俗话说"冬令进补，明年打虎"。由于正值隆冬时节，冬至吃的食品以进补为主，有顺阳助阳的象征意义，以食取暖，以食治病，逐渐形成了独特的节令美食。如冬至要吃饺子、馄饨，吃汤圆、年糕、赤豆粥，吃冬至肉（羊肉、狗肉、腊肉）、冬至团等，这些食俗也都有很多民间传说和由来。

冬至吃饺子、馄饨，盛行于寒冷地域。饺子与馄饨均是由带馅的"汤饼"逐渐演变而来的古老美食，虽然南北各地制法各异称谓不同，但都极受喜爱。冬至吃饺子传说与汉代医圣张仲景有关。相传祖籍河南南阳的张仲景曾在湖南长沙为官，告老还乡时正值大雪纷飞寒风刺骨的隆冬，看见乡亲们饥寒交迫衣不蔽体，不少人因严寒把耳朵都冻烂了，张仲景就与弟子搭起医棚为乡亲们医病。他支起锅灶用羊肉、辣椒和一些祛寒的中药材熬煮成名叫"祛寒娇耳汤"的汤剂，把羊肉、药材等物捞出切碎，用白面皮包制成像小耳朵样的"娇耳"，煮熟后分送给求医的

祭神（选自《点石斋画报·白粥迎神》）

乡亲们服食。等到每人一大碗娇耳和汤入肚后，身体暖和了，两耳也发热了，吃几次后，冻伤的耳朵治好了。因这天正值冬至节，后来人们都在冬至时吃这像耳朵似的扁食——饺子，并传袭至今，有"冬至不端饺子碗，冻掉耳朵没人管"的俗语流传于世。

馄饨，原写做"混沌"，传说也很多。冬至吃馄饨最早流行于南宋时，朝廷民间都盛行。相传宋高宗赵构很爱吃御厨为他制作的馄饨，因有一次厨师没把馄饨煮熟要被送大理寺治罪，但由于他会做馄饨，赵构就赦免其死罪。后来，馄饨制法传向民间，街市上馄饨店肆众多，馄饨花形馅料各异，有几十余品种，当时谓之"百味馄饨"。

冬至节时各家百姓都包馄饨，先祭祖然后全家吃馄饨。至明清民国时期，馄饨也成为北京民间百姓冬至必食之食物，并有"冬至馄饨夏至面"的俗语。那时就像过除夕夜一样，在冬至前的夜晚，各家都要准备次日祭礼用的食品，忙着包馄饨和蒸年糕等，其情景似除夕守岁，故称之为"冬至夜"。

北京的街市上，除了店铺，还有不少沿街串巷挑担卖馄饨的小贩。老北京制售馄饨最著名的店铺，清代有"致美斋"，而后又有"馄饨侯"，其多种细馅、独特调料的美味馄饨很受文人墨客、戏曲名伶和学子们的欢迎。每逢冬至日时，更是门庭若市，食客盈门。清人杨静亭的《都门纪略》书中有词赞曰："包得馄饨味胜长，馅融春韭嚼来香。汤清润吻休嫌淡，咽后方知滋味长。"冬至日时吃一顿热乎乎的美味馄饨，成为旧京时百姓家里很不错的佳肴小吃。

冬至的一些食俗，还与冬至起的"数九"民俗有关。老北京自清代起有吃"九九火锅"、"九九酒肉"等九九消寒的饮食习俗。据《王府生活实录》所载，每逢冬至入九后，皇宫王府内盛行吃以羊肉为主的珍馐火锅："凡是数九的头一天，即一九、二九直到九九，都要吃火锅，甚至九九完了的末一天，也要吃火锅，就是说，九九当中要吃十次火锅，十次火锅十种不同的内容，头一次吃火锅照例是涮羊肉……"

这种吃冬至肉吃火锅之俗，在清代和民国时期的民间很盛行，很多富家子弟、文人雅士、学子，自冬至日起常到著名老字号饭庄"八大春"、"八大堂"及东来顺、又一顺等，消寒饮酒吃涮肉火锅。也有些人每逢九日

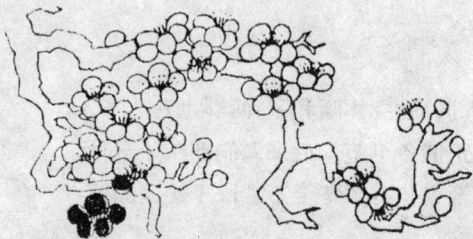

九九消寒图

相约九人一同饮酒吃肉，旧京时称为"九九酒肉"。席间要摆九碟九碗，成桌酒宴时要用"花九件"（餐具）入席，以取九九消寒之意，旧时称"消寒会"，故冬至又有"消寒节"之称。

　　冬至数九后，因天寒地冻，除一些按月定期开放的庙会外，街市上再没有热闹的"花会"、"社火"等表演，大人孩子们多缩在四合院、大杂院里，围炉取暖，数着"九九"盼着春暖之日早日到来。自明清时起，一些文人墨客根据"数九"之俗，逐渐编制出很多"文墨游戏"，如现今南北各地仍传唱的"九九消寒歌"："一九二九，伸不出手；三九四九，冻死猪狗；五九六九，沿河看柳；七九河开，八九燕来，九九寒尽，春暖花开。"

　　旧京时百姓家墙上常贴"九九消寒图"，上面画着一枝白梅，有 81 朵梅花，从冬至起由少儿们用红笔每天涂一朵，待都涂遍，九九寒天已尽。明刘侗的《帝京景物录》中云："日冬至，画素梅一枝，为瓣（朵）八十又一，日梁一瓣（朵）则春深矣。"相传这种消寒图最初是文天祥画出来的。此外，还有用笔描写九个空心字"亭前垂柳珍重待春风"的 81 天写 81 笔的"九九消寒句"以及在 81 个格中从冬至起每日涂格，格涂满则寒消，谓之"九九消寒表"，有口诀是："上阴下晴雪中心，左风右雨两分清。九九八一全点尽，春回大地耕作勤。"相传此诀是识天文知气象的神机军师刘伯温所传。

　　另外，冬至日有"观兆测年"之俗，农谚有"冬至三九则冰坚"、"冬至有霜年有雪"、"冬至多风寒冷年丰"等，

九九消寒句（管城春满消寒图之一）

农家观天象气候变化，以预知来年是否有好光景。喜欢学武术的少年，要在冬至这天拜师学艺，古时称为"看冬"之俗。

风车摊

元旦

"元旦节"历来不像过春节或国庆节那么受重视，但一年之始在"元旦"，它又毕竟是个"节"，曾给人们很多欢乐，这让我不得不忆起几十年前的往事。

元旦作为一年开始之日，我国历代并不一致。夏代，将岁首定在农历正月初一。殷代，是十二月初一。周代，是十月初一。到汉代，又将正月初一定为岁首，以后历代相沿未改。直到辛亥革命后，我国才改用公历，把1月1日称为"元旦"、"新年"。新中国成立后，1949年9月27日，中国人民政治协商会议第一届全体会议正式通过使用"公元纪年法"，将农历正月初一改称"春节"，阳历1月1日定为"元旦"。

民国时期老北京的元旦节，除了伪政府机关、学校要放一天假外，平民百姓并没有什么盼头。那时期给人们印象最深的就是大街上商铺的减价闹剧，商铺这一天都要在门口用木牌写出告示："庆元旦、大甩卖"，"买一送一"或"打×折"等，小广播器里也不断推销商品，真是"赔本带吆喝"；更有宣传大减价的汽车插着彩旗、铜管鼓乐高奏着流行歌曲从大街上开过，一些摩登女郎娇滴滴地边喊边撒着减价产品的彩色传单，在街头巷尾嚣张一时，真是热闹非凡。而与此对照的则是那些无衣无食的乞丐和为生存而排队抢购轮番涨价的棒子面的平民百姓，情景凄惨……

那时四合院里老百姓家中没有挂历，墙上都挂"月份牌"，即将整本的365天的日历，钉在用硬纸板或薄铁皮制成的牌上，牌上一般都印着大美女吸着什么牌的香烟，或胖小子抱个大鲤鱼等广告，这种"月份牌"有些家庭一挂就是好多年，只是在每年元旦时换上新的整本日历。那时，每家的老人们还要在元旦前购买一本新皇历，以供平时翻阅使用。皇历约有八寸长、四寸宽，装订成一本书，皇历的第一页都印着一幅流年图，也就是一幅写有八卦、代表八个方位的像罗盘似的图，那图只有通晓周易的人才能看得懂。历书中以农历为主，印有农历、阳历对照的日期、二十四个节气说明、三九歌谣以及三字经、百家姓、弟子规、二十四孝等，图文并茂，虽有些迷信的东西，但也有些实用价值。

新中国成立后，党和各级政府非常重视普通百姓的节日生活，除规定每年1月1日元旦节各机关院校的职工、学生必须休假一天，不能休假的在岗职工要调休或支付给双倍的加班津贴外，在政治思想方面，元旦这一天《人民日报》必发表重要社论，提前几天还要由新华社公布一个节日的标语口号，天安门城楼上这一天要悬挂起八个大红宫灯和多面红旗，各街道胡同的家属委员会要通知各个宅门、四合院、店铺从一早起就挂上国旗，并用彩纸写些标语口号，张贴在胡同的灰墙上。一些临街的机关、学校、店铺这一天都要用木料红布搭建个彩门，门的横幅上常书写的是"欢度元旦"或"庆祝元旦节"，两侧的门框上常书写的是最新的标语口号，或者书写着"中国共产党万岁"、"毛主席万岁"等条幅。有些大机关、大商场还会用巨大的红布条幅，书写上欢庆一类的宣传语，高高悬挂在楼体外墙的上端。夜晚时彩门和红色条幅上还都接拉上一串串的小彩色电灯，在黑夜里一闪一闪非常晶亮好看。这就是几十年前欢庆元旦节时的社会风俗一景。

北京老百姓度元旦节的民情，回忆起来也颇有风趣。新中国成立后在党团组织教育下，机关职工、科技工作者、工厂工人、店员们的思想觉悟都很高，为了完成工作任务，为了完成科技攻关项目，大家都能大公无私、克服困难、废寝忘食地加班加点，有时连节假日也不愿休息。所以那时元旦节常有很多人坚守岗位，忘我工作而不休假。而党和各级领导则非常关心大家的节日生活，职工食堂、学校食堂在节前都要调剂些好的饭菜或进行一次会餐；工会或行政机构要发放些福利用品，发给每人一张电影票或自行举办一次自编自演的文艺晚会。那时的电影票、晚会票不但丰富了职工的文娱生活，而且成为年轻男女谈情说爱初次见面的桥梁。

天桥电影院

提起看电影，新中国成立后市政府在各区、县街道新建和修复了很多影院，如首都（原名新新）、新中国、大观楼、青年宫、儿童影院等，仅我居住过的花儿市大街，就新建了花市、大众两座影院。这些影院自 1949 年开始，就经常放映北京、上海、长春、八一各电影制片厂出品或翻译的具有教育意义的中外影片。那时家庭中没有电视、电脑、光盘等现代文娱设备，看电影就是人们最大的娱乐生活和最爱的享乐。影院每到年节都及时放映最新最好的国产故事片，记得那时正是我的少年时期，对电影很着迷，常去各影院追着看最新的佳片，像《钢铁战士》、《八女投江》、《革命家庭》等影片都给我留下启蒙的革命思想，后来我还迷上了日本、朝鲜、南斯拉夫等国的优秀影片。

那时在元旦节等节假日电影票非常不好买，影院要在早晨及深夜加演几场，记得有　年元旦前的夜晚十二点多钟，只是为了一场普普通通的电影，我和家人一起到花市影院高兴地观看，大家兴致勃勃，真似过年那样熬夜。如今身边有电脑、电视、家庭影院等众多现代设备的青年人，一定会笑话我们这些老年人那时的一片痴情。

那时的元旦等节日，市政府也特别注意对节日商品的供应，商业部门很早就筹划并从外地调运进京多种节日所需的主副食、蔬果、鱼肉等商品。为了保障供给，有些物品还实行了票证制度，每到元旦等节还特别向市民供应一些平日少见的商品，如按副食本每户供给带鱼、黑木耳、黄花、花椒、大料等。每到节日，街道副食店的商品也特别充足，生活必需品做到保障供应，家家户户都有份，皆大欢喜，欢度佳节。一般家庭在节前都去菜市场排队，把该买的买齐全，老人们、主妇们忙于制作节日佳肴，以迎接儿子儿媳、女儿女婿、孙子辈元旦探亲，儿女们元旦节也准备了一些孝敬的礼品，如北京的二锅头酒或装满蛋糕、萨其马的点心盒，拎着礼物带着孩子奔往爸妈家去"拜年"。老人们每到元旦等节日就期盼着儿孙们的到来，常常用一桌三鲜馅水饺或红烧肉、四喜丸子、木须肉等佳肴来迎接聚餐。儿孙们大吃一通，老人们虽然累点但看着心里特高兴，阖家一片喜洋洋的节日气象。

腊八节

　　腊八节是中华民族源远流长的独特传统节日。腊是古时阴历十二的祭名，始于周代。古代人在大自然风调雨顺喜获丰收后，常常用打猎来的禽兽祭神祭祖，祈福求寿，避灾迎祥。《玉烛宝典》书云："腊者祭先祖，蜡者报百神，同日异祭也"，可见腊是古代人祭祀百神及祖先的一种活动。因腊祭在农历十二月故称"腊月"。自汉代起，以冬至后第三个戌日为"腊日"，南北朝时固定农历十二月初八为"腊日"。杜甫的《腊月》诗云："腊日常年暖尚遥，今年腊日冻全消"，腊日民间俗称"腊八"。

　　关于"腊八节"的渊源还有众多传说，有纪念佛祖释迦牟尼说，有朱元璋忆苦喝粥说，有怀念抗金英雄岳飞说，有用赤豆打鬼祛灾说……但民间最普遍认可的还是纪念佛祖之说，佛教自印度传入我国后，佛教的习俗渗透进我国古代腊八日的祭奠活动中。

　　相传佛教的创始人释迦牟尼原是古印度迦毗罗卫国净饭王的儿子，是在周昭王十六年（公元前980

腊八施粥（《施粥》）

年）时诞生的，一生下来就有超人的智慧。他因看见众生为生老病死苦苦挣扎而苦恼，并对当时印度的种族、阶级的不平等不满，毅然在 29 岁那年舍弃富华生活放弃继承王位，于一天深夜悄悄离开王城，跋涉名山大川历尽千辛万苦以探求人生之道。他云游到蓝摩国，遇到一位先知圣哲，跟随其刻苦学经论道落发为僧，苦苦修行 6 年，尝尽千辛万苦落得骨瘦如柴，终于有一天他昏倒在尼连河畔的一棵菩提树下。一牧羊女用一些杂粮野果制成粥给他喝下。他渐渐恢复了元气，在河中洗去身上的污垢，静坐在菩提树下面向东方，释迦牟尼终于

腊八施粥

在十二月初八这一天得道成佛，这一天被佛教人士称为"成道节"。

在腊八供佛粥后服佛粥的习俗，是从唐宋时期开始的，除各佛寺煮粥供佛、舍粥外，历代皇宫及民间老百姓也在腊月初八这天煮粥供佛，民间俗称"腊八粥"。因旧京时的家家户户几乎都有人信佛，家里设有佛龛，逢年过节都有奉供焚香拜佛之俗，用腊八粥祭奠神灵，并祝来年五谷丰登。如今咱们北京人喝腊八粥的习俗依旧，其中的五谷杂粮就更多了些品种，光是米就有小米、黄米、江米、白米，其他还有菱角米、枣、栗子、瓜子、花生、松子、核桃仁儿等。

古都北京在腊八节还有泡"腊八酒"、"腊八蒜"的习俗。泡"腊八酒"是将紫皮蒜瓣在腊八这天泡在黄酒或高粱酒里，封好口待春节时打开饮用，酒香味儿辣可通血脉暖肠胃。"腊八蒜"也称"腊八醋"，即将紫皮儿蒜瓣放在罐内倒满米醋密封好，等到大年三十的时候蘸饺子吃。这种醋酸中带辣，蒜瓣呈翠绿色分外好看，给家宴添加了节日色彩。

正月十五元宵节

"满城灯火耀街红，弦管笙歌到处同。真是升平良夜景，万家楼阁月

明中。"农历正月十五是我国的传统节日——上元节，又称为"灯节"、"元宵节"、"元夜"、"元夕"等等。

汉代已有庆祝正月十五的习俗，从唐宋时期到清末民初，元宵节的欢庆活动更为盛行。在老北京，它与新春的厂甸庙会、白云观燕九节的会神仙合称为"上林盛举"。

灯树千光照，花焰七枝开。月影凝流水，春风含夜梅。悬灯是喜庆的象征。明代北京的灯节是从正月初八上灯到十七落灯，共10天。那时老北京的灯市口是购物、观灯之所。从傍晚到天明，这里灯火齐明，各种纱灯、纸灯、玻璃灯、明角灯、通草灯、走马灯等高挂于街市，争奇斗艳，在放灯的同时，还有杂耍百戏。

到了清代，自正月十三至十七为灯节，十三叫上灯，十四叫试灯，十五叫上元灯，十六叫残灯，十七叫落灯。皇家在乾清宫等宫殿高挂"春灯"，使宫内灯火通明，如同白昼，但那时为防火灾，宫内不许放焰火。放焰火等贺节活动多在圆明园和三海内举行，乾隆时期趋于鼎盛，乾隆帝每年正月十三起都陪皇太后到圆明园里的"山高水长"楼看歌舞杂技，观灯，放焰火。据清《养吉斋丛录》一书描述，当时最精彩的有"九石之灯"，花盒内"藏小灯万，一声迸散，万灯齐明"。另有"八小儿灯"，花盒点燃后，"有四小儿从火中相搏堕地，炮声连发，别有四儿花裲裆，杖鼓拍板，作秧歌小队，穿星戴焰，破箱而出"。

康熙年间，因灯市离皇宫太近，为防火，朝廷下令将灯市口的灯市北移至东四大街，同时在前门外、天桥灵佑宫、琉璃厂、地安门大街等处也设有"灯市"。各种花灯种类繁多，瑞蚨祥绸缎店的"唐僧

燈放師京

放灯（选自《点石斋画报·京师放灯》）

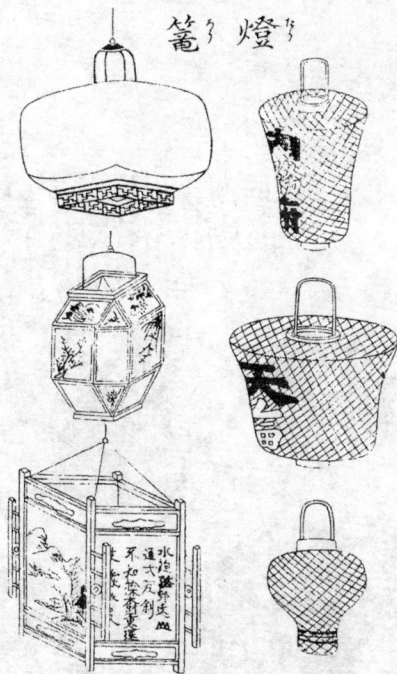

篁燈

取经"、谦祥益布店的"七侠五义"等灯都很吸引游客，另外在什刹海、隆福寺等地还有冰灯展出。那时六部衙门和工部的门前也张灯结彩，最吸引游人观看，老北京称为"六部灯"，有一首歌谣唱道："太平鼓，响咚咚，一生爱看六部灯；灯屏儿，书成套，一典一故我知道。"

上元节除"观灯"外，另一风俗是"猜灯谜"，亦叫"打灯虎"，此活动始于宋代，据说是由李广射虎的故事引申而来。猜中谜底很不易，犹如老虎难以射中一样，故猜中也称"射中"。而社火、高跷、旱船、太平鼓等表演也是节日常见的活动。

"打鬼"、"走桥"和"摸钉"也是老北京过灯节的传统习俗。"打鬼"是一项儿童游戏，其方法是先选一个人当"鬼"，将一长绳系在其腰上，由几个人牵着绳让他来回跑动，另几个人可上前打"鬼"，"鬼"能还手，倘有一人被"鬼"打中，他则替换为"鬼"。

明清两代盛行妇女"走桥"、"摸钉"。"走桥"是在正月十六那天，一些妇女罩上白绫衫，成群结队出游到天桥那儿的白石桥上，由一人举香开道，众人随后，称

灯笼（选自《清俗纪闻》）

灯谜（民国时期河北武强彩印灯画）

一 岁时佳节

走桥（《走桥韵事》选自《点石斋画报》）

为"走百病"或"丢百病"，过桥谓之"度厄"。

"摸钉"是说妇女结队去各城门洞，尤其要到前门门洞去摸城门上的门钉，据说摸过门钉后易生男孩。《元夜春词》云："一望平沙万里遥，月明何处尚吹箫？旁人争说前门好，姐妹牵衣过小桥。"就说的是这一习俗。

老北京的灯节还有"催灯梆"和"灯政司"两大景观。灯节非常热闹，直至深夜仍人山人海，官府怕人多闹事，预先雇用 10 个小叫花子组成梆子队，叫他们在三更时打五更的梆，从灯市的一头走到另一头，不停地敲梆，以误导人们早散市，当时人们管他们叫催灯梆队。梆子队可敲出曲牌，人不散梆声不停，看灯的人转而看敲梆，灯市未散，反添一景。

另一景是乞丐们的"灯政司"。在正月十五这天，京城的叫花子几乎倾城而出，在丐头的率领下，组成一列"衙门官老爷"的仪仗队。队前有花子打着响鞭开道，后面跟着手持讨饭竿子的乞丐，再后面是一片乌合之众，个个手中拿着讨饭的竹筒，狠命地敲。后边还有四个人，手举"纠察"、"弹压"、"回避"、"肃静"的小灯牌和一个写着"灯政司"三个大字的大灯牌。灯牌后面就是用个破椅子充当大轿，让八个叫花子抬着的乞丐头。这位"灯政司"老爷八面威风，指挥叫花子们哪儿热闹就去哪儿，对店铺指手画脚。店家怕招惹是非，赶快扔钱，叫花子们一哄而上捡钱抢钱，灯市里留下一片混乱。老北京丐帮这个景象直到新中国成立时才消失。

老北京
的记忆

040

正月十九燕九节

　　老北京时过年时，从初一到十五，厂甸、东岳庙、隆福寺、护国寺、财神庙、土地庙、药王庙、白云观都有庙会，只有白云观延长到正月十九，因为十九才是白云观庙会的正日子。正月十九是旧北京的燕九节，也称"宴丘节"、"筵九节"、"宴九节"，这一天是"全真派"著名道士长春真人丘处机（1148～1227）的生日。据《帝京景物略》云：真人丘处机，字通密，号长春子，元登州栖霞（今属山东省）人，金里统戊辰正月十九生，他19岁时在山东宁海拜全真道创立者王重阳为师，而出家成为全真道北七真（七弟子）之一。所谓"全真"，即在宁海全真庵王重阳讲道时，宣扬道、儒、释三教合一，集三教之优兼而修之，故号"全真"。丘处机活着的时候广泛布道，敬天爱民，潜修道教，持成吉思汗所赠玺书，曾放奴为良和救生者达3万人，所以极受道教徒们爱戴，每逢正月十九丘处机生日时他们都前来"宴九"祝寿。丘处机羽化后，遗骨葬于长春宫东侧的顺堂，道徒们仍在正月十九进香祭祖，因而在此基础上逐渐形成了"燕九节"。清《燕京岁时记 筵九》篇载："十九日谓之筵九，每至筵九，皇上幸西厂子小金殿筵宴，看玩艺惯跤，蒙古王公请安告归。臣工之得著貂裘者，尽于是日脱去，改穿白锋毛矣。游赏白云观者谓之会神仙焉。"在《燕京岁时杂咏》中有诗云"灵观争开燕九筵，丛坛无复遇神仙。平沙十里松千尺，怒马雕鞍几少年"，"白云观里会神仙，万古长春额上悬。三五黄冠廊下坐，私期鹤驭降乔佺"，就说的是这一天民间白云观里会神仙的盛况。

　　相传这一天长春真人要下凡人间，或变成官宦商贾，或化作脚夫乞丐，也可能扮成老人孩子，有缘碰上与其相会者便能祛病免灾人财两旺，故众多信徒及百姓在十八日晚上即来到白云观，这些善男信女争相布施、到处游逛、彻夜不眠。实际上哪有丘真人下凡呢，常有被人误当做丘处机而当上"神仙"的。正如清人孔尚任写的词那样："金桥玉

厂甸面具摊

洞隔凡尘，藏得气儿疗懒身。绝粒三旬无处诉，被人指作丘长春。"信徒游人遇到的是那些乞丐等人，乞丐既得人钱财又受人礼拜，被当做神仙，善男信女明知上当还去上当。这一天上午，观内要举行宴丘会和盛大法会，丘祖殿里香火极盛，那时的百姓们按其谐音习惯称之为"燕九会"。在白云观外的广场上也有赛马、射箭、竞技、耍龙狮、跑旱船、踩高跷等娱乐活动，以及众多的北京风味小吃、玩具、杂品的商摊，旧时称为"上林盛举"。据说在光绪年间慈禧太后还御驾亲临白云观去会神仙，并且还将她御膳房的厨师赐给了白云观，使白云观的素斋名扬天下。白云观的庙会在新中国成立后被停办，十年动乱时部分设施被破坏，一些经书被毁。1983年白云观重新开放，1987年起开始举办"民俗迎春庙会"，在新春佳节不妨去白云观会会"神仙"，观中供有玉皇大帝、财神爷、药王爷、八洞神仙、碧霞元君等众多"神仙"呢！

正月廿五填仓节

老北京时，正月里几乎每天都是"节"，都有好些典故、传说与民俗。正月里过了"破五"后，初六是各商铺开市之日，初七是古老的"人胜节"（即人日，这天祈福全家平安子孙满堂），初八是"顺星日"（祭祀诸星君，以获星君保佑），初九祭祀玉皇大帝……正月十五前后七天欢庆灯节。到正月廿五日，则是填仓节。

填仓节是民间祭祀仓神祈望来年五谷丰收的古老节日。相传在很久很久以前，连年大旱，地里颗粒无收，可是朝廷不管百姓死活，照样催税收租，恶霸地主乘机横行，老百姓民不聊生。这时有个给皇家看粮仓的仓官，看到父老乡亲的悲惨情景，毅然开仓放粮救济一方百姓。人们取得救命的粮食，非常感谢这个仓官。皇上知道后要派人来拿他问罪，他放火烧了空粮仓，自己也投入火中而死，这一天正是正月廿五。从此，后人为纪念这个粮仓官吏，每逢这一天就用细炭灰或柴草灰在院内外画（垒）个粮囤，以示补仓，喻指填满粮仓，并表达人们对仓官的怀念，故这天称为"填仓节"。

在我国北方的农村和北京郊区，都盛行过这个填仓节。北京的习俗是正月廿三为"小填仓",廿五日为"大填仓"。北京有民谚道:"过了年,廿三,填仓米面做灯盏。拿箕帚,扫东墙,捡到昆虫验丰年。"又说:"天仓,天仓,大米干饭杂面汤。""点遍灯,烧遍香,家家粮食填满仓。"这些谚语流传至今。

几十年前,我曾在农村老家过春节,亲眼见到并参与过填仓节的活动。每逢正月廿五这天,村里农户在早晨没出太阳前,全家老小就忙碌起来,在农院或场院内用草木灰画几个不同的像粮囤样的圆囤。人们先将草木灰放在簸箕里,一手端着簸箕,一手拿着个小木棍边敲打边撒灰,逐渐撒成一个个圆囤,并在中间画个十字形,圆囤边再画个梯子状图。在每个格里撒进些麦粒、高粱粒、谷子、豆子或玉米粒等粮食,然后用砖将粮食压住,比喻压仓压囤。在十字的中心,放些面条和铜钱,喻指五谷丰登、富富有余。画个梯子喻指粮囤高高,即大囤满,小囤流,吉祥如意,好日子步步高。

这天的早饭,要吃当时最好的小米干饭杂面条,意指饮食丰富腹中饱食填满粮,有"填仓"之意。吃饭前要先放鞭炮、焚香祭神,饭后把压粮食的砖拿开,任自家的鸡狗等动物去啄吃,表示粮满囤不怕鸡狗吃。那时家家粮囤要添些粮,缸里添满水,门口放些柴炭以镇宅。晚间农院里要点满灯烛以祭仓神,并且还打着灯笼或电筒在院里屋内外找各种已复苏的小昆虫,发现越多兆头越好,那时称为"填仓虫"。有些人家还剪些彩纸小葫芦,贴在门窗或毡帽上,称此日为太上老君炼丹日,可除百病保 家平安。这个习俗,一直到上世纪50年代仍很盛行,至今我记忆犹新。正像一些县志上所记载:"正月廿五日……用柴灰摊院落中为图形,或方或圆,中置爆竹以震之,谓之涨囤,又谓之填仓。"

祭祀仓神更是那时城乡粮仓和粮商们的习俗。《晋书·天文志》云:"天仓六星,在娄南,谷新藏也。"清人潘荣陛的《帝京岁时纪胜》也载:"当此新正节过,仓廪为虚,应复置而实之,故名其日曰填仓。"

在老北京的东直门内曾建有很多粮仓,清代时最多达15座粮仓,至今北京仍保留有禄米仓、海运仓、南新仓、北新仓等地名,现今南新仓的粮仓遗址仍保留着600年前的原样。当年每逢正月廿五这天,粮仓及粮商们都要张灯结彩,设供致祭,焚香叩拜仓神——韩信神像。清韶公的《燕京旧俗志》云:"相传仓神为西汉开国元勋韩信,俗称之曰韩王爷。"韩信的第一任官职就是仓官,并曾明修栈道,暗度陈仓,后来被民间奉为仓神,将韩信立为粮仓的祖师爷。在北京的东岳庙里，就有韩信的神像供人们拜祭，旧时在这一天还曾有过很多民间香会活动。

城镇里的平民百姓在这一天虽不举行祀祭，但都要到庙会或粮油铺购买些米面油盐煤柴等生活必需品，作为生活储备，比喻填仓。当天天津地区必吃米饭熬鱼汤，吃鱼即连年富裕有余（鱼）之意；山西地区吃黄米糕，糕谐音高，有生活步步高吉庆之意；老北京人则全家要吃烙饼，吃薄饼卷"盒子菜"。吃饼有饱腹胀满填仓之意。"盒子菜"是老北京时传统吃食，由熟肉铺或猪肉杠子（猪肉铺）制作出售。那时四九城里最负盛名的是西单天福号酱肉铺、前门外粮食店的福云楼等。将酱好的清酱肉、酱肘子、猪头肉、猪肚、猪肝、酱口条等京味酱肉，分别放入雕漆食盘内，然后装进有九个格子的食盒内，顾客订购时，用带手提梁的笼盒送至家中，吃薄饼时抹些甜面酱、夹些大葱丝一卷就可服食。

据说吃烙饼的习俗与女娲氏补天有关。相传在远古时期，天崩地裂，火山爆发，洪水浩荡，猛兽巨鹰横行扑食难民，百姓处于水深火热中。这时被称为人类始祖的女娲氏，采来五色彩石日夜冶炼，炼了七七四十九天后，就在正月廿五这一天，终于把破裂的天空修补好。女娲氏又斩断巨龟的四条腿，用来支撑天的四方，并且杀死猛兽巨鹰，治退洪水，使百姓安居乐业。为了纪念女娲氏，人们就在正月廿五这天吃烙饼煎饼，并要用红丝线系饼投在房屋顶上，谓之"补天穿"。苏轼曾有"一枚煎饼补天穿"的诗句，故正月廿五又称为"天穿节"、"天仓节"。

另外，在一些城乡还有用谷面做面灯点燃之习俗，有的做成粮囤、仓官爷和各种家畜家禽的形状，内包熟的枣、豆并插好棉灯芯。正月廿五之

卖酱牛肉

夜，灯内注满油，点燃后放在屋内外和粮囤灶台等地，边置灯边念叨："仓官爷爷饮马来，银钱粮食驮着来……"，以祈求风调雨顺，五谷丰登。又因填仓节与二月二龙头节接近，所以填仓节也有吃煎饼、找昆虫，妇女在这天忌做针线活以免扎坏仓官的眼睛等习俗。总之，各地填仓节的习俗，都有期望五谷丰登，迎接越来越红火的日子、吉祥喜庆之意。

二月初一中和节

我们的先民认为太阳是万物之灵，为祈祷农业丰收自然少不了祭祀太阳。古人认为"致中和，天地位焉，万物育焉"。据《唐书 德宗纪》等古籍载：唐德宗时的宰相李泌曾上书请立二月初一为"中和节"，得到德宗李适皇帝准奏，自贞元五年起有了"中和节"。

唐德宗非常重视农业，他在这天祭祀太阳，百官要进农书以示务本，官员这天还休假一天。至明清时，皇帝在这天举行隆重的御耕典仪，由老农赶牛，皇帝亲自扶犁，以示皇朝重视农业，祈望农业丰收。明清年间在北京的左安门内曾建有"太阳宫"庙，大殿内供奉着太阳星君神像，又因古人笃信金鸡啼鸣呼唤太阳升起，所以庙中还塑有一只雄鸡。每年的二月初一至初五太阳宫开庙，百姓纷纷前往焚香膜拜。

老北京民间还有"中和节"时向太阳供奉太阳糕和"送钱粮"等众多民俗。清人潘荣陛的《帝京岁时记》载："京师于是日以江米为糕，上印金鸟圆光，用以祀日，绕街遍巷，叫而卖之，曰太阳鸡糕。其祭神云马，题曰太阳星君。焚帛时，将新正各门户张贴之五色挂钱，摘而焚之，曰太阳钱粮。"旧京百姓在这天日出时，要在庭院内面向东方设香案，供"太阳鸡糕"，焚香膜拜太阳星君。按照古代"男不拜月，女不拜日"的礼制，祭祀要由男性家长率男性家人向太阳神礼拜。那太阳鸡糕是由江米粉蒸制而成，即将米粉摊平垒放成多层，在层之间撒些黑糖或豆沙馅，还有青红丝，切成两寸见方的块儿，每块上插个用米粉捏成的五彩金鸡，上屉蒸成。太阳糕最早是在清代宫门口外的"袁记斋"年糕店首先制作出售的，据说后来还得到慈禧太后的钦定，每逢中和节前，众商贩都要到此批购太阳糕，然后串街走胡同吆喝着："供佛的太阳糕哟！"那时四合院里的主妇们出门"请"太阳糕，不能说"买"，是因为图吉利。后来京城的饽饽铺亦在上元节后开始制作出售，太阳糕上都印有个金鸡红色印图，非常好看。这些祭祀用的太阳糕，在太阳落山时，就成了孩童们的美食。

所谓"太阳钱粮"，是说中和节的另一民俗。旧京时春节期间家家都讲究"尚红"。屋内外贴满春联、条幅、福字等，佛堂及居室内也有吉祥挂笺，而到正月底，年就算过完了，故在二月初一这天对室内外进行一次大扫除，把旧的春联等揭下，于傍晚向着太阳焚烧礼拜，老北京人称这是给太阳生日送的钱粮。其实这也是一次大搞卫生的健康活动。

另外，旧京的满族王府内，中和节这天要按古规旧习祭祖祭太阳神，杀牲祭拜后，吃无盐的白肉，当时也把这天称为"吃肉节"。京城百姓也有饮酒同贺佳节的食俗，称为饮"中和酒"。还有用青布口袋盛上百谷果向亲朋好友邻里互赠之俗，时称"献生子"，象征生活富裕美满。

二月初二龙头节

农历二月初二，是民间的传统节日龙头节，又称"青龙节"、"春龙节"。

相传龙头节最早起源于伏羲。伏羲重农桑、务耕田，每年二月初二"皇娘送饭，御驾亲耕"，后来黄帝、唐尧、虞舜、夏禹等也相继效仿；到周武王时，这一天还举行盛大仪式，与文武百官一起亲耕；唐宋百姓则把二月二作为"迎富贵"的日子，在这一天要吃"迎富贵"的点心类食物。宋人周密曾在《武林旧事》中记述：在南宋时二月初二这天宫中要举行"挑菜"御宴猜谜的娱乐活动，在宴会上摆着的小斛（一种口小底大的器皿）中，插入生菜等新鲜蔬菜，让大臣们竞猜菜的名称，根据猜的结果行赏。相传二月初二在宋朝时为"花朝节"，把这一天指定为百花生日。到元朝时称为"踏青节"，百姓在这一天要出去踏青郊游。据说有一个人在踏青时拾得一个被遗弃的婴儿，抱回家后抚养成人，后来这个人便大富起来，于是后来很多人都在踏青时沿途采摘些"蓬叶"回家，在门前祭拜，以表示祈求"迎富"之意。

在明清朝时有"二月初二龙抬头"之说，明清的皇帝在每年的二月初

御驾亲耕（《二月二龙抬头》。图中身披黄袍的皇帝手扶犁把，在春官的引领下犁地，旁边戴乌纱帽的大臣们在播撒麦种。图左的皇后则挑着担子，为忙碌的"农人们"担水送饭。民国年画）

二都要到先农坛、圆明园举行隆重的"御驾亲耕"仪式，皇帝象征性地在那"一亩三分地"或"一亩园"上扶犁耕田，以祈福这一年农业大丰收，百姓丰衣足食。

为什么要把二月二称为"龙抬头"呢？这与节令有关。因为农历二月已进入仲春季节，这时阳气上升，大地复苏，草木萌动，农民们要春耕播种了，土壤干枯急需雨的滋润。俗谚有"龙不抬头天不雨"之说，农家企盼着传说中的吉祥物——龙此时能升天抬起头抖动龙身下一场透雨，以滋润缺水的土壤。另外，农历二月初二正值"惊蛰"后、"春分"前，此时已春回大地，一些有害的毒虫结束冬眠状态开始涌动，人们祈望龙出镇住那些有害的毒虫，盼望龙降雨，春雨充沛，农业大丰收，民谚说的"二月二，龙抬头，大仓满、小仓流"非常生动地道出人们的愿望。

二月初二龙头节是老北京时较大的民间节日，那时民间有吃面条、吃春饼、炸油糕、引龙熏虫、扒猪脸、爆玉米花等很多习俗。

俗谚说："二月二，照房梁，蝎子蜈蚣无处藏"，老北京的农家要在这天驱除害虫，点着蜡烛照射房梁墙壁等处，以驱除蝎子、蜈蚣，这些虫儿

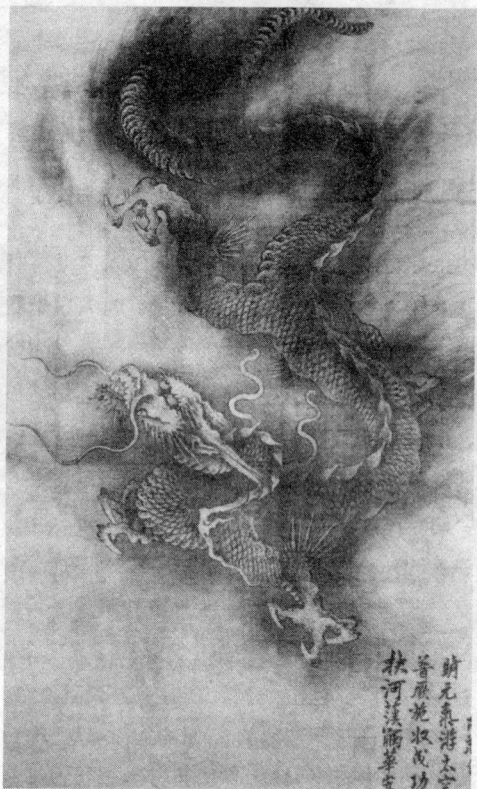

龙抬头，云龙（南宋陈容绘）

一见亮光就会掉下来被消灭掉。二月二这天有"引龙熏虫"之习俗，古人认为，龙出则百虫伏藏，农作物可获得丰收，所以《帝京岁时纪胜》云："乡民用灰自门外蜿蜒布入宅厨，旋绕水缸，呼为引龙回。"那熏虫也是防止害虫破坏捣乱确保五谷丰登的，明《酌中志》一书云："二月初二日，各家用黍面枣糕，以油煎之，或白面和稀摊为煎饼，名曰'熏虫'。"

按照习俗，这天妇女还不许动针线，害怕扎伤了龙的眼睛，太阳出来前不许到井台打水，以免水桶砸伤了龙头。这一天人人都要理发意味着龙抬头走好运，给小孩剃头叫"剃龙头"，这一天出生的男孩都要取名大龙、宝龙、金龙。

老北京的习俗，在这一天要接回已出嫁的"姑奶奶"，俗语说："二月二接宝贝儿，接不来掉眼泪儿"，这一天接回姑奶奶来多以吃春饼合菜款待，并可在娘家住上很长时间。因为北京的老礼儿有正月不能叫男人守空房之讲究，正月里姑奶奶回娘家时必须在黄昏前返回，有句民谚说："媳妇不看娘家灯，看了死公公"，说的就是此习俗。

跟别的节日民俗一样，二月二这天也有很多饮食方面的习俗。这天吃饺子叫吃"龙耳"，吃馄饨叫吃"龙牙"，吃春饼叫吃"龙皮"，吃米饭叫吃"龙子"，蒸蒸饼也要在饼面上做些龙鳞状称"龙鳞饼"，吃面条称为"龙须面"，也就是如今龙须面的由来吧！

老北京人嗜好吃猪头肉，尤其必在二月二这天吃猪头肉。在农村腊月廿三过小年时要杀猪宰羊准备年菜，炖猪肉时留下猪头，在二月二这天祭祀佛祖。城内四合院里的百姓也在除夕、二月二有用猪头供佛祭祖的民俗。

在二月二上供后就把猪头炖煮加工成美味的酱猪头肉，老北京俗称"扒猪脸"，可用猪头肉就酒，也可用煎饼卷上肉和炒的合菜。

过去，咱北京街巷胡同里经常有砰砰的爆玉米花的声浪。说起这爆玉米花，跟"二月二"还有联系呢。据说它源于神话传说，武则天称帝"立周"后，惹得玉皇大帝震怒，便传谕四海龙王，三年之内不得向人间降雨。但司管天河的龙王看到人间因干旱而饿殍遍野的惨状，于是偷偷为人间降雨，百姓得救了，而龙王却被玉帝打下凡间压在山底下受刑，并立石碑曰："龙王降雨犯天规，当受人间千秋罪。要想重返灵霄阁，除非金豆开花时。"人们为报龙王救命之恩，到处寻找开花的金豆，可哪里都找不到呀！到了二月初一这天，正逢赶集之日，有一个老婆婆赶集去卖包谷，一不留神袋口松开，金黄金黄的包谷籽洒了一地。人们看到后心想，这包谷籽不就是金豆吗，炒炒不就开花了吗？于是，在二月二那天各家各户都爆炒起了玉米花，并在院中设案焚香供奉龙王。玉帝一见金豆真的开花了，遂将龙王免罪释放，让它重掌风雨大权，不久人间普降春雨。打这以后每年二月初二，老百姓都爆炒玉米花吃，边吃口里还唱念着："二月二，龙抬头，大仓满、小仓流"，以祈盼五谷丰登。

三月初三上巳节

农历三月初三是又一个传统的节日——上巳节。

上巳节形成于春秋末期，古时在农历三月上旬的巳日，习俗活动有三种：一是到水边举行祭祀仪式并到水中洗浴，以祓除过去一年中的污秽之气；二是在野外或水边招魂续魄；三是青年男女在野外踏青嬉戏，并自由择偶或交合。故上巳节又称沐浴节，踏青节，自古以来也有踏青郊游、曲水流觞，祭祀高祖，逛庙会等习俗。魏晋以后，上巳节改为三月初三，水中沐浴、招魂续魄习俗逐渐消失，临水祓禊转为临水酒会。由于上巳节的时间与清明相邻，其重郊游踏青的特点也被整合到了清明节习俗之中。

上巳节原定在农历三月里的第一个巳日，"巳"是地支中的干位，古时记年月日都是使用六十花甲，即以天干的"甲乙丙丁戊己庚辛壬癸"10

个字与地支的"子丑寅卯辰巳午未申酉戌亥"12个字搭配，以轮流组合的方式组成60个干支次序来记日记年。因在三月中第一个出现"巳"的日子，因此称为"上巳"，后农历三月上旬的巳日每年都是不同的日期，所以到魏晋时，便以固定在三月初三来代替上旬的巳日，这就是三月三的"上巳节"来历。

上巳节起源于周朝，古籍《论语》中写有洗浴之俗："暮春者，春服既成，冠者五六人，童子六七人，浴乎沂（山东沂河）风乎舞雩，咏而归。"《周礼》中也有"三日其沐"的记载。商汤时期已知："以香熏草沐浴以汤沐其面，虮虱相吊。"屈原的《楚辞》中称："新沐必弹冠，新浴必振衣。"古代时因礼俗和条件所限，先民们是不懂得为了健康要经常洗浴洁身的。旧时有一生三洗之说，即出生后三天，俗称"洗三"，结婚前洗，死后洗。正因为不常常沐浴，所以古人把在上巳节洗浴作为一件大事来看待。那时在河畔要举行洁身去疾除灾求福的祭祀礼仪，大家再用香熏草等洗涤擦身，这种方法到唐朝时已变为统治阶级的一种特殊享受。诗人白居易《长恨歌》中的"春寒赐浴华清池，温泉水滑洗凝脂"足以为证。唐代的官吏们每10天就享受沐浴一次，那时称为"上浣"、"中浣"、"下浣"。平民百姓那时当然无法享受温泉浴，能每逢上巳节到附近河水沟渠戏水擦身就是最时兴的享乐了。除凶疾消邪灾的祭祀仪式虽是迷信糟粕之举，但洗涤洁身仍是至今应予提倡的事情。

唐代诗人白居易《春游》云："逢春不游乐，但恐是痴人。"杜甫《丽人行》中云："三月三日天气新，长安水边多丽人"，这样的诗句都写出在明媚的春天里踏青野游赏景观花，是一件极富情趣的雅事。

上巳节还有登高的习俗，人们常将祭奠踏青与登高结合在一起。有的少数民族就有在三月三去江边唱歌跳舞的风俗。上巳节还有把荠菜花放在灶台上驱蚂蚁的习俗，荠菜食用味道鲜美，还是一味止血清热的中药。旧京时上巳节这天要出售唐花，有用地菜花、红枣、黄豆煮鸡蛋和用面雕刻小人之俗。有的人在曲水流觞时不用酒杯而是将鸡蛋鸭蛋红枣投入水中让其顺水流而下，漂到谁那里谁就可以拾起来食用，侗族等少数民族还有在三月三分吃彩色鸡蛋的民俗。

唐代王维有诗："为乘阳气行时令，不是宸游玩物华"，当此春暖花开

踏青（张择端《清明上河图》局部）

京华无处不飞花的大好时光，让我们顺应自然规律，趁休假之际，携亲带友在春光中踏青游乐，走进春天柳绿花红的世界。

清明节

清明节又称"踏青节"、"柳节"、"三月节"和"寒食节"，老北京在清明前后不仅仅是扫墓，还有踏青春游、插柳射柳、赏玉兰花、放风筝、荡秋千、城隍庙求愿等习俗。

阳春三月，春回大地、草木复苏，人们在度过寒冬收敛之季后，此时也想顺应自然生机，伸展腰肢，走出户外，到阳光明媚、绿草如茵的公园或郊外去踏青寻春，或步行游山玩水，或赏花斗草游乐，既是春游又是健身活动。

由于旧京时交通不便，一般百姓或穷学子多赴西直门外高梁河畔、陶然亭和东直门外就近踏春。高梁河又名长河，是旧京西北郊的一条美丽河

扫墓（《坟墓祭祀图》选自《清俗纪闻》）

流。《帝京景物略》中云："荇尾靡波，鱼头接流，夹岸高柳，丝丝到水。绿树绀宇，酒旗亭台，广亩小池，荫爽交匝。岁清明，桃柳当候，岸草遍矣。"那时两岸杨柳葱青，桃花傍着长河流水，岸两侧还有不少庙宇和高粱，景色佳妙，非常吸引游人来这里游春踏青，当年曾有"天坛游松，长河游柳"的美誉。也有一些富家子弟、文人墨客乘马（轿）车或骑车结伴去远郊的八大处、香山、潭柘寺、戒台寺等地赏景观花探春，那时就有"潭柘听泉，戒台观松"的俗谚。

另外，清明前后正值春暖花开之时，早开的玉兰花素有"玉树琼花"的佳称，其亭亭玉立、莹洁清丽的花质自古受人们喜爱，老北京时人们纷纷前往颐和园、潭柘寺、大觉寺去观赏难得一见的几棵明清时栽种的玉兰古树，那洁白如玉、清香四溢的玉兰花挂满枝头，花香扑鼻，给游人莫大享乐。新中国成立后，各公园均种植大量花卉，如植物园内的桃花、长安街上栽种的玉兰花，每当盛开时均会吸引百姓们去观赏。

柳是春的使者，我国古代有许多与柳有关的民俗，老北京清明节时有插柳、戴柳、射柳的习俗。

插柳之俗盛行于唐宋明清时代，原意为"顺阳气"，在民间则用以悼念介子推母子，与"寒食节"相关。相传春秋时晋公子重耳为躲避晋献公的杀害，带着近臣介子推离晋流亡，19年后在秦穆公帮助下重耳返回晋国被立为晋文公。复国后他大封有功之臣时，唯独不见流亡时食不果腹曾割股啖君的介子推。介坚决不求利禄，与其母隐入绵山不出，重耳则放火焚山以迫使介出山相见，然烧山后子推仍坚不出，待火灭搜山，发现介与其母相拥被焚于山中大柳树根旁，其用衣襟留下血书："割肉奉君尽丹心，但愿主公常清明。柳下作鬼终不见，强似伴君做谏臣。倘君主公心有我，忆我之时常自省。臣在九泉心无愧，愿政清明复清明。"文公厚葬介子推母子于绵山，修寺立庙，改绵山为介山，并下令介子推烧死之日禁动烟火，只许吃冷食，这就是寒食节的渊源。寒食在东汉时定为三天，正与清明节气相连，当时寒食节与冬至、元正一起并列为国家的三大法定节日，届时除人们不动火外，

插柳（《清明戴柳》插柳与戴柳是踏青习俗中最引人注目的两项活动。选自《北京风俗图谱》）

还要用面粉制成飞燕，用柳枝串起来插在门窗上，称为"子推燕"，以示对介子推的敬佩与怀念。后来，老北京人在春游时还常在途中折些柳枝盘成个圆圈形戴在头顶上，农村的少女、孩童们也都有此习俗。戴柳，有辟邪除灾、平安保健之说，也有珍惜青春生机勃发之意，故有"清明不戴柳，红颜成皓首"之俗说。射柳，也是一项在清明节时老北京人的习俗。一些文人墨客、学子常在柳树上挂个有鹁鸠的葫芦，百步之外用弓箭或弹弓射之，善射者矢中葫芦，鹁鸠受惊飞出，以鹁鸠飞出的高低决定胜负。明代蒋一蔡的《咏春》诗曰："莺啼岸柳弄春晴，柳弄春晴晓月明。明月晓晴春弄柳，晴春弄柳岸啼莺。"此诗正是一幅描述旧京踏春的风情图。

寒食（寒食节这天整天禁火，但人不能不吃饭，因此寒食节有专用的食品。选自《七言千家诗》）

一 岁时佳节

　　老北京清明节时的另一习俗是，在这一天要去城隍庙烧香叩拜求签还愿问卜。在明清民国时，老北京有七八座城隍庙，香火亦以那时最盛。城隍庙里供奉的"城隍爷"，是那时百姓在信奉灶王爷、财神爷的同时，最信奉的神佛。这个"爷"其实就是一个城、一个县的"不管部"部长，城隍庙在每年的鬼节——清明节开放，人们纷纷前往愿，为天旱求雨（多雨时求晴），出门求平安，有病企求康复，为死者祈祷冥福等诸事焚香拜神，那时庙会内外异常热闹，庙内有戏台演戏，庙外有商品货什杂陈。据家中老人回忆，在民国初时还有"城隍爷"出巡之举，人们用八抬大轿抬着用藤制的"城隍爷"在城内巡走，各种香会相随，分别在"城隍爷"后赛演秧歌、高跷、五虎棍等，边走边演，所经街市观者如潮。有一首杂咏："神庙还分内外城，春来赛会盼清明，更兼秋始冬初候，男女烧香问死生。"即说的是清明节这一习俗。

　　另外，清明时节还有放风筝、荡秋千等习俗，这是健身活动，亦是那时的游乐活动，白居易在《春游》一诗中就说过："逢春不游乐，但恐是痴人。"风筝最早在春秋战国时就已用于军事，用放飞风筝传信息，明清后转为宫廷娱乐并为平民游乐玩具，因古时在风筝上装置响笛或洋皮小鼓等，风吹发出似筝之声而称"风筝"。老北京时风筝制作更为精巧，那时有被称为"曹氏风筝"、"风筝金"、"风筝哈"、"风筝马"等流派的风筝。曹雪芹对风筝颇有研究，还曾写过一本《南鹞北鸢考工志》的书，书中记录了他放飞、制作风筝的经验与体会。风筝可在庙会集市上购买，也有自家制作的，如儿童自制的称为"屁股帘"的简易风筝。阳春三月在郊外山野或四合院内外广阔之地放风筝，沐浴着阳光，呼吸着清新空气，或拉线奔跑或昂首仰视，心旷神怡，气血畅通。这项活动至今仍受广大百姓喜爱，常见在天安门广场和城内外广阔地区，有各式各样的风筝在蓝天白云中翱翔。至于荡秋千，曾是宫廷内和贵族家园林中的设施，是妇女孩子们流行的一项娱乐活动，如今早已成为百姓的健身活动项目。

放风筝（《放鹰扫兴》选自《点石斋画报》）

四月初八浴佛节

农历四月初八是古代的浴佛节,亦称洗佛节、佛诞节和龙华会。浴佛节,老北京的习俗很多,佛教寺庙要举行纪念仪式,要浴佛、举行斋会,民间也有在这一天放生和吃结缘豆的习俗。在浴佛节前后,民间还有拜观音求子,以及拜药王活动。

相传佛教为古印度迦毗罗卫国的王子乔达摩·悉达多(释迦牟尼)创立。佛教自东汉时传入中国后,北京及各地佛寺林立,其佛寺庙宇中的主体建筑——大雄宝殿内,均供奉着佛教创始人释迦牟尼的佛像。

四月初八浴佛节这天,老北京的各个佛寺要进行对释迦牟尼的纪念活动——功德法会。法会后的一项重要仪式就是用香水浴佛。《荆楚岁时记》云:"四月初八,诸寺各设斋,以五香水浴佛,共作龙华会,以为弥勒下生之征也。"这是我国佛教史上关于浴佛节的记载。

为什么要浴佛?相传佛祖释迦牟尼非常聪慧,呱呱落地之时就会走路、说话。他东、西、南、北四方各走七步,一手指天、一手指地说:"天上地下,唯我独尊。"大地为他的出生而感动,九龙吐水为其沐浴。所以每到四月初八其诞生日,各佛寺的僧侣都要以甘草茶煮成"香汤",在寺庙的浴亭里对释迦牟尼佛像匀水淋佛,对佛祖进行一次洗浴。浴佛除纪念佛祖的诞辰外,还有洗涤人心的污秽黑暗、洁净众生的心灵之意。这一天各佛教寺庙还会准备些素菜素饭,来招待信徒们的祭拜,也就是那时候的"斋会"。赴会的信徒在吃斋前要先念

佛香阁

佛经,斋会后还要讨一些洗佛水来饮用,或食些佛寺煮制的粥食——"乌米饭",以示对佛祖的虔诚。

老北京时大小佛寺庙宇很多,尤以西直门外的万寿寺最为热闹。万寿寺坐落在高粱河北岸,历史上是集寺庙行宫园林为一体的庙宇,也是老北京著名的以柳林为特色的风景浏览区。旧时每年的四月初一至十五日有半个月的庙会,因此时正值踏青时节,届时一心向佛的善男信女们纷纷奔赴万寿寺去焚香拜佛。《燕京岁时记》中记载:"游人甚多,绿女红男,联蹁道路,柳风麦浪,涤荡襟怀,殊有天朗气清,惠风和畅之致,诚郊西之胜境也。"这一天,幡幢铙吹,蔽空震野,百戏毕集,有扒竿、筋斗、筋喇(弹拨说唱)、筒子(变戏法)、马弹(马戏)、解数、烟火、水嬉等节目,游人乘车或骑马、步行,四方来客摩肩接踵,进香拜佛者数以万计。

浴佛节时老北京流行放生。一些佛庙的僧侣和平民百姓常在这一天把自己养的或买来的小龟、小鸟、小鱼带到河边或山野放生。

在浴佛节这天,老北京还盛行舍豆结缘的习俗。何谓"舍豆结缘"?因佛祖认为人与人之间的相识是前世就已结下的缘分,俗语就有"有缘千里来相会"之说。又因黄豆是圆的,圆与缘谐音所以以圆结缘。浴佛日就成了舍豆、食豆日啦。这个习俗起于元代,最盛于清代。清宫内每到四月初八这一天,都要给大臣、太监以及宫女发放煮熟的五香黄豆。

这个习俗在佛寺及民间流行更甚。四月初八开庙时,焚香拜佛后,还要将带来的熟黄豆倒在寺庙的笸箩里,以代表跟佛祖的结缘。在百姓家,这一天妇女早早用盐水把黄豆煮好,然后在佛堂里虔诚盘腿而坐,口念"阿弥陀佛",手中一颗颗捻豆不止,每捻一次都代表对佛的虔诚,用此法修身养性。在去庙会的路上,常有一些妇女挎着香袋,拿着香烛,挨家去索要"缘豆",不管认不认识,信佛不信佛的人家都十分愿意给出一些黄豆,双方不拘多少,只为结缘。那时的一些达官贵人之家,还常把煮好的黄豆,盛在器皿内放在家门口外,任路人取食,以示自己与四方邻居百姓结识好缘,和谐相处,保一方平安。

农历四月初八虽为浴佛节,但是人们总是把自己的愿望表现在节日的活动中,求子就是一个突出例子。各地拜观音求子者不胜枚举。四月初八这天，老北京的几处有名的观音庙也是香火鼎盛。

老北京的农历四月是佛教活动比较集中的月份，到了四月初八这天更盛。除万寿寺外，届时妙峰山顶的天仙庙，以及玉泉山、碧云寺、香山及崇文

戒台寺

门外的佛庙均开庙，均有艺人表演各种节目。清末时，慈禧太后还常去妙峰山进香游春，由清宫内的太监和侍卫组成的"杠箱会"也常在妙峰山上走会表演。位于京西的戒台寺，在每年的四月初八至十五也举行"赶秋坡"和"耍戒坛"。《宛署杂记》载："戒坛是先年僧人奏建说法之处，自四月初八至十五止。天下游僧毕会，商贾辐辏，其旁有地，名秋坡，倾国妓女竞往逐焉，俗云赶秋坡。"届时游僧临坛说法，全国的歌女舞女载歌载舞，比歌声比舞姿，人声笙歌，五彩缤纷，热闹非凡。此外，在浴佛节前后，还有一些其他宗教活动，如拜药王风俗。以四月初八为核心的佛教文化活动是旧时老北京的一道民俗民情风景。

五月初五端午节

"榴花角黍斗时新，今日谁家酒不樽。堪笑江湖阻风客，却随蒿叶上朱门。"宋代诗人戴复古的这首诗，生动形象地写出了古代人们欢庆端午节的情景。

农历五月初五是端午节，它是我国流行最久、影响最大的传统三大节日之一。古文中的端是初的意思，初五是一个月的初始，故称"端"；而农历五月按地支顺序纪月为午月，故五月初五被称为端午节。唐代韩鄂的《岁华纪丽》曰："日叶正阳，时当中夏。"因"午"时为阳辰，故"端午节"又称"端阳节"。又因其月、日均为"五"，五五相重，故俗称"重五节"，而老北京人习惯叫"五月节"、"粽子节"。端午节的由来历代学者和民间有所争论，如今大家基本上认同的是著名作家闻一多在《端午节的历史教

屈原

《育》一文中详细而精辟的考证，认为端午的起源是中国古代南方吴越民族举行图腾祭祀的节日。那时的人们浑身刺着花纹，满脸狰狞恶相，用龙形文身，他们认定龙为本民族的象征，崇拜龙并以"龙子"的身份自称，在每年五月初五尊天神——龙的生日这一天举行盛大的"图腾"祭祀。《礼记》中记载："仲夏之月，是月也，命有司为民祈祀山川百源。大雩帝，用盛乐。""祭山川百源时，要划着绘有龙图腾的船只，到江河或湖心去献祭品——即装在竹筒内的食物或用树叶包裹的黍米，投入江中，供龙享用。"而民间百姓则习惯认为端午节是纪念含愤投江而死的楚国爱国诗人屈原。南朝的吴均写的《续齐楷记》记载：屈原在夏历五月初五怀石自投汨罗江，楚人哀极，遂以米粽等食物投水祭之。宋代皇帝为表彰屈原的精忠，追封他为"忠烈公"，正式把五月初五端午节赋予纪念屈原的意义。在抗日战争时我国也曾定五月初五为"诗人节"。

端午节经几千年的传承，有很多习俗，如吃粽子，挂戴蒲艾，饮雄黄酒，吃五毒饼，身佩香囊，洗浴，贴钟馗像，野游避灾，赛龙舟，接女儿回家等习俗。

端午节食粽子是自古盛行的习俗。西晋周处的《风土记》中说："仲夏端午，烹鹜角黍。""角黍"即粽子。东汉的应劭所著的《风俗演义》记载："俗以菰叶包黍米，以淳浓灰汁煮之烂熟，于五月五日及夏至啖之。"唐朝时粽子已经成为民间集市上的美味食品，而且一年四季长安城都有专营米粽的风味小吃店，包粽子除用黍米外，还有栗子、枣、豆馅等配料。唐代诗人姚合写有"渚闹渔歌响，风和角粽香"的诗句，反映了当时吃粽子的普遍。唐明皇吃了一种"九子粽"后，也曾写下"四时花竞巧，九子粽争新"的诗句。到了清朝时，皇宫内及民间更盛行制作服食各种配料制成的粽子。在清乾隆年间，端午节要摆粽子，除去各佛堂摆粽子供奉外，宫中这天的用膳主要就是粽子，因此有"粽席"之称。那时皇帝、皇后、嫔妃、阿哥、公主等每人的膳桌上都堆满粽子，似小山一样，以供食用。吃粽子前还要做些小游戏，即把许多粽子放在一个大盘子里，大家站在远处用小弓去射，射中的粽子即可先吃。皇帝在这一天还要赏赐给大臣粽子、樱桃、桑葚等食品。赏赐之物由太监专门送至大臣家，就像腊月初八送佛粥时一样，大臣们全家要叩首谢恩。现代的粽子已经从江米小枣逐渐演变为"杂粽"，即已有豆沙、果脯、什锦、鲜肉、火腿等众多品种。几千年来北京、苏州、广东、嘉兴、宁波等各地已形成各种风味的粽子，配料奇巧多样、甜咸各异。粽子已经成为百姓家的传统美食。

插挂菖蒲、艾草，饮雄黄酒，吃五毒饼，身佩香囊洗浴，贴钟馗像亦是自古传承的重要习俗。农历五月古时称为"恶五月"。这是由于端午节时已时至仲夏，多雨潮湿，细菌繁殖，人易染病。人们需要借助菖蒲、艾草等物品的气味，以驱逐邪气，清洁环境卫生。清人富察敦崇《燕京岁时记》曰："端午日用菖蒲、艾子插于门旁，以禳不祥，亦古者艾虎蒲剑之遗意。"那时在这一天，清朝皇帝的皇冠上戴艾草尖，身上拴戴配有各种药草的香囊荷包。民间妇女孩子们头上戴艾草叶，孩子的额头上要用雄黄酒写个"王"字，男人们饮用些雄黄酒，另外屋子内外要遍洒雄黄酒。五毒饼是老北京时饽饽铺出售的形状似蛇、蝎子、蜈蚣、蜥蜴、癞蛤蟆的五种小糕点。吃五毒饼寓有灭掉毒虫，去除邪气之意。香袋亦称香囊，端午节时多由小孩们佩带。香袋内多有朱砂、雄黄等配制的香药，其药清香四溢；其袋外用彩色丝线缠绕，并写有王字，形状玲珑夺目；香袋不但有辟邪驱瘟之意，也有襟头点缀之风。端午节有旧俗："五月蓄兰为浴……五日则福汤清浴"，这是说五月初五这一天要用兰草汤沐浴以去污秽。端午节，家家户户还有打"午时水"的风俗。午时水指的就是端午节中午打的井水。据说午时水用来泡茶酿酒特别香醇，午时水加少量雄黄清洗双眼可以明目，生饮甚至具有治病的奇效。谚语道："午时洗目睭（眼睛），明到若乌鸫"，又说"午时水饮一嘴，较好补药吃三年"。故端午节古时亦称"浴兰节"、"洗浴节"。这些习俗虽有些迷信不科学，但是艾草、菖蒲、兰草等中草药确有祛寒湿、杀菌、提神、通窍的医疗健身作用。

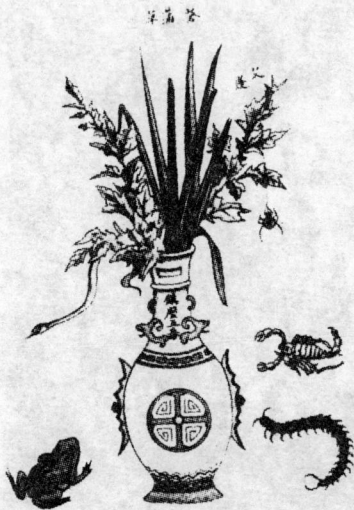

蒲艾（《菖蒲草与艾蓬》）

这一天人们还有熙游避灾之习俗（古时称"游百病"）。自明代起老北京人在五月初五这天上午要去天坛，仰仗天神之力以避毒瘴；下午要去金鱼池、高梁河、满井或东苑等地去游乐。《金史·礼志》上载：每年重五、中元、重九三个节日里，皇帝要举行拜天之礼。端午节行过拜天礼后，宫廷要进行骑马打球、射柳之游戏。清吴长元著《宸垣识略》记载："明永乐十一年五月癸未端午节，车驾幸东苑观击毯射柳，命群臣赋诗，赐宴及钞帛有差。"永乐时射柳之戏，藏鸽子于葫芦或盒内，悬于柳上，射中盒开，鸽飞而出，以此为乐。一些贵胄子弟也盛行在金鱼池一带"端午走马"，驰马飞奔，引为乐事，那时金鱼池旁游人如织，茶肆商蓬林立，歌舞喧天，热闹非凡。而一些学子百姓也常全家一同去二闸、积水潭、高梁河等地的庙宇、多树荫密之处游玩，以防暑避毒。

龙舟竞渡的习俗由来已久，在屈原于五月初五投汨罗江而死后，在两湖、两广等南方一带更为盛行。唐代诗人张建封在《竞渡歌》中曰："五月五日天晴明，杨花绕江啼晓莺。使君未出郡斋外，江上早闻齐和声。"每到这天人们祭祀屈原后常举行竞舟的比赛游乐活动。届时百舸争渡，奋勇夺标，观者擂鼓欢呼助威，甚为精彩。在清代时也常在圆明园福海等地赛龙舟，画船箫鼓、飞龙鹢首络绎于波浪间，颇有江乡竞渡之意。清宫内要从五月初一至初四先进行演练，于初五时正式进行赛龙舟活动。如今的赛龙舟成为我国一些少数民族庆丰收的节日活动，它还是我国少数民族运动会的正式比赛项目。

明代于有丁在《帝京午目歌》中写道："都人重五女儿节，洒蒲角黍榴花辰。金锁当胸花作簪，衫裙簪朵盈盈新。"这说的是端午节的另一习俗，这一天，家家户户都要给女孩子头上簪以石榴花，还用花红绫线结成樱桃、桑葚、角黍、葫芦等形状，以线贯穿，佩戴在女孩身上，以示吉祥。有些女孩还用五彩丝线编成圆环套在手腕和脚腕上，闺房里也挂满了小葫芦、小

赛龙舟（苏州桃花坞年画《端阳喜庆》）

角黍、小布老虎等装饰小件。妇女们的头上还要戴上红线制成的蝙蝠、福字等绒花。这些叫做"长命缕"，用以辟邪除灾，带来吉祥幸福。另外已经出嫁的女儿在端午节这天要被接回家小住。因为这些习俗，端午节又有"女儿节"之称。

五月五，是端午。插艾草，挂毒五。食角黍，看傩舞。龙舟竞渡，榴花耀目。这就是古代端午节的浓缩写照。

六月初六洗晒节

老北京夏至节后，恰逢小暑大暑节气，气温升高，有时高达40℃左右，已超过人和动物的体温。汉代刘熙曰："暑，煮也，热如煮物也。"进入数伏，以农历六月初六为中心，老北京有很多民俗：洗浴、晒物、洗象、晒经、赏荷、看谷秀等。老北京的农历六月初六，民间称为"洗晒节"。因这时天气已非常闷热，再加上正值雨季，气候湿，东西极易霉腐损坏。所以在这一天从皇宫到民间，从城镇到农家小院都有进行洗浴和晒物的习俗。当年老北京一般百姓家没有洗浴设备，但人们也很讲清洁卫生，习惯在每个节日或节气时，都进行沐浴洁身，信佛者尤其要以洁净之躯去焚香拜佛以示虔诚。在元明清时期，农历六月六还是法定的"洗象日"。那时皇帝在朝会、祭祀或出巡时，为显示威严，要摆出一支由车马象、鼓乐幡伞组成的庞大仪仗队，每有盛大庆典，大象是不可缺少的成员。1200多年前，忽必烈在建元大都城后，那时的属地暹罗、掸国、安南、高丽、爪哇等都带贵重礼物来朝贺，其中暹罗、掸国、安南每年都要带大象进奉。暑热天时，大象就在元大都城附近的积水潭中洗浴嬉戏，引来百姓争看围观。为了大象的驯养与管理，皇室还专门建立了象房、演象所和驯象所，并从缅甸招来象奴和驯象师。平时由象奴饲养，由驯象师指导训练。

乾隆时期大象最多达30多头，象奴、驯象师多达百人。象房当时就设在宣武门内西侧城墙根一带，据说旧址即现在的宣武门新华社大院处，至今留有"象来街"、"象房胡同"的美名。明清时期，六月初六初伏之时，都要举行洗象仪式。清杨静亭《都门杂咏》中记载："六街车响似雷奔，

荷花 鲁求摄影

日午齐来宣武门。钲鼓一声催洗象，玉河桥下水初浑。"在这一天，象房的象奴和驯象师打着旗敲着鼓，引着大象出宣武门，到城南墙根的护城河中让象洗澡。在洗象处附近还要搭棚挂彩，有监官负责监洗。当天也会临时设有很多茶棚、小吃摊，如同赶庙会一般，车轿人马如潮，观者如蚁。为了观看洗象活动，有钱的人家会提早占据附近酒肆茶楼的好位置，以一饱眼福。大象对那时的百姓来讲，终究是稀罕之物。观象时，大象戏水之声，观者的惊讶赞叹之声以及小商小贩的吆喝声连成一片，欢声笑语如同过节。每当六月六，如果恰逢晴天，皇宫内的全部銮驾都要陈列出来暴晒，皇史、宫内的档案、实录、御制文集等，也要摆在庭院中通风晾晒。这一天也有"晾经节"之称，北京的大大小小的寺庙要在这一天举行"晾经会"，把所存的经书统统摆出来晾晒，以防经书潮湿、虫蛀鼠咬。

旧京的白云观藏经楼里，藏有道教经书5000多卷，在每年的六月初一至初七，白云观要举行"晾经会"，届时道士们衣冠整洁、焚香秉烛，把藏经楼里的"道藏"统统拿出来通风翻晒。广安门内著名的善果寺每逢六月初六也要作斋，举办"晾经法会"，僧侣们要礼佛、诵经，届时开庙一天。那时看完洗象的百姓，都会涌到善果寺中观看晾经，所以寺前也形成临时集市，非常热闹。民间的轿铺、估衣铺、皮货铺、旧书铺、字画店、药店以及林林总总的各类商店，都要晾晒各种商品。城市和农村的黎民百姓要晒衣服、被褥。民谚有云："六月六，家家晒红绿"，"红绿"就是指五颜六色的各样衣服。清代的北京居民，都在六月初六那天翻箱倒柜，拿出衣物、鞋帽、被褥晾晒。因此，有的地方叫"晒衣节"或"晒伏"。

六月初六，老北京还有郊游和赏荷的民俗。为了防热消暑，文人墨客常到有庙宇有树荫之名胜地及长河、御河两岸，东便门外二闸等地游玩。旧时的二闸是通惠河上第二道闸所在地，是老北京春夏之时百姓观景旅游的胜地。当时通惠河两侧垂柳成行、水波荡漾，运粮船和各种游船穿梭往来。在二闸的闸口处，还有一个飞溅的瀑布，岸边还有楼台亭阁、私人花园和一些茶棚酒肆，恰似江南美景。清代《北京竹枝词》这样描绘："乘舟二闸欲幽探，食小鱼汤味亦甘。最是往东楼上好，桅樯烟雨似江南。"

六月正值荷花盛开，人们也常到什刹海边尝莲品藕。两岸柳垂成荫，水中荷花争艳，在此乘凉消闲吃冰食，别有韵味。

"六月六，看谷秀"。农历六月已异常炎热，庄稼长势正旺，已是吐须秀麦穗之时，农家要观察长势，以卜丰歉。六月六农民还称为"虫王节"，要在农田、庭院里焚香祭祀，祈求上天保护，五谷丰登。

同其他节气一样，六月六这天还有许多专门的食俗。从六月初六起，老北京街市上的中药铺和一些寺庙开始施舍冰水、绿豆汤和用中药制作成的暑汤。四合院的主妇们也在这一天开始自制大酱。每到六月六，当天的饭食要吃素食，如炒韭菜、煎茄子和烙煎饼等。吃素食之俗除有清淡之意，是否还有深意，现在不得而知。

七月初七乞巧节

古时早就有把星体的运行与人间的事情联系在一起的传说，民间也有"天上一颗星，地下一个人"的说法。由于牛郎织女的故事，自汉代直到明清民国时代的老北京，每年的七月初七这个节日都极为热闹。

那会儿民间盛行拜双星，穿针线，设瓜果酒禅来乞巧、乞富、乞子、乞寿等活动。七月初七日的夜晚，除了人们常站在街市庭院内抬头寻觅织女、牛郎星外，还要搭建乞巧棚，悬挂牛郎织女像，或者设案焚香祭拜。供案均设在庭院或花园里的葡萄架、豆架旁，供案上要陈设用西瓜雕刻的"花瓜"、蜜桃以及其他时令鲜果，有的家庭则用精雕细刻的工艺瓜果，有些还摆上妇女常用的胭脂、扑粉之类的化妆品，说这是要献给"织女"用的。

少女少妇们这一天都要盛装打扮，仙女下凡似的，在月下乘烛焚香礼拜，且拜且祈，向织女乞巧，乞求美丽、乞求好姻缘、乞求早生贵子、乞求财富、乞求老人长寿等。据说乞巧习俗的形成始于汉代，据东汉崔实的

什刹海

《四民月令》载："是日，设酒脯、时果、香粉于案上，祈请于河鼓、织女，言此二星神当会，守夜者盛杯私愿……"

老北京的妇女在祭拜后，还要在月下穿针取巧，届时家中的母亲或婆婆，将七根针七根线给女儿、儿媳等每人一份比赛，谁最快将线穿进七根针眼内，谁就是像织女一样最巧的女子。还有些妇女在这天中午要将一碗水放在院中，在水上"浮针取巧"。据明刘侗、于奕正所著《帝京景物略》中云："七月七日许丢巧针。妇女曝盎水日中，顷之，水膜生面，绣针投之则浮，看水底针影。有成云雾、花头、鸟兽影者，有成鞋及剪刀、水茄影者，谓乞得巧；其影粗如槌，细如丝，直如轴蜡，此拙征矣，妇或叹，女有泣者。"《直隶志书》书中也记载，北京的良乡等地"七月七日，妇女乞巧，投针于水，借日影以验工拙，至夜仍乞巧于织女"。年轻的女子们常在这天穿上新衣，戴上新首饰，在月下聚在一起，结盟七姐妹，称为"七姐会"；摆上香案祭拜牛郎织女称为"迎仙"，祭拜后边玩乐边唱着"天皇皇，地皇皇，俺请七姐下天堂，不图你的针，不图你的线，光学你的七十二样好手段"。七夕后，姑娘们愿将自己制作的工艺品、玩具等互相赠送，以示友情。这些乞巧活动非常有趣，谁在活动中表现最好，就能乞到灵巧和智慧，能与牛郎织女相见，并向织女学会更多的绣花织布的技巧。当时有《乞巧歌》唱道："乞手巧，乞容俏，乞我手如织女巧，乞我牛郎对我笑。"充分表达了乞巧活动的情景，所以七夕节又叫"乞巧节"、"女节"。

这天夜晚，老奶奶在星空下要给儿孙们讲天上的牛郎织女的故事，少女孩童还躲在葡萄架下，仰望着夜空静静地倾听天空牛郎织女会面时的"私话"。旧时，这称为"听私语"习俗。

七月初七，老北京还有"吃巧食"的习俗。四合院里的妇女，这天要用面粉捏制带花的食品及各式各样的面食，如馄饨、面条、花卷，还有用面粉捏成的小耗子、小刺猬、小兔子等，蒸好后要陈列在院子里的几案上，让天上的织女来比评，看谁做得巧、做得精美。夜晚时一家人围坐在院子内一边欣赏星空的星斗，一边吃着各种式样的"巧食"，其乐融融。七夕节前，街市上的饽饽铺也适时制作出有织女图案的酥饼、酥糖出售，这些酥饼、酥糖俗称"巧酥"，意味"巧酥"赠巧人。

穿针取巧（选自《吴友如画宝》）

七夕节与其他节日一样，人们在这一天用"双七水"洗浴，希望能消灾除病。七月初七这一天，女子们还喜欢用树的液浆兑水洗头发，传说不仅可以年轻美丽，而且未婚的女子还可以尽快找到如意郎君。用花草染指甲也是大多数女子与儿童们在节日娱乐中的一种爱好。农村的放牛娃在这一天还喜欢采摘一些野花编成小花圈，挂在牛的犄角上。传说七月初七是牛的生日，这样做是为祝贺老牛的生日。体弱多病的孩童，这天要将红头绳结七个结，套戴在脖子上，乞求七姐织女吉祥健康。故七月七又称"小儿节"。老北京还有一种"拜魁星"的习俗。北京的各大道观从七月初一日起，要立坛祭祀北斗七星，称"七星斗坛"。道士们要做七天七夜的法事，

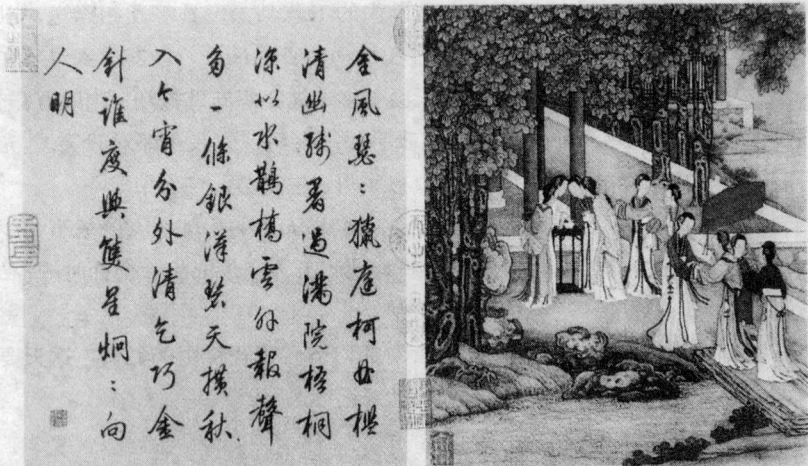

浮针取巧（《浮针取巧》古时的姑娘小姐往往在七夕把一根根绣花针放到盛满水的容器里，有针上浮并看容器底部针影呈吉祥模样者谓得巧。选自《月曼清游图册》）

一些信仰道教的老百姓也常常参与其中，乞求北斗大仙保佑自己。

在七月初七前后，北京的各种戏园、剧场都要应时上演京剧《鹊桥会》、《天河配》及昆曲《长生殿》等曲目。各大戏曲名伶，届时都要为百姓献演，戏园爆满，观者如云。

在七夕节时，老北京的市面上常出售一种叫"磨喝乐"的玩偶——一对手持荷叶的男女小童子玩偶，这对小玩偶又称"巧神"。

"磨喝乐"是老北京的俗称，原型是佛经里的"摩睺罗"——佛教密宗中的大黑天神。大黑天神是佛教中所说的护法之神、再生之神、舞蹈之神，可化身为"伎艺天女"。从宋代起，"摩睺罗"被引入七夕的习俗，成了"乞巧"的巧神，并且演变成两位俊美活泼的儿童形象，成为牛郎织女的化身。作为七夕节时期的玩偶，"磨喝乐"很受孩子们的欢迎，或许现代家庭中常常摆放的一对亲吻的小童，就是由老北京的"磨喝乐"演变来的，不过新中国成立前老北京的"磨喝乐"可不敢做成这样。

另外，七月七的夜晚有接露水的习俗。一说这天的露水为"牛女泪"，是牛郎织女相会时的泪水。另一种说法与牛郎织女的民间传说有关。传说牛郎为医治生病的老牛，曾经用百花上的露水给老牛饮水擦伤，结果当天就痊愈了。因此，民间也有了接七月初七的露水疗病的习俗。

已有两千多年历史的七夕节已经被定为我国第一批非物质文化遗产。七夕节积淀着浓郁的民族文化，其文化内涵在于渴望忠贞爱情、思念亲人、期盼团圆以及对美好生活的追求。

七月十五中元节

农历七月十五是传统的"中元节"，又称盂兰盆节，这个节在老百姓中还有几种不同的叫法——"七月半"、"鬼节"。在这一天，老北京有中元法会、拜三官、盂兰盆会、烧法船、祭祖、放河灯、点莲花灯、送面羊等民俗。其实，民间之所以叫"鬼节"，无非是人们对逝去亲人的追思。七月十五的习俗，剔除掉其中的迷信色彩，会发现其中包含了中华民族的传统美德——孝道。"人生百善孝为先"，孝是善心、良心和爱心的体现，无论是对尚健在的长辈，还是已逝的亲人，不忘孝道，这才是"中元节"的现实意义。

农历七月十五中元节与正月十五的上元节和十月十五的下元节，并称中国岁时节令中的"三元"。这"三元"都是我国古老的传统节日。

中元节原本是道教节日。据《唐六典》称，道士有"三元斋"："正月十五日天官为上元，七月十五日地官为中元，十月十五日水官为下元。"天官、地官、水官是道教的三神，三元节乃道教节日。按照道教的说法，由于地官要过生日，大赦孤魂野鬼，人间为免受鬼神干扰，便在七月十五日设"中元普渡"，供奉食品及焚烧冥纸、法船，希望孤魂野鬼收到礼物后升到极乐世界去。老北京的道观在每年七月十五中元节这一天，都要举行"祈福吉祥道场"，以祈祷"风调雨顺、国泰民安"。

盂兰盆会，也称盂兰盆斋、盂兰盆供。这是来源于佛教的习俗，比道教的中元活动要早，我国从南北朝时期的梁代开始仿行。"盂兰"是梵语音译，意为倒悬，"盆"是汉语，是盛供品的器皿，言此器皿可以解先亡倒悬之苦，因此，盂兰盆会实际是个"孝亲节"。依据《盂兰盆经》而举行仪式，始于梁武帝。自此以后，成为风俗，历代帝王以及民间无不举行盂兰盆会，以报祖德。

盂兰盆斋也与《目莲救母》的传说有关。据佛经《盂兰盆经》记载："有目莲僧者，法力宏大。其母堕落饿鬼道中，食物入口，即化为烈焰，饥苦太甚。目莲无法解救母厄，于是求教于佛，为说盂兰盆经，教于七月十五日作盂兰盆以救其母。"

据说当时目莲在阴间地府经历千辛万苦后，见到他死去的母亲刘氏，发现她受一群饿鬼折磨。目莲想用钵盆装饭菜给她吃，饭菜却被饿鬼夺走，目莲只好向佛祖求救，佛祖被目莲的孝心感动，授予其《盂兰盆经》，并要他在农历的七月十五日做盂兰盆斋，备百味饮食以及桃、李、杏、栗、枣五果，供养十方僧众。按照《盂兰盆经》的指示，目莲于农历七月十五用盂兰盆盛珍果素斋供奉母亲，挨饿的母亲终于得到了食物。目莲感激佛

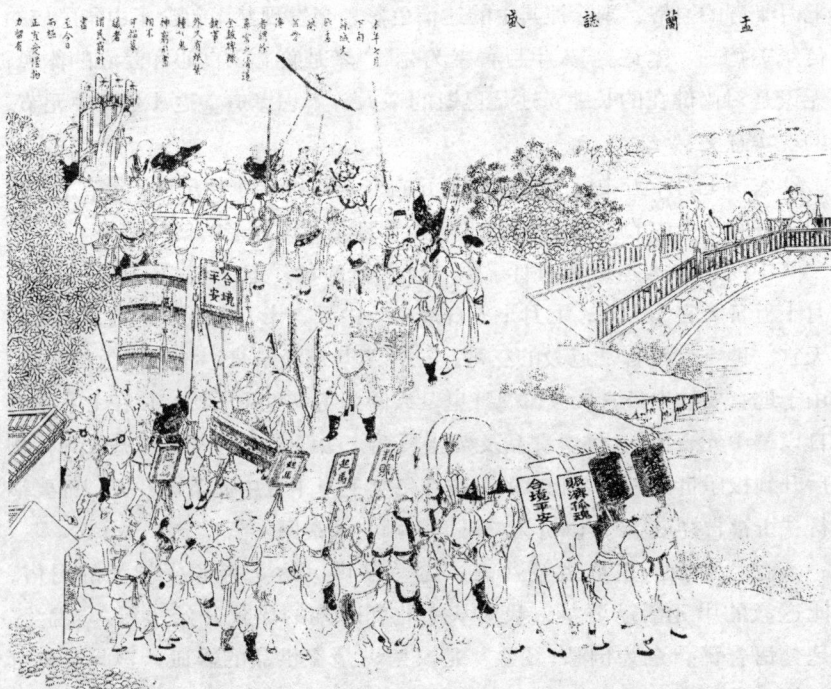

盂兰盆会（选自《点石斋画报》）

祖，并向佛祖进言，年年举办施食会，以解那些孤魂饿鬼倒悬之厄运。佛祖便将七月十五的施食会命名为"盂兰盆会"，令各佛寺进行佛事活动。寺庙里的僧人和善男信女们在这一天举行佛事，不仅仅是祭祀死去的亲人，也是纪念目莲，借以表彰他对母亲之孝道，并劝人尽孝。

当时人们把此节作为追念祖先以及已故亲友的节日，老北京的各个戏园子每到这个日子，都要连演数日《目莲救母》的京剧应景戏。这戏虽说是个"鬼戏"，但也宣扬了自古以来的孝道美德，这一天老北京的皇宫内及一些大的寺庙，尚有"烧法船"之俗，也称"烧活"。法船是一种大型冥器，由旧时的冥衣铺用木条或秫秸及彩纸糊制而成。法船上舱、橹、桨、舵齐全，大的可糊几层数节，抱到法会之处再拼接而成。

各寺庙道观的僧侣和道士们当年在放焰口、做法事、诵经、焚香超度亡灵等仪式后，要焚烧一只法船。抗战时及胜利后，北海公园的天王殿、中山公园的音乐堂、永安寺等处曾有集会，由僧人、道士、喇嘛身披法衣、敲打法器，与各界人士、平民百姓一起为抗战阵亡的将士们举行法会，当时还举行了隆重的焚烧法船、点河灯仪式，为抗日将士超度，以表示追思。

这天，还有祭祖的传统。老北京这天各家均祭祀已故之宗亲五代，以示"慎忠追远"。清《北京岁华记》载："中元节前上冢如清明。"清《帝京岁时纪胜》也说："中元祭扫，尤胜清明。绿树荫浓，青禾畅茂，蝉鸣鸟语，兴助人游。"

皇宫内还要在太庙举行祭祖大典，民间百姓中元祭祖的形式有多种，有的亲到坟地烧钱化纸，有的则在家以装有金银纸元宝的包裹当主位，用三碗水饺或其他果品为祭，上香行礼后将包裹在门外焚化。据明《帝京景物略》云："上坟如清明时，或制小袋以往，祭甫讫，辄于墓次掏促织。满袋则喜，秫竿肩之以归。"说明自元明以来，中元上坟，带有秋季郊游的性质。初秋之时，扫墓连带全家秋游，无疑是孩童们的一次出旅，孩子们早把"鬼节"抛之脑后。

夜放河灯和点莲花灯是中元节的重要习俗，也是继正月十五元宵灯节后，老北京的又一个传统灯节。

放河灯的历史悠久，明人刘若愚的《明宫史》载："七月十五日中元，甜食房做供品，西苑做法事，放河灯。"西苑即说的是前三海。

　　清史中也有记载，皇宫内每年七月十五，太后及帝后嫔妃都要到北海观看河灯。届时上千名的太监及侍卫，手持荷叶，叶上点燃蜡烛，烛光闪闪罗列两岸，太液池水上几千盏琉璃河灯随波漂荡，并伴有梵乐和禅诵之声。"坊巷游人入夜喧，左连哈德右前门。绕城秋水河灯满，今夜中元似上元。"这是清代文昭所著之《京师竹枝词》描写旧京中元节时的盛况。

　　放河灯亦称放荷灯，是自古流传下来超度亡人的一种习俗。老北京的荷花灯都是用天然的荷叶插上点好的蜡烛做成荷花灯。那时也有用西瓜、南瓜和紫茄子等，将其中心掏空，当中插上点好的蜡烛，将这些灯往河里一送，顺水漂流自然而下，排成一队"水灯"，随波荡漾，烛光映星，相映成趣。当时北京的什刹海、北海、积水潭、泡子河、东直门外的二闸、御河、护城河等地，到处是一片如昼烛光，月下百姓云集，热闹非凡。电视剧《四世同堂》里祁老爷子在河边放河灯超度亡人的镜头，真实再现了老北京中元节的风俗。

　　莲花灯则是用丝绸、丝纱、彩纸或玻璃制作的酷似莲花的一种花灯。悬挂花灯已有两千多年历史，清乾隆年间每到七月十五的夜晚在圆明园，乾隆皇帝及后妃都要到西洋景的"迷宫"处，看众宫女提着绸制的莲花灯来走迷宫。民国时期，七月十五这天点莲花灯也是必需的习俗。四合院、大杂院里的孩子，都人手一只莲花灯。市面上的各类集市——东安市场、隆福寺、崇文门花儿市、天桥、什刹海荷花市场等，从七夕节后即有专门的铺面开始售卖莲花灯，其灯皆是用彩纸莲花瓣组成的各式花篮或鹤、鹭等飞禽动物，任人选购。普通街市上及串胡同的小贩卖的就是极其便宜的荷叶灯了。这些灯外形与河灯相仿，只是

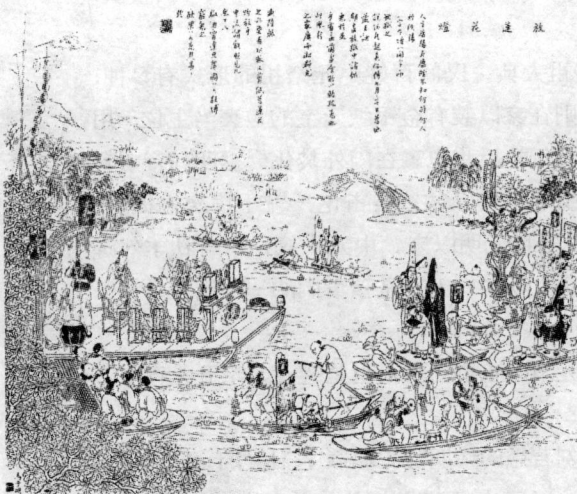

放莲花灯（选自《点石斋画报》）

多根抵棍和线绳罢了。一些穷孩子还有用大棵香蒿子缚上香头，或用莲蓬插上香头代替莲花灯的。更为别致的是，茄子插香头而燃之，谓"茄子灯"；西瓜瓢内插蜡燃之，谓"西瓜灯"。

七月十五前后的晚上，各家的孩子均呼伴结群，游逛街市胡同，小孩们众口一词地喊道："莲花灯、莲花灯，今儿个点了明儿个扔！"那时的孩子们要在夜晚相互比谁的灯更美更亮，当年谓此举为"斗灯会"。《旧京秋词》中有这样的描述："小队儿童巷口邀，红衣蜡泪夜风摇。莲灯似我新诗句，明日凭仍乐此宵。"七月十五之夜，水中河灯荡碧波，岸上烛光满城街，街市一片璀璨。

农历七月十五，还被称为"送羊节"。汉许慎《说文解字》中说："羊，祥也。"甲骨文《卜辞》中也称羊通祥。可见在古代，羊这种动物，一向代表吉祥之意。

旧京及华北地区的农村，民间流行七月十五由外祖父、舅舅给小外甥送活羊的习俗。传说此风俗与沉香劈山救母的传说有关。沉香劈山救母后，要追杀虐待其母的舅舅二郎神，二郎神为重修兄妹之好和舅甥之谊，每年的七月十五都要给沉香送一对活羊，据说这是取二郎神和沉香之母"杨"姓的谐音，以重结两家之好。从此民间留下了舅舅送活羊的习俗，后来逐渐演变为送一对面羊。

这一民俗的另一说法是，母亲为出嫁的闺女用白面塑一双羊，当然还要蒸熟，而且羊头上还要缠挂红布条。娘家组成一支小型送羊队伍到新姑爷家，由新姑爷动手切开面羊，并将切下的第一块用红绳拴挂在客厅中，这块"面羊肉"等到第二年的七月十五送来新面羊时才能取下来。这其中的讲究是"陈羊见新羊，年年有余粮"。新姑爷切完羊后，要吃羊头，出嫁的闺女则吃羊脚，其他的分送男方长辈邻里，以表和和美美，共享喜庆吉祥。

八月初八走白塔

坐落在阜成门内大街的妙应寺白塔，据说原来叫大圣寿万安寺。因为是通体洁白，人们俗称"白塔寺"，至今 700 多年了，是国内现存最早、规模最大的元代建的藏式佛塔。在《妙应寺白塔历略》中称，在世界上84000多个塔中，北京妙应寺白塔是最大的八大塔之一。

当年元世祖忽必烈在营建北京大都城时，为供奉释迦牟尼的佛舍利，也为巩固多民族之间的友好，采纳了佛学大师万松行秀，也就是万松老人的"以儒治国，以佛治心"的主张，将佛教奉为国教，并下谕旨在原辽代永安寺的遗址处，重建佛塔，以作为政权神权的象征。

白塔是在至元八年，也就是公元1271年始建的，尼泊尔著名工艺家阿尼哥负责设计建造。传说在清理永安寺遗存的释迦舍利之塔的塔基时，曾发掘出一座石函，石函中有一个小铁塔，铁塔中有一铜瓶，瓶中存有释迦牟尼的佛舍利20粒。更为奇特的是，瓶底还有一枚铜钱，钱上铸有"至元通宝"四个字。此事忽必烈闻知后甚为兴奋，因为他皇朝的年号正是"至元"两字呀！而100多年前辽代埋入塔基的铜钱，竟然已铸有"至元"的年号。忽必烈在高兴之余，立即下谕旨将国号"蒙古"改为"大元"，于1272年将正在营建的新都，命名为"大都"，忽必烈由"蒙古大汗"成为"大元皇帝"。

其后，白塔历经8年在1279年建成。白塔通高50.9米，建在高大的须弥座上，底座面积1422平方米，由塔基、塔身和塔刹三部分组成，台基高9米，分3层，下层为护墙，中上层为折角的须弥座，在上层四周还点缀着小巧别致的铁灯笼。塔身为一"宝瓶"，上安7条铁箍，其上面又有小型须弥座，再上就是13道相轮，亦称"十三天"，顶端一直径9.7米的华盖，也叫天盖。四周悬挂着36副铜质透雕着梵文字的流苏和风铃，当微风吹动时，铃声非常悦耳。华盖中心之处，还有一座高约5米的8层鎏金宝顶——塔刹，整个白塔造型优美和谐，稳重雄浑，奇丽壮观。

就在这一年，忽必烈亲临白塔，又下令以白塔为中心，向四方各射一箭，以箭飞到处划界建寺。于至元二十五年（1288年）建成约16万平方米的一座寺院，寺院内有殿堂、钟鼓楼、山门等建筑，名曰"大圣寿万安寺"，俗称白塔寺。这座寺成为元代皇帝进行祈福活动的中心，曾举办过皇家大法会，元朝历代皇帝也来此焚香拜佛。元末时寺院遭遇雷火，除白塔幸免，寺院已破败不堪。这座皇家大寺没能保住元朝的江山永固。后经明清两朝重建和屡次修缮，白塔正式得名为"敕建释迦舍利灵通宝塔"。但1900年

隆福寺庙会

时，寺内历代供奉的宝器经卷等被八国联军抢夺一空。新中国成立后，国家对白塔与寺院多次进行整修，1976年唐山地震，白塔顶部被震坏，后于1978年国家拨专款修缮时，在塔顶发现了在乾隆十八年（1753年）重修白塔时放入塔内的乾隆手书《般若波罗蜜多心经》和清龙藏新版《大藏经》等一批珍贵文物，修整后白塔寺正式向社会开放。1997年又拆迁了原占用白塔寺场地的副食商场和居民住家，重建了原有的山门、钟鼓楼等原景建筑。从此，白塔寺古刹重现了原有的风采，成为亮丽的文化旅游风景胜地。

自元代以来，白塔寺与护国寺、隆福寺庙会就成为老北京最大最热闹的三大庙会。那时的北京城不像如今有众多的商城、超市和游乐场所，庙会除了焚香拜佛求神外，还是老百姓购买日常生活用品、游玩、买各种吃食的最佳地方，那会儿孩童们跟大人逛庙会，就像如今去欢乐谷那样欣喜若狂。

老北京时白塔寺经常开放，庙内香火不断。山门内外，商摊、食摊林立，出售人们所需的各种百货杂品、古玩书画及各种小吃，寺庙外还有表演各种杂耍、说唱、拉洋片、小戏的棚子和花鸟鱼虫的集市，吸引着男女老少前往游逛。老北京清代民谣《正月正》中，曾用12个月概括地形容了老北京每个月份的主要民俗，其中有一句："八月八，穿'自由鞋'，走白塔"，就非常形象地描写出在秋高气爽的八月，清代妇女脱下在家穿的厚底盆鞋，穿上普通汉民穿的平底鞋，也就是自由鞋去"走白塔"的情景。而之所以用"八月八"之词，这是因为老北京时的百姓喜欢用叠字词语，这种朗朗上口的通俗押韵语句，旧京时很受平民百姓的欢迎。

农历"八月八走白塔"，是老北京金秋八月的民俗之一。在现在的黄金旅游时节，您不妨也去白塔寺一游，伴着好天儿，加上好心情，古刹新游，别有韵味。

八月十五中秋节

农历八月十五是我国传统的中秋节，也是仅次于春节的第二大传统节日。按我国古历法把处在秋季中间的八月称为"仲秋"，故中秋节又称"仲秋节"、"八月节"、"八月半"。中秋节有拜"月神娘娘"、拜"太阴星君"、祭月、赏月、走月、挂彩灯、吃月饼、吃团圆饭、供兔儿爷、饮桂花酒等民俗，故八月十五又称"团圆节"、"月饼节"，生性幽默的胡同老爷子有时还戏称之为"兔儿爷节"。八月十五，在民间还有拜土地神，感谢土地神保佑秋收之俗，由此而来又称"丰收节"。中秋节已被国务院列为第一批非物质文化遗产加以保护继承。

"中秋"一词，始见于《周礼》："中春昼，鼓击土鼓吹豳雅以迎暑；中秋夜迎寒亦如云。"中秋节起源于古代对"月神"的祭祀活动。祭月渊源于远古初民对月的崇拜，他们把天体中的月人格化，称为"月神"。历代皇朝称月神为夜明之神，道教兴起以后称月神为太阴星君；由于嫦娥奔月等众多神话故事之传播，民间多认为月神就是嫦娥，并称其为月姑、月姐。故八月十五有设案祭拜"月神娘娘"之习俗，道观里这一天则焚香祈祀拜太阴星君。东汉《礼记》中记载"天子春朝日，秋朝月。朝日以朝，夕月以夕"。自周代起每到"秋分"之节气时，就举行隆重的祭拜祀典，那时只作为一个程序来祭拜，皇朝和百姓中并没有什么节日活动。

祭月（《满族妇女拜月图》）

在老北京，自明代起建了天、地、日、月、社稷五坛，其中明嘉靖九年（1530年）在阜外建了月坛（亦称夕月坛）。月坛由拜月坛、具服殿、神厨等建筑组成，成为明清两朝历代皇帝祈祀夜明之神和天上诸星宿神煞之处，月坛现在已经成为北京重要的文化遗产和名胜古迹。古代最初的中秋节定在农历的"秋分"节气。由于"秋分"这个节气在八月中的日期每年不同，所以"秋分"这一天不一定有月亮，祭月而没有月亮是最大的遗憾。直到唐朝初年，规定每年的农历八月十五为中秋节，中秋节才成为固定的节日。《唐书·太宗记》就记载有"八月十五中秋节"一说。在这个传统的节日里，从这时起皇朝祭月、民间拜月、文人赏月等活动进入了鼎盛时期。五代《开元遗事》中记有："中秋夕，上与贵妃临太液池望月。"在明清皇宫内更具规模，除敬天祀祖相沿成习外，清代每年中秋节时还要在乾清宫内摆月供祭月，供桌上摆放月宫神码（符像），摆一个直径55公分、10斤重的名叫"年年有"的大月饼，大月饼两旁是各3斤重的月饼（名叫"玄霜月菜饼"）和数盘像塔一样堆积而成的底大顶小的小月饼堆，若干盅酒、茶，以及鲜果、西瓜、藕、带枝毛豆等。西瓜必切成莲花瓣形，以形似吉祥的大莲花；藕必用太液池里的九节藕，取"九九"至尊之意。皇帝后妃依次对月光神码行礼，燃香尽后，焚月光神码，撤供品，将大月饼精心贮存至除夕夜再分吃，以取"年年有"之意，小月饼及瓜果等则分赐妃嫔、大臣、太监、宫女们分食。清宫的祭月活动不但在宫内，而且从乾隆皇帝至慈禧太后，历代的皇帝或皇太后在去避暑山庄、圆明园、颐和园居住时，或者去盛京祭祖中途时，都要在行宫照样进行祭月活动，可见清代对祭月仪式的重视。尤其慈禧当政时更甚，她每到盛夏必在颐和园歇暑伏，度中秋节要从八月十三到八月十七过五天节。慈禧还"发明"了"迎节"、"正节"、"余节"的说法。这几天里慈禧和众后妃们在进行祭月典祀后，要在颐和园里大摆宴席，边吃边赏月，并张灯结彩、放焰火、看京戏等等，非常隆重热闹。乾隆帝最爱写诗，在乾隆五年（1740年）中秋节时，乾隆帝恭侍皇太后游南海瀛台看中秋诸景后，曾写过一首诗："金风玉露共徘徊，为奉慈母特地来。璧月圆时瞻月相，壶天深处是天台。香飘桂子堆金粟，酒献南山作寿杯。无限欢欣随辇道，人间端的有蓬莱。"从这首诗中描写的场景，便可以知道清宫内度中秋的盛大场面。

在民间有王府贵族祭月，文人墨客赏月、咏月，平民百姓家拜月，闺家赏月，妇女走月亮的习俗。据唐人《玩月诗》序言中记载：冬天寒冷，不宜于户外赏月；夏季，天空常有浮云，月色的光辉被逮住；只有秋高气爽的中秋，才是赏月的好时机。北宋孟元老《东京梦华录》也记载：中秋夜，"贵家结锦台榭，民间争占酒楼观月"。这天夜晚"丝篁鼎沸，近内庭居民，夜深遥闻笙竽之声，宛若云外。闾里儿童，连宵嬉戏。夜市骈阗，至于通晓"。这是北宋汴京中秋节之盛况。清陆启泓《北京岁华记》载："中秋夜，人家各置月宫符像，符上兔如人立；陈瓜果于庭，饼面绘月宫蟾兔；男女肃拜烧香，且而焚之。"这里的记述正是明清以来老北京民间中秋节时的缩影。明清两代还盛行"点塔灯"、"舞火龙"、"演社火"等活动。文人墨客在中秋泛舟登高、赏月、玩月、咏诗赋词、作画联句，自唐宋以来这类活动非常盛行。明清民国时期北京的达官贵人、文人墨客也在中秋夜前往当时风景极佳的西直门外的长河、东便门外的二闸等地，登临岸边的酒楼茶肆或者去什刹海、陶然亭、天宁寺等名胜庙宇的亭阁殿堂临窗赏月、品茗饮酒、吟诗谈词、欢叙玩乐，至夜方归。四合院里的人家在庭院里拜月后亦坐在明月光下，赏月吃团圆饭，吃象征团圆和美的月饼和分吃团圆蒸饼。这正应了一句俗语："心到神知，上供人吃。"有一首北平俗曲唱道："荷花未全卸，又到中秋节，家家户户把月饼切，香蜡纸马兔儿爷，猜拳行令同赏月。"极生动地概括了四合院里欢度中秋佳节时的情景。俗语里有"男不拜月，女不祭灶"之说，所以四合院里拜"月神娘娘"都由主妇们主祭，在月圆之夜祈盼全家幸福美满，团团圆圆，吉祥如意，因而吃月饼又被称作吃团圆饼，中秋节又称为团圆节。

月饼，又称胡饼、宫饼、小饼、月团、团圆饼等。吃月饼习俗有很多的由来和传说。"八月十五月正圆，中秋月饼香又甜"，中秋佳节吃月饼是我国流传几千年的传统风俗。早在殷周时期，江浙一带就有一种纪念殷商末期的太师闻仲的边薄心厚形的"太师饼"，这就是我国月饼的始祖，最初的雏形。汉代张骞出使西域时，引进芝麻、胡桃，为馅增加了辅料，这时用面粉辅料烘烤或蒸制出的圆饼，称为"胡饼"。唐高祖时大将军李靖在八月十五征讨匈奴凯旋后，有在长安的吐鲁番商人向皇帝献饼祝捷，唐高祖李渊从华丽的饼盒中拿出圆饼笑指空中明月说："应将胡饼邀蟾蜍"，

民间做月饼（选自《太平欢乐图》）

说完把饼分给文武群臣吃，这是最早的将圆饼与月亮相连并分吃圆饼的传说。从那时起，北京（幽州）城街市上出现了从事制作这种饼的糕饼铺，吃圆饼成为那时中秋节盛行的习俗。到宋代时文学家周密在《武林旧事》一书的"蒸作饮食"篇章中，正式提到了"月饼"之名称。北宋文学家苏东坡也有"小饼如嚼月，中有酥和饴"的诗句。到了元明清以后，月饼已经成为中秋节赏月时传统的美食。在《水浒传》、《红楼梦》等明清两代的小说、文集中即有祭月、赏月、猜月谜、吃月饼的描述。明代沈榜的《宛署杂记》中记述京师北京月饼盛况时，载曰："坊民皆造面饼相遗，大小不等，呼为月饼。市肆以果为馅，巧名异状，有一饼值数百钱者。"当时的月饼大小各异，有上绘广宫蟾兔之形的圆月饼，有名堂多形状各异专供男人食用的月牙月饼、女子享用的葫芦月饼，还有为少儿把玩的小动物、兔儿爷之类形状的月饼。

"八月十五月正圆，中秋月饼香又甜。"老北京时的月饼品种有自来红、自来白，有翻毛、提浆、酥皮月饼；馅儿有山楂、玫瑰、冰糖、五仁、枣泥、豆沙等种类。那自来红烤色较深，清一色的白糖、冰糖、果仁为馅，外皮上画一黑红色的圆圈，圈内用针扎上几个小孔。自来白则是用精白面烤制的什锦馅月饼，外皮纯白。其他月饼有各种大小，最大的有一尺左右

天桥集市

的。那时的月饼上均饰以月亮、嫦娥、玉兔等美妙的图形。老北京时以前门外致美斋和通县回民老字号大盛斋的月饼最为驰名。

每当中秋佳节时，我家还要用红糖、芝麻酱制作"糖饼"和一种称为"团圆饼"的面食，以象征全家甜甜蜜蜜、团圆和美之意。"团圆饼"的制作方法是：将发好的白面加碱揉好后，根据笼屉大小先擀成四片薄面饼，每片上均抹上些芝麻酱、糖、玫瑰汁（或桂花汁），并码上些果脯、核桃仁、花生仁、葡萄干等，一层层叠放在一起，再擀一较大的面饼从上向下将其包严成大圆形饼，上屉蒸30分钟即可。熟后再在饼上打印上福、寿等红字印，并撒上瓜子仁、山楂丁、青红丝即成。糖饼、团圆饼是中秋祭月前必须制作好的中秋节食品。

老北京时的水果来自郊外和北方一些省份，在德胜门的丁字街及前门外设有南北两个果子市批发和零售果子。自八月初起在天桥、鼓楼前、东四、花儿市大街等地都有众多的水果、干果摊，水果、干果种类众多，色彩缤纷，主要有莲藕、西瓜、槟子、沙果、虎拉车、大海棠等时令水果，如今像虎拉车、沙果等已在北京消失了。那时每逢中秋节时我家都要购买些水果，以供祭月、送礼和赏月时食用。

老北京人中秋祭月时必用"兔儿爷"，现在北京的年轻人已有点陌生了，但老北京时这位"爷"可是家喻户晓。兔儿爷约起源于明末，清代时盛行用于祭月并成为儿童的中秋节玩具。每到中秋节前，一进八月，前门、后门、东四、西单等处都摆满兔儿爷摊子，可最集中的地点还是花儿市大街，这里零整批发，品样俱全。我年少时每逢中秋节前都要随母亲到西花儿市大街挑选、购买兔儿爷。卖兔儿爷的摊子都呈阶梯式摆满兔儿爷，最大的三尺左右，最小的一两寸，货架子上的兔儿爷一层比一层小，色彩缤纷，非常好看。兔儿爷是由胶泥放入模子里制作的，不论大小一律是三片子嘴，支棱着两只长耳朵，人形兔脸，脸上描眉，油粉有红有白，身上全披绿袍，顶盔束甲，插旌旗，骑狮虎，犹如将军般威风凛凛。有的是怀中抱杵的小兔在捣药；还有的肘关节和下颔能活动，称"吧嗒嘴"兔儿爷，特让我喜欢。每次母亲除买大的兔儿爷祭月使用，还要买几个小些的供孩子们把玩。

据说古代帝王有春天祭日、秋天祭月的礼制。祭月的习俗是从周天子时传下来的。《礼记》一书上说："春朝日，秋夕月。朝日以朝，夕月以夕。"夕月即拜月之意，北京在明嘉靖九年（1530年）就修建了夕月坛（即如今的月坛公园），从此月坛成了明清皇帝祀月亮神的地方。因此民间每到中秋——八月十五之时也要在四合院庭院里举行祭月拜月之礼。

为了祭月，在室内外要大燃灯烛，使四合院明亮以助月色，老北京时是将纸灯内燃烛，系于竹竿之上或瓦檐等高处，使四合院处处皆一片光明，月光灯光互为辉映。俗称为"树中秋"或"竖中秋"。为了祭月要提前去南纸店买"月宫码"，也叫"兔儿爷码"，即用木刻板水彩印制的"神纸"。"月宫码"分上下两格，上格印有太阴星君像（月神）及广寒宫，下半格印着玉兔人持杵捣药的图形。这"月宫码"均粘贴在秫秸杆架子上，把它立在大八仙桌后面，八仙桌上则摆满了月饼、水果和兔儿爷、一束带籽儿的鸡冠子花和带枝叶的毛豆。

老北京过去有"男不拜月，女不祭灶"之说，所以拜月首先是四合院内主妇们的事，那时往往是等妇女们上完香叩完头，男人们和晚辈们才跟着一起拜。拜月后大家围坐在四合院的月光下饮酒品茶、吃蟹、吃鸡鸭，一起赏月，分吃月饼和水果共度佳节。那大月饼和团圆饼都要切成长三角形的块，全家每人一块，就连有人在外未归也要给留下一块，以寄托全家团团圆圆美满之意。忆起少儿时欢度中秋节的情景，记忆犹新。

九月初九重阳节

重阳节已有两千多年的历史。"重阳"也叫"重九"，因为《易经》中把"九"定为阳数，九月九日，两九相重，古人认为是一个值得庆贺的吉利日子。据文献记载，早在战国时代，重阳节时民间就有登高、饮菊花酒的风俗，作为节日，当在西汉时期。

重阳节这一天的活动丰富多彩，一般包括出游赏景、登高远眺、观赏菊花、遍插茱萸、吃重阳糕、饮菊花酒等。古代民间在重阳节有登高的风俗，故重阳节又叫"登高节"，相传这一风俗始于东汉。

重阳节饮菊花酒的习俗起源于晋朝大诗人陶渊明。陶渊明以隐居、作诗、饮酒、爱菊出名；后人效仿他，遂有重阳赏菊的风俗。

插茱萸和簪菊花也是重阳节的重要习俗，这在唐代就已经很普遍。古人认为在重阳节这一天插茱萸可以避难消灾，于是人们把茱萸佩戴在手臂上，或磨碎放在香袋里，还有插在头上的。大多是妇女、儿童佩戴，有些地方男子也佩戴。除了佩戴茱萸，人们也有头戴菊花的。清代，北京重阳节的习俗是把菊花枝叶贴在门窗上，"解除凶秽，以招吉祥"。

1989年起，将重阳节这一天定为老人节。每到这一天，各地都要组织老年人登山秋游，交流感情，锻炼身体。不少家庭的晚辈也会搀扶年老的长辈到郊外活动。

三国时的曹丕在《九日与钟繇书》中载："九为阳数，而日月并应，俗嘉其名，以为宜于长久，故以享宴高人。"重阳节以其有双重的"九"字，寓意着长寿而受到人们的喜爱。

古人在重阳节时，常常用登高、佩戴茱萸、赏菊、饮菊花酒、放风筝、吃花糕、食烤肉、涮羊肉、吟诗作赋等方式来庆祝这个节日，以祈盼平安、祈求健康，而这些传统也流传至今。

重阳登高 选自《北京风俗图谱》

据《续齐谐记》一书载，东汉年间，汝南人桓景跟随易学大师费长房游学多年。有一天费长房对桓景说："九月九日这一天，你家将有大祸临头，你必须立即回家，叫家人用茱萸系在臂上，举家登高饮菊花酒，此祸可除。"景如其言，举家登高山。待黄昏时回家，果然见鸡、犬、牛、羊均暴死。长房闻之曰："此代之矣。"相沿成习，于是重阳节时古人纷纷带上菊花酒，佩茱萸外出登高，成为中华民族的传统风俗。

在明清两代，重阳登高盛行，那时每逢阴历九月初九，皇帝要亲自到万岁山（即景山）去登高拜佛祈求福寿平安并观览京城风光，皇后妃子们则在故宫的御花园登临堆秀山登高眺望。在民间，达官贵人、文人墨客或登临自家花园的假山亭台，或在旧京城内外爬山登高一览山景和都城风景。那时主要是赴西山八大处、香山、五塔寺、北海、白塔、景山五亭、陶然亭等处所，一般全家或三五好友同行。《燕京岁时记》书载：凡登高，必赋诗饮酒，烤肉分糕，洵一时之快事。此风从民国时期直传至如今，百姓的登山登高活动仍非常盛行。登山野游活动，既是一项健身的体育锻炼，也是一项亲朋好友聚会欢谈、增进亲情友情的活动。如今登高当然早已没有避邪免遭天祸的迷信俗愿，登高登山已是人们经常化增强体质的体育旅游活动。趁金秋大好天气之际，选择适宜郊游的地区，不妨全家来一次旅游。届时登高望美景，心旷神怡，身心愉悦，尽享家庭幸福和谐之乐，还可同时备好羊肉、作料等食品与炊具，吃一次烤肉或涮羊肉，阖家饮酒游乐野餐，别具风情。

佩戴茱萸的传统，在老北京也比较流行。茱萸是什么？茱萸全称吴茱萸，又称越椒，是一种芸香科植物。其树高不过丈余，树叶阔厚，类似椿树叶。该树于阳春三月开黄白相间的花，于七八月间结果，如花椒形样，嗅之芳香浓郁，嚼之辛辣微苦，是祖国医学内外科常用的中药材。它有散寒止痛、降逆止呕、温中止泻、开郁杀虫之功效，古代有"吴仙丹"和"辟邪翁"之称。佩系茱萸之俗，早在汉代时出现，到唐代时流行很广。从现代医学保健看，费长房让桓景全家把茱萸用布囊包好系在臂上，实是借其有挥发油的芳香辟秽，用其避瘴驱虫，防疫免病。

赏菊、饮菊花酒是老北京度重阳节的另一项风俗。菊花，秋之骄子，其色艳丽，多呈金黄，其姿优美，富于神韵，其品坚贞，经霜不凋。为此深得文人墨客、学子、诗人们的青睐欣赏，边赏菊，边饮菊花酒，边吟诗作赋，历代诗人都有咏菊名篇佳句传世，美不胜收。战国时屈原就写过"朝饮木兰之坠露，夕餐秋菊之落英"的名句。东晋的陶渊明不仅以赏菊为乐，有"采菊东篱下，悠然见南山"的佳句，还是一位"菊迷"，他专门种了一个大菊园，精心培育耕作浇花，并对着菊花自语祝愿："菊花如我心，九月九日开；客人知我意，重阳一同来。"说也奇怪，那年的九月九菊花真的一齐盛开，迎接亲朋诗友前来赏菊吟诗。

据说老北京那时文人墨客还经常赴天宁寺、景山公园、中山公园的唐花坞等处赏菊观景。天宁寺位居旧京近郊广安门外，原地势较高，可登临远眺京城，旧京时这里的殿宇虽已破旧，但古树参天，植物花卉繁茂，花团似锦，尤以多姿貌美的菊花繁多而闻名古城，成为金秋登高赏菊游乐的好地方。清李静山《增补都门杂咏》曾有诗曰："天宁寺里好楼台，每到深秋菊又开，赢得倾城车马动，看花犹带玉人来。"

放风筝也是历史悠久的北京民俗，它不但简便易行，还是老少皆宜的一种娱乐方式。到清代时，老北京放飞风筝更为盛行热闹，《红楼梦》作者曹雪芹不但是伟大的文学家，而且也是颇为有名的"风筝迷"。相传曹雪芹不但是扎制风筝的行家——人称"曹氏风筝"，他还非常喜爱放飞风筝。有一年重阳节时，他就在宣武门外太湖的湖边上作过精彩的风筝放飞表演，赢得百姓们的喝彩。笔者少年时也曾到花儿市集市上购买大沙燕风筝在护城河边放飞。在这金秋时节，全家外出选一空气清新的旷野之地，高放风筝，既可在奔跑中锻炼肌体，使气血通畅、增强抗病能力，又可在绿草鲜花中陶冶情操、净化心灵、增添全家的生活乐趣，何乐而不为之。放风筝，实为养生健身的一项体育活动。

"中秋才过近重阳，又见花糕各处忙。"

　赏菊（《菊市》选自《聊斋图册》）

吃花糕是老北京盛行的风俗。在重阳节这一天清代宫廷里要举行"花糕宴"，民间也风行制作吃食花糕。花糕，又称菊花糕、重阳糕。在周密写的《武林旧事》一书中有记载："九月九日重阳节，都人是月饮新酒，汎萸簪菊，且各以菊糕为馈，以糖肉秫面糗为之，上缕肉丝鸭饼，缀以榴颗，标以彩旗。"明代沈榜的《宛署杂记》上也说："九月蒸花糕，用面为糕，大如盆，铺枣二三层，有女者迎归，共食之。"

　　吃糕，源于"登高"的"高"，糕字与高同音，象征"步步登高"、"步步高升"之寓意。所谓"花糕"，老北京时有许多种类，一类是饽饽铺里卖的烤制好的酥饼糕点，如糟子糕、桃酥、碗糕、蛋糕、萨其马等，一类是四合院里主妇们、农村妇女用黄白米面蒸的金银蜂糕，糕上码有花生仁、杏仁、松子仁、核桃仁、瓜子仁五仁，有的是用油脂和面的蒸糕，有将米粉染成五色的五色糕，有的糕中夹铺着枣、糖、葡萄干、果脯，或在糕上撒些猪肉丝、鸡鸭肉丝，有的花糕上还贴有"吉祥"或"福寿禄禧"字样，并插上五彩花旗。花糕那时也像月饼一样用于馈赠亲友。

　　那时还有一风俗，要在九月初九天明时迎接女儿回娘家，取片糕搭在女儿额头上，一边搭一边还祝福女儿"愿儿百事俱高"，所以重阳节又称为"女儿节"。这个风俗至今在北京郊区一些地方仍一直流传着。

　　老北京重阳节的风俗众多，虽新中国成立后有些风俗逐渐淡薄，但如今老百姓的登山登高、买菊赏菊、放风筝、食烤肉、涮羊肉的风俗仍盛行不衰。

重阳糕（《卖重阳糕》选自《营业写真》）

營業寫真　俗名三百六十行

賣重陽糕（糰）

重陽須食重陽糕，
餅餌居然百事高。
搭額願兒九頭上，
祝明日願以人道。
此風由來自古今，
殊堪愴悢瞻情懷。
劉諢卖糕此時乃，
不歇邨題子糕面，
忘我才不識老面，
感當滋味今。

一　岁时佳节

齐白石的菊花图

老北京的"涮锅子"

　　火锅在我国已有三千多年的悠久历史，因是投料入沸水发出"咕咚"、"咕咚"的声音，古人称其为"古董羹"。据考证，火锅的最早雏形可追溯到西周时期，在北京延庆县龙庆峡山戎文化遗址中就出土过春秋时代的青铜火锅。后来在出土的东汉文物中也有名叫"镬斗"的青铜制品，形状似盉，其底部有三足，是那时涮肉使用的。诗翁白居易的《问刘十九》诗曰："绿蚁新醅酒，红泥小火炉。晚来天欲雪，能饮一杯无？"其红泥小火炉就是唐代时非常流行的一种陶制火锅，当时亦称为"暖锅"。

　　到了宋代，吃火锅在民间已属常见，南宋人林洪在《山家清供》中记载了他吃涮兔肉之事，他曾经在一个大雪天游览武夷山，偶然打到一只野兔。当时他照山里人吃兔肉的方法，将兔肉切成薄片用酒、酱、辣椒浸泡入味，用筷子夹着肉在沸水中涮熟服食，因肉片在热汤中反复拨动，色泽好像天边美丽的云霞一般，他给起了个很有诗意的名字——"拨霞供"。林洪的文中还提到此吃法用"羊肉亦可！"这即是最早的"涮羊肉"的文字记载了。

　　相传"涮羊肉"是由元世祖忽必烈赐名的。据说忽必烈统率大军南征时进驻到一山谷牧场后，伙夫正给忽必烈宰羊割肉准备清炖，忽然探马飞报敌军逼近，忽必烈急令部队开拔迎敌，并高喊"羊肉！羊肉！"以解饥肠之求。伙夫急中生智飞快地切了一些薄肉片，迅速放入沸水锅中搅拌涮了几下，待肉色一变捞入碗内，撒上些细盐送给忽必烈吃。忽必烈吃了几碗后即上马迎敌，战刀一挥旗开得胜。在庆功会上忽必烈又让伙夫给全军制作那样的肉片，将士们吃后赞不绝口。伙夫请忽必烈给起个名字，忽必烈边涮边吃着羊肉片说："那就叫'涮羊肉'吧！"这就是涮羊肉名称的由来。

　　"围炉聚饮欢呼处，百味消融小釜中。不似此间风满屋，热炭不嫌樱火毒。"《忆京都词》中记载的清人严辰缉写的这首词描写了旧京隆冬时节人们围炉沽饮涮火锅之情景。火锅至清代时的北京，不仅在民间盛行，它还成了一道著名的"宫廷菜"，在清宫御膳食品中就流行吃一种"野意火锅"。这种火锅分上下层，中有火筒可放炭，很像后来民间用的烧炭火锅。宫廷内及各王府均用此煮、涮各种野味及鹿肉、猪肉、羊肉、鸡肉、鱼肉等，其味鲜香美，曾极盛一时。乾隆帝就最爱吃火锅，慈禧太后也爱吃加入了菊花的"菊花火锅"。据史载，乾隆曾在宫中大摆过"千叟宴"，当时共用了1500多个火锅，应邀品酌尝食的老人及大臣5000多人，成为历史上最盛大的火锅宴。

咱北京人把吃火锅称为"涮锅子"，那"涮羊肉"也早已与北京烤鸭、烤肉并列齐名，成为北京著名的风味佳肴。清末民国时期，四九城内外以火锅涮羊肉闻名的饭馆达数十家。旧京时这些火锅店铺都在门前放置一个写得很大"涮"字的招牌，成为街市上独特景观。那时最早经营涮羊肉的馆子是始创于乾隆五十年（1785年）位于前门外的"南恒顺羊肉馆"。在1897年（光绪二十三年）的春天，光绪帝曾微服到此吃过饭，羊肉馆因而盛名四九城内外，遂改为"一条龙饭庄"，成为京城著名的经营涮羊肉的清真餐饮老字号。时至今日"一条龙羊肉馆"仍将光绪使用过的铜火锅及坐过的椅子，供奉在餐馆内供顾客观赏，以招揽食客。"一条龙饭庄"的涮肉之所以出名，因其肉选料精，肉要选购西口羊，羊购来后先放在打磨厂的作坊喂养肥后随宰随卖，其羊肉极新鲜。加工时要去膻、去杂物，切成8寸长、刨花形的薄肉片，涮肉服食时佐料齐全，吃起来肉嫩、汤香、作料美。

旧京时前门外肉市的"正阳楼饭馆"曾是旧京著名的"八大楼"之一，它是另一家最早经营涮羊肉的火锅饭馆，它以经营涮羊肉、大螃蟹驰名京城。《旧都文物略》中曾载："正阳楼切肉者为专门之技，传自山西人，其刀法快而薄，片方正。"说的是正阳楼涮羊肉的肉片切技之精，正阳楼内常有两三位专门切羊肉片的师傅，刀工好，切得又快又薄，顾客吃什么部位就给您切什么部位，当时的正阳楼羊肉片在京城是极其有名的。

但在上世纪30年代后，名气、风味压过同行的，则是后来居上的"东来顺饭庄"。坐落在东安市场北门的"东来顺饭庄"的掌柜丁德山兄弟，在上世纪初以"丁记粥摊"起家，后因从太监魏延手中获得清宫内御膳房

涮肉作料的秘方，建起羊肉馆，推出风味独特的涮羊肉。因其色、香、味、形、器具独佳，受到达官贵人、文人墨客等食客的称赞，名扬古都内外。东来顺的羊肉是从内蒙古集宁地区成批买进的大尾绵羊，然后自行喂养一段时间再宰杀，每一只羊仅选用其上脑、三叉、磨挡、黄瓜条等嫩肉部位，出肉率仅是一只羊的40%。东来顺不仅选料精，还有加工细、作料全、火力旺等特点。其加工肉片堪称一绝：厨师用特制的长刀，切成两毫米厚、五六寸长的肉片儿，长短"一刷齐"，切出的肉片薄如纸、软如棉、匀如晶、齐如线、美如花、肥瘦红白相间，如平铺在青花瓷盘里，盘上的花纹竟透过肉片还能见到。将肉片投入海米口蘑汤中一涮即熟，肉片肥而不油，瘦而不柴，吃起来不膻不腻，味道鲜美。再加上独特的作料，糖蒜和芝麻烧饼，吃起来醇香味厚，口感极佳，很受食客称赞。"东来西去又一顺，南街北往只一家"，这说的是旧京时除了上述的涮羊肉著名饭馆外，还有西来顺、南来顺、又一顺等众多经营涮肉和著名菜肴的饭馆、饭庄。从清代民国时期至新中国成立前，旧京餐饮业极其兴隆发达，民间也有"八大楼"、"八大居"、"八大春"、"八大堂"饭庄之称，这些扬名京城内外的大型餐饮店铺，涮、烤、炸、溜、炒样样齐全。涮羊肉形成老北京风味独特的名食，外地人进京都定要品尝一下北京的"涮锅子"、"烤鸭"等名牌饮食。

如今北京的"涮锅子"早已遍布京城，已有数百家之多。北京的"涮锅子"不断优化、精益求精，引进推广各地的多种风味的火锅制作方法，如麻辣火锅、鸳鸯火锅 等，使北京的火锅风味更鲜美，更加多种多样。北京的"涮锅子"这京味佳肴，已成为北京传统饮食文化的一个代表符号，名传五湖四海，享誉全球。

蜜供与杂拌儿

老北京过年时，孩童们最喜欢吃的不是那饺子和年菜儿，他们最想吃最

二 美食雅趣

爱吃的,是那摆在佛堂里供奉神祖的"蜜供"和那色彩鲜艳各种味道的"杂拌儿"。

蜜供,您可吃过吗?它是新中国成立前老北京过大年时敬神、佛、祖先上供的供品之一,因它是蘸了蜜糖的一种糕点,故称"蜜供"。

小时候过年时,我家佛堂里的佛案上,常摆满蜜供,也吃过蜜供,甜香甜香的,还很酥脆,是过年众多好吃的中的一种。

蜜供亦叫"蜜供尖",是敬奉佛祖的佛堂里码得小塔似的、下方上尖祭祀专用的面食。旧京时的民俗,如过年时没有蜜供来祭神祭佛祭祖先就显得寒酸,是对神佛祖先最大的不敬。即使穷苦人家的佛龛前,也少不了这种供品,只是蜜供尖大小、多少不同而已。

老北京时蜜供是由饽饽铺(糕点铺)或食品作坊制作出售的,制作蜜供最著名的有德丰斋、正明斋、聚庆斋等好几家。坐落在锣鼓巷的德丰斋王家所制作的蜜供,质料优良,香甜酥脆,吃时不粘牙,曾在旧京时享有"蜜供王家"的盛名。各糕点铺的蜜供,是用和了油的半发面,夹上少许红色馅,洒上桂花汁后擀平,切成一寸来长铅笔粗细的小面条,油炸后蘸蜜糖即成。

蜜供尖即是用蜜供条叠垒成似小塔状的蜜供塔,大小不一,每个高矮不等,不论斤,而是论"堂"卖。大小由买主决定,一般每"堂"是五个,小型的有每堂三个的。这种蜜供尖是四方(中间空)形的宝塔形状,顶端像个小金字塔状,塔尖上插有"福"、"寿"、"禄"、"喜"、"财"带花的字签子。听糕点铺的学徒讲过,制作这宝塔状的蜜供,因垒时工艺较难,还要找手艺高超的瓦匠来指教帮忙,才能将一条条垒粘在一起,一层一层高高耸立而不易塌碎呢!

在每年一进腊月,各糕点铺都会早早写个"本店专门定做蜜供"的招牌挂在门口,一般人家是现钱订货,穷人家则可以"打供",即想定制什么样、大小、重量,在年初时就说好,按价每月分期交预付款,即每月交零钱到年底凑成蜜供价的整数,到时候拿回蜜供回家过年。当时用此法,解决了穷人家不能一次性花费很多钱买蜜供的难题。而四合院住户定做的数"堂"蜜供,在腊月的中下旬时,由糕点铺专人挑着四尺来高的两个大圆笼,上面盖着两块黄布,圆笼周围写有糕点铺的店铺名字,负责送到购买者家的佛堂里。这种送蜜供的挑子,新中国成立前在老北京大街胡同常可看到,成为旧京一景。记得每在过年前,家里都要到花儿市大街著名老字号糕点铺定做很多"堂"宝塔样的蜜供尖，大的两三尺高，小的一尺左右，每年在佛堂的天地桌、神像、佛像、财神爷像、祖先像前都摆上一堂五个的，灶王爷前摆一堂三个的蜜供宝塔。这些蜜供的下面都要用一个大的月饼做托，蜜供一直要到正月十八"落影日"时，才撤下分给大家吃。此时的蜜供早已蒙上一层烟灰和尘土啦。蜜供每"堂"必是五个或三个，是因有"神三鬼四"烧香上供的规矩，供品绝不能出现四个的。另外，旧时糕点铺还出售一种叫"蜜供坨"的蜜供糕点，这些蜜供坨就是搭垒蜜供塔时剩下的碎蜜供条条粘到一起，很便宜地出售给平民百姓，当时很受少儿和老者的喜爱。

还有个药王庙的蜜供传说，也颇有趣儿。据说老北京的哈德门（崇文门）外曾有个药王庙，庙里有一群道士，不仅道法通天，而且为生计还自办经营了个制作糕点的小作坊，能做一手好点心。而该庙自制的蜜供尖儿，因用好蜂蜜，好麦芽糖，做出的蜜供塔形状味道都很有名。那蜜供塔，大的像浮屠，小的像宝匣，吃起来又甜又香又酥脆，掰开还拉黏儿。那些制作好的蜜供，码起来见棱见角，上下一条线，真够绝啦！传说有一年清道光皇帝知道了，微服私访来到药王庙上香，看见作坊里满屋子的蜜供直夸做得好，道士奉上蜜供，道光帝吃后胃口大开，更赞不绝口，回宫后立即传御旨："药王庙为御膳房的蜜供局。"从此，药王庙就给皇宫每年制作蜜供尖啦，而且药王庙的香客也更多了。

提到"杂拌儿"，是老北京过大年时家家户户守岁必吃的小食品。一提"杂拌儿"年轻人不明白是什么样的食品，街市上没见过有卖的呀。旧京时的"杂拌儿"，其实是由多种干鲜果品掺在一起拌和而成，宋代时已有内装细果的"果子盒"。明人刘若愚的《酌中志》书中说，北京正月新年有内盛"柿饼、荔枝、桂圆、栗子、熟枣"的"百事大吉盒儿"。清代时，将一些干果用蜜汁加工，成为色味俱佳的蜜饯食品，传说慈禧太后吃时很高兴，随口给起了个"杂拌儿"的名字，从宫内传到民间，成了北京一种风味独特的食品，杂拌儿流传已久，颇受人们喜爱。

蜜饯果脯　鲁求摄影

　　杂拌儿一般分为三种，高档的细杂拌儿，是将鲜杏儿、蜜桃、大枣、桂圆、荔枝、山楂、藕片等经过糖蜜渍汁加工成蜜饯杂拌儿。旧时皇宫贵族王府大宅门四合院里人常食用，也常用以馈赠亲友。新中国成立前后，东安市场、百货大楼、干果店等常出售这种盒装的北京特产"蜜饯果脯"，包装精美，美味可口，成为外地来京旅客常购买的北京特产。中档的杂拌儿也叫粗杂拌儿，其中有梨干儿、苹果干儿、柿饼条、山楂条、脆枣、榛子仁、花生仁什么的。最次的，旧京时叫"杂抓"，里面都是最贱的瓜子、花生、嘣酥豆什么的，它比粗杂拌儿还粗。

　　细粗杂拌儿旧京时各大干果店均有出售，"杂抓"则常有小商贩推着小排子车或挑担走街串胡同叫卖，一声吆喝吸引来众多买主儿，有首民谣唱道："过大年好喜欢，吃了杂抓能抓钱，不挣钱的学生抓识字，大姑娘抓针线……"就唱的是买杂拌儿的事儿。

　　卖"杂抓"的小贩也不用秤称，用手一抓往用旧画报折卷成的三角形纸包里一放就成了，因而才有了"杂抓"之名儿。

　　一般四合院里的住户多在春节前的腊月里，将杂拌儿作为必备的年货买好，并用于招待除夕守岁及拜年来的亲友。老北京人常在喜庆的除夕夜晚围炉边吃着杂拌儿边谈天边玩耍，阖家一片祥和喜洋洋的景象。在上世纪60年代初、自然灾害和"文革"时期，市场上见不到杂拌儿了。不过在经济困难时期，政府仍千方百计给百姓供应应节小食品，凭本供应花生、瓜子，传承着过年的古老民俗。如今，市场上各种干果、水果极大丰富，供给充足，任百姓随意购买，欢度春节。

消夏冰食

　　冷饮在老北京时称为"冰食"。冰食的传统源远流长，已有三千多年的历史。《诗经·豳风·七月》中就有冬季去凿冰，把冰储蓄在地下，待夏季时供消暑食用的记载。

　　古代人消暑，主要一靠扇子，二用冰水。冰之来源是古时冬季在冰窖、冰井或冰室内贮水结冰以待夏季使用，类似如今说的冰库。到了周代，还专门设有取冰用冰的专职官员，称为"凌人"。《周礼》载："凌人掌冰，正岁，十有二月，令斩冰，三其凌。"《周礼》还记载："春秋治鉴，夏颁冰，秋刷。"即冬季藏冰，夏天开始使用窖冰，炎夏后秋天清刷整修，以备来冬再贮新冰之意。古代时就是用这种冰来冰镇食物和酒水。

冰的用法是将食物和酒放置于特定的屋室"冰橱"中。在《吴越春秋》中就有越王勾践在炎夏时食宿在冰橱的记述。许多诗人有冰食的诗句，屈原的《楚辞·招魂》篇写有"挫糟冻饮，酎清凉兮"的诗句；杜甫也曾有"公

隆福寺小吃店　鲁求摄影

子调冰水，佳人雪藕丝"的纳凉诗句，记述了显贵之家吃冰食消暑之情景。冰水是为公子们调制的，应该是加了香料的冰水，比如薄荷水。藕丝是为小姐们制作的。可见酷夏防暑降温用吃冰食冷饮之法自古就很盛行。到元明清，北京已出现用牛奶果汁香料和水制成的食品——奶酪，在《红楼梦》中，也记载有玫瑰露、木樨露、酸梅汤和凉茶等众多冰食。在市肆上也有冰镇西瓜、冰镇酸梅汤、冰棍等冰食出现。而清末民国以来，百姓家在伏天最盛行自制绿豆汤、莲子汤及用中草药熬制的暑汤，以避暑防热健身。

暑汤

暑汤是60年前老北京的冰食，花样繁多。那时的气候是冬冷夏热，在炎炎夏日里老百姓离不开防暑降温的"暑汤"。

暑汤泛说可包括百姓家熬制的绿豆汤，以及街市所有的冰冷饮料及可降暑的药汤。这里所说的暑汤，是指中药铺配制的、免费供给平民百姓喝的消暑药汤，其方剂多用适合伏天服用的香薷汤、双花汤等。这种暑汤都有祛暑散热、清三焦火、理气宽中等功效。旧时同仁堂、鹤年堂、庆仁堂等药铺以及药王庙、关王庙等处，都在夏至节后在门前摆个长条桌，上面放着装满药汤的大玻璃缸或木桶，以及瓷碗、玻璃杯，过路者都可停步在桌前喝上一两碗，既解渴又祛暑。有些住户也常买配好的药剂包，拿回家

自己煎制，全家饮用。有一些药铺也常在供行人免费喝"暑汤"的同时，施舍一些藿香正气丸等小药包，上面通常印着店铺的字号以及"暑天防热，保重身体"等字样，既是社会慈善活动，也是做生意的宣传，从而扩大自家店铺的知名度。

酸梅汤

酸梅汤，古籍中所载称为"土贡梅煎"。南宋《武林旧事》中亦有"卤梅水"的记载。老北京人喝的酸梅汤是从清宫御膳房传到民间的清暑解渴饮料，素有"清宫异宝，御制乌梅汤"之说。

梅子，亦称青梅、乌梅、酸梅，用半黄的梅子烟熏后即成乌梅。乌梅泡水有止渴调中、生津润喉、止咳祛痰等功效。酸梅汤的制作是将乌梅泡发后，放入桂花、蜂蜜、冰糖，加水进行熬制而成。清乾隆年间，诗人郝懿所作《都门竹枝词》云："铜碗声声街里唤，一瓯冰水和梅汤。"

卖酸梅汤

老北京售卖酸梅汤的店铺伙计和小贩们掂打着"冰盏儿"——两个小铜碗，一上一下发出清脆的叮当声，并吆喝着"喝酸梅汤嘞，冰镇的好凉嘞！"

老北京最早专营酸梅汤的店铺，是山西人开设在西四牌楼的"隆景和"干果海味店，后来由于北京城闹"义和团"，被地痞流氓趁机抢劫后逐渐衰落关闭，后由开设在琉璃厂的"信远斋"取而代之。信远斋以酸梅汤、蜜饯果脯、糖葫芦、糖棋子等食品远近闻名，尤以酸梅汤名扬国内外。其酸梅汤选料制作精良，汤浓味美，其他店铺无法相比。老北京时，许多文人墨客在琉璃厂淘书访古时，都要顺便去一下信远斋，品尝一下酸甜爽口、祛暑润喉的美味酸梅汤。京剧艺术家梅兰芳、马连良也常去信远斋。

冰核和刨冰

老北京有些大宅门的住户有一种土制的"冰箱"——木制箱子，里面贴铅铁皮，可在下层放冰上层放食物。放进"冰箱"里的冰块每天都要更新，以免因融化降低效果。

老北京时，每天有赶着小毛驴儿给大宅门专门送冰块的送冰人。这些冰块是送冰人专门从冰窖里批发来的。大宅门的住户每天将瓷实的天然冰放入"冰箱"来冰镇食物防止食物腐坏。当送冰车来到时，胡同里的孩子们非常欢乐，有的去摸凉冰，有的去拣掉在地上的碎冰碴儿含在嘴里以此为乐。新中国成立前有些穷苦孩子，到冰窖大门周围去拣拾碎冰块，或者想法儿廉价批发来一些碎成几瓣的冰块，用一小竹篮装着，下面用棉布垫底，上面盖着块白布，每天走胡同吆喝叫卖"冰核儿哎！便宜喽"，以换些小钱。有人来买时，就用小冰镩子镩成碎块，用小勺盛给买主。记得小时候，有时会用攒下的零花钱买上一两块冰核儿，不让砸碎，不管干净与否，含在嘴里，透心凉，沁人心脾。

雪花酪

在冰激凌出现之前，我国有类似的冷食，就是雪花酪。明清时，北京出现了雪花酪的雏形。新中国成立前一般由街市上的小吃店、干果铺出售。其制作方法是把一个圆铁筒放进一个比它略矮的圆木桶里，木桶比铁筒直径要大，铁筒周围填满了碎冰块。制作时，在木通和铁桶之间倒入少量凉开水，加入红糖或者是糖精、香精，再用皮带缠在铁筒外皮上端，用人力反复拉动皮带转动铁筒，使铁筒在木桶的冰块中转动，逐渐磨碎冰块，越转越"糯"，一直到呈浓小米粥状。真正售卖时还要再用果酪（果子干）、红果酪及浓酸梅汤浇入，在木桶或瓷盆内用棍搅拌，然后盛入盅内，食者边饮边嚼。

雪花酪名称传说不一，有的叫"冰果酪"，有的叫"雪茶"。说"雪茶"的人说，宫里忌讳"雪"字与"血"字同音，中间加了一个"花"字，成了"雪花茶"。"雪花酪"大概就是"雪花茶"变来的。

雪花酪食之较冰激凌爽口，但制作全凭人力，是中国传统的冷食，北京的一些干果店、小吃店都有制售。

红白玻璃粉

玻璃粉实际上是用藕粉或洋粉（老北京对琼脂的俗称）熬制成浓汤或凉粉状，冷却凝固成冻坨，透明白色的就是白玻璃粉。如果熬制时再加点食用红色素，就成了红玻璃粉。一般售卖时，将红白玻璃粉各一坨放在一个玻璃器皿中，红白相间，晶莹透亮非常鲜艳，照现代词来说是很有"卖点"的。出售时，以小瓷碗盛满，用小钢刀划成条，浇上冰镇的糖水，状如透明玻璃。这种玻璃粉亦在小吃店、干果铺有售，常吆喝"败火润喉的玻璃粉呦！"购买者，用嘴沿碗边一吸而尽，凉甜滑润，非常爽口。

果子干儿

在清《燕都小食品杂咏》中有"杏干柿饼镇坚冰，藕片切来又一层"的诗句，说的就是"果子干儿"。

果子干儿的原料主要是杏干、柿饼、鲜藕片和白糖。制法是先将杏干、柿饼洗净，用水泡涨后冰镇冷透，两者均撕成碎片，加水和白糖煮成带汁的糊状，盛入器皿中，再将鲜藕覆盖其上，然后把容器放在冰块中冰镇一夜，次日出售时再放进一大块冰块。老北京时除干果铺、小吃店出售果子干儿外，还有串胡同的小贩推着车，夜间在胡同叫卖。售卖时用小铜勺盛入蓝花瓷碗，食之凉彻牙齿，酸甜清香适口。

杏仁豆腐

杏仁豆腐，亦称杏酪，是老北京时的冰食佳品。清人朱彝尊在《食宪鸿秘》中云："京师甜杏仁，用热水泡，加炉灰一撮，入水，候冷，即捏去皮，用清水漂净。再量入清水，如磨豆腐法带水磨碎，用绢袋榨汁去渣，以汁入锅煮熟，加白糖霜或量加牛乳。"此法做出冷却后即成杏酪，将其切成小块配以冰水，形似豆腐样，食后凉爽滑嫩适口，很受食者赞誉。这种杏仁豆腐除小吃店外，在西餐店常有出售。

大冰碗儿

老北京还有一种叫"大冰碗儿"的冷食，饭庄子常在夏天办红白事或寿宴时供应。清代严辰《忆京都词》注："京都夏日……宴客之筵必有四冰果，以冰拌食，凉沁心脾。"原坐落在什刹海荷花市场旁的会贤堂饭庄的"消夏大冰碗儿"最有特色：以大号蓝白彩大瓷盘盛装，盘内用碎冰垫底，上面叠以切成片的鲜桃、苹果、梨等水果，最上面覆以什刹海出产的鲜藕片、鲜菱角和鲜莲子。各种水果均经冰块冰镇过，上桌时再撒上些白糖和黄酒。食此大冰碗儿，入口清香、冰凉爽口、暑热尽消。这种称为"大冰碗儿"的什锦水果冰盘，旧时大饭庄均在开宴前后为食客敬奉在席面上，以供食用，很受欢迎。

现如今，夏暑季节乃至冬天，"冷食"、"冷饮"在市面上都能见得着，花样也更丰富了，但我还是怀念童年时那种父亲带我一起去吃"冰食"的感觉。物以稀为贵，老北京的冰食也不例外。

老北京的西瓜

西瓜，又名寒瓜、水瓜、夏瓜，原产于非洲热带沙漠，有记载早在汉代前即从西域通过"丝绸之路"传入我国的新疆地区，故称"西瓜"。西瓜之名始见于《新五代史》，据载是古代的契丹人自新疆将西瓜子带到华北平原和幽州（即今北京）的。一千多年前，幽州为辽王朝的重要陪都——南京，当时幽州已是华北平原地区的政治、军事、经济中心，与北方少数民族经济贸易往来增多，因此西瓜传入北京，并得以种植推广。

西瓜作为瓜果，果汁充沛，其汁液中包含着人体所需的各种营养成分。李时珍的《本草纲目》中云，西瓜可"消烦解渴，解暑热，疗喉痹，宽中下气，利小水"，现代医学也已证明西瓜常食有降血压的作用，并对肾炎也有辅助治疗作用。

自金代起北京大兴县庞各庄的西瓜就成为向历代皇宫进贡的防暑果品。庞各庄地处净沙土地，水土适宜，其瓜因墨绿色并有隆起的脉络而有"黑绷筋"之名，其皮薄、子红、黄沙瓤，吃起来脆沙甜。据《析津志》中云，每年"进上者瓜甚大"。可见，庞各庄西瓜栽种技艺之优良高超。相传慈禧太后就非常爱吃庞各庄的西瓜，而且能识别出哪块是庞各庄的。而历朝的宫廷宴会也常用西瓜作为"冰食"赏赐众臣，所以北京人把庞各庄西瓜称为"贡瓜"。

老北京时有句俗语"庞各庄的西瓜叫京城"，说的就是老北京百姓非常喜爱物美价廉的应时水果 —— 庞各庄的"黑绷筋"西瓜。每到夏天西瓜熟了，庞各庄的西瓜就由瓜农赶着马车一车车地被送进老北京的果子市、干果店和后来的副食店。那时常见瓜农从车上往下扔西瓜，一个在车上向下扔，另一个在店铺前接西瓜码西瓜，像传球似的，扔瓜是旧京街头一景。那时也有商贩推着排子车，串胡同吆喝："西瓜，沙瓤的大西瓜哟！"四合院里的主妇们出来挑选，挑好后都让商贩用刀切个小三角块，看瓜好不好、熟不熟。有亲友贵客来家时，主人也都以西瓜招待客人。

那时候大街上西瓜时兴切成一牙儿一牙儿的卖，有的把瓜切成像莲花瓣似的，非常好看。干果铺常在门前摆两个八仙桌，桌上摆着小草绳圈垫，每个垫上放着个大西瓜，桌旁有个大水缸，里面泡着几个西瓜，这就是当时所谓的"冰镇西瓜"啦！西瓜切成大小块，每块五分或一毛钱。因旧京时苍蝇多，卖瓜的店员常拿着个芭蕉扇边扇着边高声叫卖："吃咧，大块的西瓜，甜哟，赛蜜甜咧！"经常有逛街的大老爷们或孩童站在桌边吃瓜，又凉又甜的西瓜吃得非常爽口，这亦是旧京时难忘的街景。

老北京的西瓜形状颜色各异，有"黑绷筋"，有绿色或白色瓜，有圆形、椭圆形，后来还有了无子瓜和方形瓜，但北京人仍最爱庞各庄的西瓜。

西瓜自古代起因人们对其特别青睐，逐渐出现了西瓜文化现象，如西瓜诗、西

西瓜（《卖西瓜》烟画）

瓜歌、西瓜联、西瓜画、西瓜灯、西瓜谜、西瓜菜、西瓜树以及西瓜节等。历代的文人墨客在"赤日炎炎似火烧，狂啖西瓜似仙飘"后写下很多"咏瓜"的名篇佳作，金代王予可的《咏西瓜》云："一片冷裁潭底月，六湾斜卷陇头云。"以深潭、冷月、青云来映衬切开的西瓜之形质。宋代诗人文信国《西瓜吟》云："拔出金佩刀，斫破苍玉瓶"，把切西瓜的动作描绘得惟妙惟肖。描写西瓜的形、色、味的诗还有宋代方回的《秋熟》诗："西瓜足解渴，割裂青瑶肤。"写冰镇西瓜凉甜有"凉争冷雪甜争蜜，消得温瞰倾诸茶"这样的诗句。清代纪晓岚曾把西瓜比作雪那样凉，蜜那样甜。宋代大文豪苏东坡酷嗜"冰浆仙液"的西瓜，曾撰一西瓜联云："坐南朝北吃西瓜，皮向东甩；思前想后观《左传》，书往右翻。"其品尝西瓜潇洒脱俗之状，尽在联语之中。

有关西瓜的画作，早有宋代名画《清明上河图》和辽代墓壁画，它们都逼真地描画了暑热季节街市上的西瓜摊切开的瓜块和用西瓜水果宴食时的生动场景。北京的国画大师齐白石、丰子恺等名画家也曾画过多幅西瓜佳作。

老北京正月元宵灯节和七月十五中元节放河灯时，都展出用纸或西瓜皮制作的"西瓜灯"，灯节时西瓜灯上还写有"西瓜谜"供人竞猜。老北京胡同里孩童们常举着西瓜灯相互攀比谁的更好。西瓜树则是庞各庄瓜园内，采用无土栽培技术和网架式种植法，将西瓜移植到树上，形成独特的"西瓜树"，现在树上已开花结果产出大西瓜。至于西瓜节，国外早已有，近年来大兴区西瓜丰收之时，每年也都要举办西瓜文化节。届时，张灯结彩，热闹非凡，西瓜文化节里要举办猪八戒吃西瓜大赛和各品种西瓜展览，赛歌赛诗，宣传西瓜文化，推销西瓜等，西瓜文化节已成为如今北京夏暑天的一件盛事。

三伏天的食俗

在夏至后气温骤升，形成炎热的暑天。把最热的暑天称为"伏天"，起源于春秋时期的秦国，《史记·秦本纪》中云："秦德公二年，初伏。"

唐人张守节曰："六月三伏之节起秦德公为之，故云初伏，伏者，隐伏避盛暑也。"古代伏天时跟其他节令一样，民间传承着很多食俗。（秦德公二年为公元前 676 年。）

老北京民间有句俗语："头伏饺子二伏面，三伏烙饼摊鸡蛋。"就说的是旧京数伏天家家信守的饮食民俗。为什么有这个食俗和俗语呢？据说与节气和那时菜农的生产技艺有关：农业落后，也没有暖棚设施，没有更多夏令青菜供应百姓，夏至数伏时正是蔬菜青黄不接断档之时，也因老北京伏天时特炎热，汗流浃背的人们都愿在此时弄些简单少油又清淡爽口的饭食，所以就衍生出伏天吃饺子、面条、烙饼的食俗。

头伏饺子

饺子，已有一千多年的历史了，饺子最初称"馄饨"。三国魏人张揖著的《广雅》一书中就记述一种馄饨食品："今云馄饨，形如偃月，天下之通食也。"近年在吐鲁番一个唐代古墓里出土的木碗中就发现了十多个饺子，其形状跟现在的饺子一模一样。到清代时吃饺子称为煮饽饽，《燕京岁时记》中云："每届初一，无论贫富贵贱，皆以白面做角而食之，谓之煮饽饽。"以上可见老北京人吃饺子历史之悠久。

北京人一年四季都爱吃饺子，在伏天，饺子的品种及用馅也多种多样，有水煮饺子、烫面饺子、油煎饺子、锅贴饺子等。馅有全肉的，有肉拌南瓜、倭瓜或西葫芦的，有一年四季吃不腻的韭菜馅，还有用鲜藕、木耳、鸡蛋、口蘑制成的藕馅饺子。小时候家里还喜欢制作瓜馅的锅贴饺子。锅贴饺子也叫"伏（福）贴"或"贴伏（福）"饺子，"伏"与"福"谐音，有纳福吉祥富贵之意。

60 多年前，那时我家人口多，每到夏天就在小四合院中用砖垒搭个小土锅灶，灶下点燃着劈柴，灶上放着个大铛，母亲在铛上抹层油后，把包好的饺子码满大铛，盖上个盖儿，先用旺火再用微火，只十几分钟就烙熟一锅，将那饺子蘸些醋一吃，那黄焦酥香的锅贴可真香呀！当年在院中帮助擦瓜丝吃锅贴的情景至今记忆犹新。如今高低档的饺子品种多彩多样。头伏之时，如不愿动手自制，还可以去买各种冰饺或去饺子馆吃，当然，那味道是不如咱自家的吃着香爽有味啦。

二伏面

二伏天已是暑天最热之时，老北京的主妇们都爱在此时制作简捷又顺口的面条做主食，所以称"二伏面"。

老北京炸酱面大王　鲁求摄影

古时把面条叫"汤饼"和"馎饦"、"不托"。在张岱写的《夜航船》一书中就有"魏作汤饼，晋作不托"之语，面条就是由汤饼逐渐为面片汤后发展而成。

古时做面汤时，用一只手托着和好的面，另一只手往锅里撕片，形成"片儿汤"，片撕得很薄，就像蝴蝶翅膀似的，所以雅名又叫"蝴蝶面"。这种制汤面方法类似现在的山西刀削面。到了晋代人们才使用上了案板、擀面杖和刀，不再用手托着揪片儿了，所以此时面条也叫"不托"。北宋时期已能制作成长条面，称为"索面"，待到明清时面条的品种花样更多。新中国成立前后已有手抻面、刀切面、机器切面、挂面以及白面玉米面两样面条等多个品种。

伏天吃面条的民俗早在三国时期已有，《魏氏春秋》上云："伏日食汤饼，取巾拭汗，面色皎然。"那么又为什么大热天本来就酷热难耐，还吃让人淌汗的热汤面呢？南朝时有书论述是："六月伏日食汤饼，名为辟恶。"因古时人们认为农历五月是恶月，到了六月就应该辟恶，而"以热制热"法一向是中医养生专家提倡的夏暑养生良方。另外，二伏时正值夏收刚结束，新小麦刚下来，人们素有"尝鲜儿"的习惯，用新小麦做成汤面吃上两碗，淋漓地出一身大汗，既尝鲜又驱瘟疫邪气，这就是二伏吃面的原因吧！

二伏时老北京人不但爱吃过凉水的猪肉炸酱面、小碗干炸面、麻酱面，还喜欢吃配上花椒油、黄瓜丝、小萝卜丝、青豆、青蒜末等菜码儿的锅儿挑的热炸酱面、麻酱面。那时还常吃肉片鸡蛋黄花木耳勾芡的打卤面，还有现在鲜为人知的"荤油腌汤面"和"羊肉氽面"。

二　美食雅趣

所谓荤油即熬制好的猪油，腌汤是将头年腌咸菜剩下的汤加花椒大料经火上熬制而成，此荤油腌汤配些菜码儿拌食，非常滑润好吃爽口，那可是旧时伏天的美食呀。

"羊肉氽面"则源于宋代，元人忽思慧的《饮膳正要》一书中就有用羊肉蘑菇等浇面，以胡椒、盐、醋调汁能补中益气的记述。老北京人多选羊的胸脯、腿腱子肉，加水先炖七八成熟，然后切成丁加入已泡发好的干虾米、口蘑、黄花、黑木耳，与姜片、花椒盐、酱油、料酒、味精等煮熟，用此氽汤浇面再撒上些香菜、胡椒末、醋，食之清香不腻，补气补血，食后出一身汗，周身舒服。

三伏烙饼摊鸡蛋

二伏天时节，老北京人还要吃烙饼摊鸡蛋。每年的三伏，都在立秋以后，气候已比中伏凉了一些，主妇们完全可站在炉前为家人烙饼了。

饼在古时是谷物、面粉制成的食品统称。至唐宋代后，饼才开始成为用面粉制成的圆形面食，出现了多种配料带馅的饼，如千层饼、酥油饼、家常饼及薄饼等。

老北京时街市上到处都有饼铺，以制作千层饼为主，供应平民百姓买食，持家的主妇们一年四季经常要烙制葱花油饼、发面饼、馅合子、脂油渣饼、麻酱糖饼等作为主食。在三伏天时多爱烙脂油饼、大荷叶饼，再煮锅绿

炸油饼

豆粥，摊上几个鸡蛋，买点酱猪头肉，拌个蒜茄泥，拌个凉粉或拨鱼，一家合而食之，是伏天里不错的清爽美味。

老北京三伏天的食俗，虽没大鱼大肉，有些清淡素口，但那是因时宜人的节令食品，很值得传承下去，推而广之。

全聚德

入秋尝秋鲜

人以食为天，老北京四九城里无论穷富人家都一样，穷日子富日子一年四季的吃喝各有各的饮食和讲究。在农历六、七月最闷热的伏天至入秋之时，老北京民间的吃食名目繁多丰富多彩，既有应时令必食之物，又有尝秋鲜之俗。这里仅举一二来追述入秋前后的传统美食。

吃秋

咱四九城的老北京人在入秋后有"吃秋"、"贴秋膘儿"之俗，所谓"吃"、"贴"就是吃或补有营养的饮食之意吧，民间亦有"立秋炖大肉"的俗语。为什么要吃秋呢？这与先民们把夏季称为恶季、夏老虎有关，旧京时环境卫生差，各种疫病丛生，害病后体质瘦弱；又因暑伏时节气候酷热潮湿，人们常出现胸闷不适、四肢无力、出汗较多、精神萎靡、胃纳欠佳等症状，人体日渐消瘦，所谓"一夏无病三分虚"，古人称这些症状为"苦夏"或"疰夏"病。老北京还有"秋季补得好，冬天病不找"的俗语。正因上述的缘故，老北京传承着吃秋进补的习俗。

吃秋，老北京时不同的阶层人们有不同的吃法。一般中下层的百姓人家讲究"吃秋鲜儿"，他们认为吃新粮吃新的蔬果最富于营养。俗语曾有"去暑找黍，白露割谷"之说，入秋后各住户中的主妇们要尝鲜，常去购买新上市的玉米（即玉蜀黍）面、玉米渣、高粱米、新小麦磨成的白面，用这些新粮为老少一家人蒸制出美味的枣窝头、枣馒头、花卷以及玉米渣粥、高粱米饭等花样主食，或者割点肉买点新上市的韭菜、茴香、小白菜制作出馋人的水饺、锅贴饺子、菜团子、糊饼、馅盒子等。家境较好的四合院人家入秋后常烹制红烧肉、红烧鱼、炖牛羊肉、炖鸡鸭等富含蛋白质的肉类佳肴来贴秋膘。而旧京的一些社会名流、文人墨客、演艺界名伶们的吃秋则非常讲究，常携家人或约好友下饭庄饭馆聚餐饮酒，品尝名肴或吃北京风味的烤鸭、烤肉涮肉等名吃。一些人还有手提着全聚德的烤鸭或水果

二 美食雅趣

101

等互馈赠之俗。这些吃秋及送礼之俗曾是旧京街市及四合院一道市井秋景儿。

另外秋季正是山货水果蔬菜丰收之时，在旧京庙市上街市果局里及胡同里都吆喝售卖旧京郊区盛产的核桃、栗子、柿子、苹果、京白梨、山里红，还有平谷的桃、郎家园的枣儿等水果和山货，百姓们常尝鲜并储存起来。如今北京人的生活无限美好，饮食上大肉大鱼常吃，再不缺营养去贴秋膘，人们在进入秋冬后更需多吃些蔬果五谷杂粮平衡膳食，以使人体更加康健益寿延年。

吃江米藕

藕又名莲藕。古人认为莲荷寓有和和美美吉祥平安之意，故古今莲藕都是人们喜爱之食物。明清代尤其在康熙时期及慈禧当政时，曾下旨在积水潭、什刹海、北海御河以及护城河等湖泊河流中种植大面积的荷花，其收获的莲子、藕、荷叶等供皇宫内食用、药用，那九节藕就曾是宫中使用的御用莲藕。流向民间的则烹调制成八宝莲子粥、荷叶粥、江米藕等京味小吃，旧京时荷花市场等地常有出售，而什刹海北岸的会贤堂饭庄的江米藕最著名。就像如今家庭爱制作的塞肉炸藕夹一样，江米藕制作也不难，方法是选较粗壮的藕切掉两头将藕洗净，在藕眼中灌入江米上锅蒸熟即成。旧京胡同里常有商贩身挎着个椭圆形的木箱吆喝着"江米哎——藕"出售，当有人买时，小贩便在案板上将江米藕切成薄片放入碟内，撒上些白糖浇上桂花卤，食者拿竹叉子叉着吃，饶有情趣。也有百姓买回家中或自制，作为饮酒的清凉配菜的。江米藕入口甜、嫩、香，具有清热凉血、散淤止血、健脾开胃等功效。"江米填入藕孔中，所蒸叫卖巷西东，切成片片珠嵌玉，甜烂相宜叟与童"，此诗就是对其极形象的描写。

吃老玉米

老玉米又名玉蜀黍、包谷、包米、玉茭、玉麦，俗称老棒子。相传在八国联军攻打北京城时，慈禧太后慌忙携带光绪帝出四九城向河北、山西逃跑，途中暂住农家院时农家无好吃食招待，只煮些刚收获的老棒子送给慈禧食用。慈禧吃着晶白晶白的棒子粒儿，觉得甜香味美，随口问道："这吃的叫什么呀！"农家说："这是煮老棒子。"慈禧说道："这白白的色儿多像玉石的色呀，就叫老玉米吧！"从此老玉米之称留传至今。

老北京时夏收后很多农家为获得点零用钱，常将新摘下的老玉米挑着挑子进城到庙市及街巷中吆喝出卖，其吆喝为："活秧的老玉米哟！""新的玉米哟，老玉米哟！"老北京人最讲究尝鲜儿啦，玉米富含蛋白质、淀粉、钙等营养素，新鲜的青玉米煮后满庭院飘着清香，那白的似玉，黄的似金，美味扑鼻，那时也有小贩挎篮出售煮熟的老玉米的。我最爱吃老玉米，有时还爱将玉米棒子用根筷子穿好在火炉眼上烤着吃。如今更可用烤箱、微波炉将已煮半熟的老玉米抹上麻油、沙拉、辣椒面烤着吃，其味香甜酥辣，别有风味。旧京每当新玉米面上市，主妇们常用新面蒸窝头、贴饼子、烙韭菜馅糊饼或烹制成美味的玉米面疙瘩汤食用。疙瘩汤的制作方法是将玉米面用温水和好平摊在案板上，压实后切成 1.5 厘米见方的小块儿，然后用柳条编的簸箕摇成圆球儿入水锅，加些蔬菜、虾米皮、酱油、味精、麻油同煮成味美的疙瘩汤。此"汤"极富营养，对心血管病等患者有辅助治疗作用，是平民百姓日常最爱吃的食物。

吃水晶肴肉

在夏末秋初的伏日里，老北京人讲究吃些清凉适口的主副食，如过水面、绿豆粥、拌凉粉、扒糕、煮咸茄、拍黄瓜等，以清湿热祛暑平衡饮食。而那时的饭馆饭庄亦适时推出"水晶肴肉"、"冰碗"等招徕文人雅士等中等以上阶层的食客。有些人家办喜宴、寿宴、堂会时还可以预订，饭馆将制好的水晶肉用木制的圆食盒给您送到家。新中国成立前，八大春之一—— 位于西单的同春园饭庄的水晶肴肉享誉四九城。水晶肴肉的制法是选带皮的五花猪肉（或肘子）洗净切成大块肉条，放入水锅内煮开后，将已有杂质异味的水倒掉换新水加入葱、姜、蒜、大料、口蘑、盐后，再用旺火煮半小时改用文火煨至肉烂，捞出切成两寸长、一寸宽、二三分厚的肉片放入大海碗，倒入原肉汁后入冰箱冷藏。吃时将已凝固的肉和汁扣在盘子里，再撒些胡萝卜、黄瓜丝，看那肉透明，白红绿相间，集香鲜于一菜，肥而不腻，凉鲜爽口。旧京有诗云："风光无限数金焦，更爱京江肉食饶。不腻微酥香味溢，嫣红嫩冻水晶肴。"诗中赞誉的就是这水晶肴肉。

吃羊头肉

老北京人对吃食十分讲究，很注重在什么节令吃什么食物，尤其那些传统的北京风味的名吃。羊肉营养丰富，是最宜于吃秋进补的保健食品，羊头肉、酱羊肉、烧羊肉堪称小吃中的三绝。羊头肉味甘、性热，入脾胃心肾诸经，是温补脾胃肝肾，补血温经，有益于劳损诸症的佳品。

老北京的羊头肉是秋冬季节很多人必食的小吃。《燕都小食品杂咏》云："十月燕京冷朔风，羊头上市味无穷。盐花洒得如飞雪，薄薄切成与纸同。"老北京时卖羊头肉的曾有个行规，即每逢入秋之时，羊头肉必须上市，即使天气还较热，也必须在立秋这天卖上一天，然后可停业静候天凉，否则制作羊头肉的作坊就不再批发给此人啦。因此北京的老住户每到立秋这天都会听到胡同里传来的第一声叫卖："哎哟，羊……头肉呦！"这意味着秋季已经到来。我记得60年前在街巷里常见出售羊头肉的小贩肩挎着个椭圆形的箩筐或木箱，在下午或晚间带着个马灯吆喝着卖羊头肉，羊头肉曾是旧京打麻将牌的人们的夜宵。有人来买时小贩将箩筐上木盖翻转过来就是洁净的案板，用大薄片刀切好后撒上椒盐用纸包上递给您。

老北京的羊头肉有三种：一是白水羊头，加工时不加入任何作料；二是白汤羊头，加工时可加些盐或作料；三是酱羊头，加工时既加盐又加重色。北京人最喜食的是白水羊头肉，而最著名的白水羊头肉是老字号清真马记的白水羊头。马家从清道光年间挑筐沿街叫卖时起创业，传到如今的马国义已经历七代人，近两百年的历史。至新中国成立前，第六代传人马玉昆改推着独轮车到前门外廊坊二条一个酒馆前设摊出售。由于他卖的羊头肉货真价实，童叟无欺，制作精细，味道独特，相传他用的羊头都选两三岁内蒙山羊头，所以那时生意极兴隆，顾客常排着队购买。那时梁实秋、马连良、张君秋、尚小云、谭富英等名人都是常客。

羊头肉的制法是先将羊头洗干净，并给羊头刷牙、洗眼、掏耳、刷脸皮，待都洁净后用清水煮烂出锅控尽汤，冷却后拆头骨、取羊脑、挖眼球，将两脸子及舌头分开，整个制作过程极其精细。出售时随拆随卖，根据食客的口味需求，要哪就给您切哪。那使用的片刀宽大而薄，把要切的羊头部位摆平斜着下刀，片出的肉片薄而透亮，这刀片及切法堪称一绝活儿，常引来不少人观看。售白水羊头肉要自制一种略带茴香味、色青灰有些淡香的五香椒盐，与那清淡的白水羊头肉味极为协调。那盐都要装在一只已挖空的长牛角里，牛角根处要包着块蓝色洁布，在角尖处凿一个小孔，盐自其口出。当给食者切好肉片后，卖者手摇牛角飞撒上五香椒盐，您吃起来肉软嫩耐嚼，味清香扑鼻，真乃中华小吃中一美肴。正像民俗学家金受申先生在《老北京的生活》书中所说的："北京的白水羊头肉为京市一绝，切得奇薄如纸，撒以椒盐屑面，用以咀嚼，掺酒，为无上妙品。"

吃爆肚

老北京四九城里有句俗语："要吃秋，有爆肚。"说的是老北京人除了吃秋贴秋膘要吃大肉大鱼尝秋鲜儿外，还特喜爱吃爆肚。爆肚是北京风味小吃中的名吃，最早在清乾隆年间就已有了，而最盛行于清末民国时期，旧京时街市中的饭馆小吃店及设摊出售爆肚的很多，如在天桥有爆肚石，东安市场有爆肚王，东四有爆肚满，什刹海有爆肚张，大棚栏门框胡同有爆肚杨、爆肚冯，都很著名，仅东安市场里就曾有六七家呢！那著名的老字号爆肚冯最早曾在清光绪年间就开设过名为"金牛隆"的百年老店，人称"爆肚冯"，素以爆肚脆嫩，作料爽口为人称道，其水爆羊肚堪称京城一绝。

爆肚是入水微爆牛羊肚儿的总称，其中爆牛肚有肚仁、原头、百叶、百叶尖四种；爆羊肚有肚仁、散丹、肚领、蘑菇头、肚丝、肚板、食信、蘑菇、葫芦九种。据说这是由于清末时吃爆肚的贝勒爷们喜食肚的不同部位而逐渐形成13种不同品种的爆肚的，如今由于食者多货源有限，您想吃全这13种爆肚恐怕很难满足啦！

吃爆肚有很多讲究呢！爆肚分芫爆、油爆和水爆三种，如今人们喜吃的多为水爆肚。爆肚的肚首先必须新鲜，制作爆肚一般分为选料、洗、择、分割、切、水爆、装盘儿等几个工序，而洗和爆是最关键的，即洗肚子要用清水反复清洗彻底干净，爆肚时火力要旺，当水滚开后肚料入汤仅几秒钟即可熟，时间稍长肚儿就老了根本嚼不烂了。吃爆肚还讲究"先吃香后吃脆"，即先吃难嚼的肚仁咀嚼其香气，后吃那脆百叶之类的各部位，所以旧京专卖爆肚的店摊肚儿上桌都讲究有先有后。那食爆肚所蘸的调料讲究以清爽鲜香为佳，调料里一般包括酱油、醋、芝麻酱、香油、豆腐乳、虾油、辣椒油、香菜末、葱花、蒜汁等。吃爆肚最关键的是水爆出的肚儿吃起来一定要脆嫩，嚼在嘴里有咯吱咯吱声并有清香的口感。"入汤顷刻便微温，作料齐全酒一樽。齿钝未能都嚼烂，囫囵下咽果生吞。"正像《燕都小食品杂咏》中诗咏那样，肚爆的时间一定要恰到火候，否则就很难获得美食的享受。老北京时很多社会名流与戏曲界名伶人士如鲁迅、巴金、丁玲、张中行、梅兰芳、马连良、李万春、小白玉霜、小蘑菇、梁实秋等都爱吃这又脆又鲜香不油不腻的风味小吃爆肚，相传那马连良吃爆肚只顾吃用醋与麻酱两样调配的自创调料。梁实秋先生不但好吃爆肚等小吃，还曾写有《雅舍谈吃》一书，详细论述了爆肚等北京传统小食品的吃法。

咱老北京民间曾流行有"缺什么补什么"和"吃哪儿补哪儿"的说法，因而每逢入秋后盛行用吃爆肚来补脾胃，旧京时不少老少爷们会来上二两二锅头和刚出炉的芝麻烧饼，就着两盘爆肚和一碗羊杂碎汤，嘿，别提有多爽多美啦！我60年前与家父常在大栅栏庆乐戏园子看完京剧，到门框胡同吃爆肚，记得也不是太贵。60多年后又前往什刹海旁的九门小吃店再吃爆肚，虽然两盘肚仁、散丹价格不菲，但足足又感受了入秋吃爆肚的独特享乐事儿，难以忘怀。

砂锅居白肉

开设于北京西四缸瓦市的砂锅居白肉馆，始建于清乾隆六年（公元1741年），至今有近270年的悠久历史。它是北京规模最大的主营砂锅的中华老字号，是老北京著名的"八大楼"饭庄之一，有"名震京都三百载，味压华北白肉香"的美名。

老北京时因食客盈门，到砂锅居吃白肉有"日头才出已去迟"之说，民间也有"砂锅居的幌子 —— 过午不候"的歇后语，这是怎么回事呢？这要从砂锅居白肉馆最初建店时说起。砂锅居地处的西单至平安里一带，自清顺治帝于1644年定都北京后，这一片儿建有礼王府、定王府以及很多官吏名人府第。他们一直延续着萨满教祭神、祭天、祭祖的民俗。乾隆时还曾颁布过《饮定满洲祭神祭天典礼》的规范，依此典在宫廷、王公、贵族及民间满族人中都要坚守"月祭"、"日祭"的制度（民俗）。祭祖时除了向宫府内的神殿、家祠、供奉的神位、始祖像叩拜感恩外，还要向殿外竖立的"神仙杆子"进行祭祖，其规定程序中重要的一项是"省牲"，即在神前宰猪，然后"摆件子"，即分解后入大铁锅内煮熟，将猪的各部位及内脏摆在长案上以祭神祖。祭祖仪式最后宫府内的主人及来友要一起坐在地上分食精选出的一些白煮肉（白煮肉不许加任何调料，吃时可蘸些盐或酱油）。这种祭祀活动，据说与爱新觉罗氏先祖曾被乌鸦庇护救命有关，后世为谢鸦之恩，故献猪肉等食物给鸦雀。相传献肉祭祖也与感谢神鹊衔

神果，孕育出爱新觉罗氏先人有关。所以在祭祖时有程序就是将猪肉切成丁祭神，喂给王府内的鸦雀吃，以示感恩。

祭祖，王府等各府的祭神肉，每天除吃掉一部分外，还剩下大量余肉和下水，就都送给看街的更房里的更夫等人。后来因余肉太多，更夫也吃不了，逐渐从出售换些银两，到自己搭起个棚子，请来个厨师一起经营。最初

砂锅居 鲁求摄影

用一口大砂锅加工制成白肉和下水菜肴，在王府院外出售给附近的平民百姓，那时人们称为"下水棚子"。这就是砂锅居最初的雏形。后来更夫的后代为把白肉做得更有味道，请来曾在御膳房工作过的御厨，与他合作经营，以猪肉、内脏为原料，采用烧、炖、白煮等各种制作方法，做出多种美味菜肴。"下水棚子"因生意日渐兴隆，后来与四牌楼附近的"和顺居"饭馆合并，仍取名"和顺居"，寓和和顺顺之意。但人们常把"砂锅白肉"称为"砂锅居"。

据说因民间流传"白肉一绝"之说，乾隆耳闻后，传砂锅居厨师进宫，膳后留下评语："此乃珍肴，味之一绝！"从此砂锅居名声大震，王公贵族等食者众多，座无虚席。

此时王府等清人府宅已无那么频繁的祭祖活动，砂锅居早已自行购置

京东的鞭猪，每天杀一头猪放入大砂锅，自头天晚上煮到第二天清晨，煮熟再加烹制，因食客在八时开门后即已坐满，白煮肉只半天就卖光了，其盛景空前，故嘉庆年间即传有"缸瓦市中吃白肉，日头才出已去迟"的俗语，每一过中午就把门外的幌子摘下来谢客了。

到清道光年间，杨静在《邵门纪略》中载："砂锅白肉馆的菜肴已有白肉片，烩肝肠，烧下碎，烧下颏……"这说明自乾隆时期开业以来至新中国成立前后，砂锅居的厨师们都能因材施料，逐渐创研出多种佳肴，除白煮肉系列外，他们还将猪下水制出"炸鹿尾"、"烧子盖"、"拌双皮"、"九转肥肠"等特色菜肴。新中国成立后，砂锅居更推出用小砂锅加工出"砂锅三白"、"砂锅下水"、"砂锅吊子"、"砂锅狮子头"，以及鸡、鱼、虾、蟹、参、翅、贝类等的砂锅系列美味佳肴，其选用的食料，肉瘦而不柴，肥而不腻，汤纯且味厚，深受北京内外的顾客欢迎。据说那"砂锅狮子头"还是挖掘"国宴狮子头"经改进加入特制调料而制成的呢。

1964年，周恩来总理、陈毅副总理还亲自去过砂锅居品尝砂锅菜肴呢。如今，饭庄多次翻建，环境优雅，桌椅、器皿及菜肴品种极具古都文化特色和王府的宫廷风格，格调雅致。那口径1.02米、高0.76米、重218公斤的大砂锅实物幌子，日夜门前迎候食客，您再不用担心"砂锅居的幌子——过午不候"啦！

天福号酱肉

老北京五行八作行业众多，除北京本地人做各种生意外，外地人也来京经商，各地区的人经营着不同的行业。

那时的屠宰业及所开的肉铺，多是由山东掖县人来操作经营。有个叫刘凤翔的，在清乾隆三年（1738年）在西单牌楼东北角开了个酱肉铺，经营酱肘子、酱肉和酱肚等熟肉制品，开始时因店堂窄小，又无名无号，生意一直不景气。有一天刘凤翔到集市去进货，偶见到旧货摊上有一块旧匾上书"天福号"，三个颜体字楷书笔锋苍劲有力。刘凤翔认为这匾上的"天福"两字有上天赐福之意，正好用做自己店铺的店名来招揽买卖。于是他买回来稍加修整装饰，就悬挂在小店的门楣上了。小店命名后天福果然降临，店面引来一些文人雅士前来驻足品评并选购熟肉，从此生意日渐兴隆，买熟肉者日渐增多。

光绪年间，刘凤翔后人制作出售的酱肉工艺及风味已更高一筹。有一个住旧刑部街的朝廷官员常采买天福号的酱肘子肉，有一天这个官儿让天福号精心加工制作几个酱肘子，说是西太后慈禧要品尝。第二天几个太监把酱好的肘子拿进宫，那又酥又软的肘子不腻口，不塞牙，色味俱佳，慈禧吃后

慈禧太后

夸奖说："好吃好吃。"慈禧还特赐给"天福号"一块腰牌，让"天福号"每天按时定量给宫中送酱肘了等酱肉制品。后来状元陆某曾为"天福号"写过"四海驰名"的横匾，户部尚书、光绪帝的老师翁同龢也曾为其写过"天福号"店牌匾，从此"天福号"酱肉在京城内外更加驰名。

不但朝廷内帝后们爱吃，一些京城名人和名伶也非常喜爱吃"天福号"的酱肉制品。末代皇帝溥仪在他写的《我的前半生》一书中就叙述他爱吃"天福号"的酱肘子，溥仪虽喜吃西餐，但餐桌上必有酱肘子这道菜。他被特赦回京后的第二天，就骑自行车去"天福号"酱肉店买酱肘子吃。京剧艺术大师梅兰芳和叶盛兰、袁世海等名伶也经常去购买"天福号"的酱肉、酱鸡等肉制品。著名书法家舒适曾送给"天福号"一副楹联，上联"天厨配佳肴熟肉异香扑鼻过客闻香下马"；下联是："福案调珍馐酱肘殊味袭人宾朋知味停车"。这副嵌进"天福"字号的楹联，极好地赞美了京城美食老字号"天福号"的酱肉。

"天福号"酱肉铺如今与时俱进，诚信经营，从货源到产品更加制作

二
美食雅趣

109

卤煮火烧

精良，酱肉制品肉烂味香，肥而不腻，瘦而不柴，色泽靓丽，早已成为京城百姓的节令及平时必买的传统美食。

粥铺 烧饼 油炸鬼

老北京的早点摊过去叫"粥铺"、"烧饼铺"。最初的粥铺以经营烧饼、油炸鬼为主。只要走进粥铺，买一套烧饼、油炸鬼，粥铺老板就给免费盛上一碗甜浆粥，或粳米粥。所谓甜浆粥，就是粥铺的小伙计每天早上三四点钟用小石磨将泡好的粳米细细地磨成稀浆，然后加水、碱面煮熟。这种粥虽是一粒米也见不到，且近似于清汤，却清香可口，米香四溢，很受吃者喜爱。粳米粥显然就是小伙计偷懒的结果了。这种粥铺一般都不大，除在屋里烙烧饼、炸油鬼外，另外再有几张八仙桌，供人坐下吃早点，最晚九点多钟就都卖完啦！老北京有句歇后语：粥铺的买卖——就热闹一早儿，说的就是老北京那时的情景。

新中国成立后，早点铺逐渐改用豆浆代替了甜浆粥。待1956年前后，公私合营，各早点铺合并成了国营或集体的小吃店，那清香的甜浆粥更是见不到了！上世纪80年代后北京重现早点摊，出现了豆浆以及豆粥、肉粥、八宝粥等早点，但我从没见过再送或卖甜浆粥的了。我曾经好奇地问过老板们，岁数小的不知道什么是甜浆粥，岁数大些的听长辈说起过，但都称太麻烦，也就不愿做了。

烧饼的历史悠久，最早在东汉时就有了。它最早时称"胡饼"，因从西域、甘肃一带传来而得名。制作者多为清真回民，也因西域人将芝麻称为"胡麻"、"脂麻"，传到北京后逐渐更名为"芝麻烧饼"。除芝麻烧饼外，老北京还有马蹄烧饼、吊炉烧饼、肉末烧饼、馅烧饼、糖烧饼等多种。老北京时，制作烧饼也曾有专营的小店铺，几乎老北京满街都是烧饼铺。笔者曾经居住的花儿市羊市口一条短短的小街里，就开设有五六家烧饼铺或早点铺，走在街头时时可听到从面案上敲出的响亮花点。这种花点也称"花仗"，花仗声是一种五至七声的节奏点，有广告和吆喝的作用，细听起来，各个铺面的花点均不太一样，有地域和师传的区别。据家中的长辈讲，常吃烧饼的主顾从花点上，就可以听出烧饼师傅家乡在哪或师承哪派。那时的烧饼是在建有"马道"的炉灶上烙制成的，即在饼铛上烙制七八成熟后，放入炉灶围墙的凹进的"马道"上去烘烤，这样烤熟的烧饼香酥可口。刚出炉的热烘烘的烧饼，咬一口满嘴酥脆，非常好吃。现在北京虽到处都能买到各式各样的烧饼，有的还打着老北京某某烧饼的幌子，但实际上早没有那老北京的味儿啦！

制作马蹄烧饼用的是一个长方形的砖砌吊炉，下面是煤火，上面正面开有洞口，炉顶上带有几个马蹄凹圆形的印模子。烙制烧饼时，将已在案板上弄好的半发面的小饼粘上些芝麻，再刷一层油和糖水往炉顶上的模子里一贴，小饼即成马蹄儿形。烤熟后，外焦而中间空，掰开正好夹进去一个油炸鬼，吃起来香酥甜美，十分可口。老北京有句俗语："东一伙子，西一伙子，早点就吃马蹄烧饼夹果子。"

肉末烧饼则是仿膳饭庄的一味点心，原是清宫御膳食品。传说在清宫里慈禧太后有一天夜里梦见吃烧饼，次日早膳时正好有肉末烧饼，因为圆了她的梦，慈禧高兴地赏给御厨尾翎和银子，肉末烧饼从此出了名。新中国成立后，周总理曾品尝过肉末烧饼，在他的建议下，肉末中再加入了玉兰片或南荠后变得更加爽口。肉末烧饼是把肉末夹在空心的小烧饼内食用，吃起来外面酥脆里面嫩香，中外宾客食后都赞不绝口。那馅烧饼则是老北京回民小吃店常制售的食物，其薄薄的面皮儿里包着用糖桂花和红小豆等糗成的馅儿，烧饼外面四周均粘有芝麻。两面的正中还盖有一个红色的方印儿，既好吃又好看。

油炸鬼，老北京时人们出于对奸贼秦桧陷害岳飞的愤恨，曾把"油炸鬼"念成"油炸桧"，至今仍有此叫法。老北京的油炸鬼，据齐如山的《北京土话》中"油炸果"词解："果俗读成鬼，北方古音也。"所以粥铺里的烧饼、油炸鬼一套也称"烧饼果子"。油炸鬼，类似于油条，实际上又有不同。徐世荣的《北京土语辞典》谈其形状为："类似油条白面制

二 美食雅趣

卖豆汁

成长圈形，两股重叠，滚油炸到酥脆……"这种椭圆形的果子，新中国成立前粥铺里常制售，我少年时常吃这种果子。现在的早点摊上的油条，大约是在新中国成立前后由天津传入京城的，老北京并不认可，因其粗，戏称之"杠子"。

豆汁儿·焦圈儿

豆汁儿是北京传统小吃中的一绝。相传在清乾隆十八年（1753年）时豆汁儿进皇宫成了御食。民间制作的作坊及豆汁儿摊众多，是旧京极大众化的小吃。名伶梅兰芳抗日时期蓄须闲居在上海时，还让爱徒从北京用大玻璃瓶装满豆汁儿带到他上海家中饮用。梁实秋先生曾在《雅舍谈吃》中说过：豆汁儿之妙，一在酸，酸中带馊腐的怪味；二在烫，只能吸溜着喝，越烫越喝，最后是一身大汗。豆汁儿虽然味道令一些人接受不了，但它很受欢迎，一个重要的原因就是其解暑的功能。

老北京的豆汁儿一般分两种，一种加入了绿豆粉或米粒调匀的稠汁叫豆汁粥，另一种较稀的称豆汁儿。豆汁儿是用绿豆发酵加工制成，绿豆有清热消暑、解毒祛痛、利尿除湿的功效，老北京人把豆汁儿称为"暑汁儿"。豆汁儿的精妙在于酸、甜、馊三味杂合，口感滑爽，不黏不糊。喝时再配着浇上辣椒油的咸菜丝儿和焦黄酥脆的焦圈儿，那可正应了五味俱全之妙啦！老舍先生就说过：不能喝豆汁的人不是北京人。

我上世纪五六十年代亲眼见过暑天在豆汁摊喝豆汁喝得汗流浃背的情景。我曾住在崇外花儿市附近，为喝那爱喝的豆汁儿，追着锦芳小吃店从崇外大街到磁器口；最近又追到天坛北门对过儿的老磁器口豆汁店，那两碗豆汁粥下肚，顿觉粥香味美胃肠通畅一身暑气全消。豆汁儿真是"埋伏"的好饮品！

粥铺、豆汁店、小吃铺里还有卖"焦圈儿"的。"焦圈儿"最早从皇宫内传出。《北京土语辞典》中云："作环状，大小如镪，特别酥脆。"宋朝苏东坡曾有一首赞美"焦圈儿"的诗："纤手搓成玉数寻，碧油煎出嫩黄深。夜来春睡无轻重，压扁佳人缠臂金。"老北京最有名的是兴盛馆的邹殿元炸的焦圈儿。邹殿元的师傅孙德山是清宫御膳房专做焦圈儿的厨师，后来又有百年老号顺德斋"焦圈（儿）俊王"的相传，精心制作的又酥又脆的焦圈儿，很受百姓的欢迎和赞誉。"焦圈（儿）俊王"指老北京食客对光绪年间德顺斋第一代王国瑞的美称，因其长相白净俊美，故有此美称（现在王家的手艺已经传到第五代）。烧饼、油炸鬼、豆汁儿、焦圈儿是老北京人清晨的美食之一，如果吃上了瘾或者只认可某个店铺或某位师傅的手艺，可以吃上一辈子而不腻口。

糖葫芦儿

糖葫芦儿是老北京的一种风味食品，咱北京称冰糖葫芦儿，天津卫叫糖墩儿，南方各地则叫糖球儿。

糖葫芦儿据说与南宋的皇帝赵惇有关。相传当年其宠妃患病，久治不愈，无奈张榜求医。有个江湖郎中揭榜进宫："只要用冰糖与红果煎熬，每顿饭前服食五至十枚，不出半个月准能见好。"按此法服食后，果然痊愈了。后来这种服食法传到民间，老百姓把蘸了糖的红果用竹签扎起来吃，逐渐又将大小两个果儿串在一起，大个儿的在下面，小个儿的在上面，很像个葫芦，又因葫芦跟福禄两字谐音，有吉祥寓意，因而被称为"糖葫芦儿"。

北京的冰糖葫芦最盛行于民国时期。最早制售糖葫芦的要数"不老泉"、"九龙斋"、

卖糖葫芦挑

"信远斋"等出售蜜果的几个老字号店铺。清代文人纪晓岚对"不老泉"制作的糖葫芦儿非常欣赏，曾写有"浮沉宦海如鸥鸟，生死书从不老泉"的诗句，自嘲自己的学问赶不上"不老泉"糖葫芦儿制作的精美。

原址在前门大街和东琉璃厂的"九龙斋"和"信远斋"，除制作的酸梅汤名扬京城内外，其最早售卖的一颗颗单个儿红果海棠的糖球儿，也极受百姓们的青睐。民国时最有名的，还要数东安市场南门的"隆记"食品店制售的冰糖葫芦。那新蘸出来的葫芦上，金黄晶亮的冰糖粘在红果、山药、山药豆、葡萄、海棠、橘子、荸荠上，一串串制作精美，在亮着灯光的玻璃罩内，流光溢彩，引人垂涎。

旧京时不同地区糖葫芦儿粗细档次和销售方式各不相同，有好几种类型，在食品店、公园的茶点部或影剧戏院里的，那糖葫芦儿常摆在玻璃罩的白瓷盘里销售，其制作精致，品种众多，有山里红、白海棠、荸荠、山药、橘子以及加入豆沙、瓜子仁、芝麻馅的各种糖葫芦儿。还有一种糖葫芦儿，是挑着担子或挎着木提盒、竹篮走街串巷吆喝卖的："咳，冰糖葫芦哟，新蘸的。"出售的小贩，挑子的一头是木盘上支着竹片弯成的半圆形架子，上面有许多小孔插着糖葫芦儿，另一头是可当场制作用的火炉、铁锅、案板、刀铲及糖、红果、山药等工具和原料。因旧京黄土街道上无风三尺土，为防风沙，那挎篮提盒的小贩，常用白色洁布盖在糖葫芦儿上以防尘土。这类的糖葫芦儿，品种不多，价钱适中，也很受四合院里的老少们欢迎。

旧时有些商贩还带有抽签的赌具，笔者曾亲见过小贩在宅门门道或商铺里，用签筒子抽签，与好赌的买主玩"牌九"赌糖葫芦儿，碰上会赌的买主，花极少的钱能吃上十几串葫芦。不会赌的，则小贩赚足了钱，最后会送一串糖葫芦儿给买主解解馋，皆大欢喜。

另有一种糖葫芦儿，就是厂甸等庙会上孩童们高举着那种四五尺长、用荆条串起的大串红糖葫芦儿。那山里红上抹的是俗称糖稀的白色麦芽糖，最顶端还插个小彩旗，这种葫芦曾是旧京庙会的一道民俗风景。

冰糖葫芦是老北京从秋天到春天甚至是寒冷的严冬里随时可买到的食品。《燕京岁时记》里记有冰糖葫芦"甜脆而凉，冬夜食之，颇能去煤炭之气"。旧京宅门四合院常在隆冬时或买或自制红果、山药豆等料的糖葫芦，放在庭院里冻着，随吃随取。"都说那冰糖葫芦儿酸，酸里面它裹着甜……"正像那首《冰糖葫芦》歌唱的，冰糖葫芦是人们喜爱的风味小吃，那前门大街的大红糖葫芦灯饰，不正是代表着北京城的一个美好的符号吗？

牛筋儿豌豆　芸豆饼　煎灌肠

老北京城里一年四季胡同里出售各种食品的商贩吆喝的货声不绝于耳，那些曾被称为"零嘴儿"的小食品最受孩童的欢迎。牛筋儿豌豆和芸豆饼就是我在 60 年前少儿时期最爱吃的零嘴儿。小商贩常趸来豌豆、芸豆煮熟，身挎着木盆或竹筐串胡同吆喝着"赛牛筋儿咧——豌豆"、"大芸豆哟——五香的芸豆"售卖。

牛筋儿豌豆

豌豆，旧京时有白豌豆、紫豌豆、绿豌豆等几种。豌豆性温，食用可补中、暖腹、温脐，用豌豆熬制成豌豆黄或粥曾是老北京的传统风味小吃。牛筋儿豌豆是用较大粒的白豌豆制成，其制法是先把选挑好的豌豆洗净后用温水稍加浸泡，然后下锅加花椒、大料、桂皮、茴香、豆蔻、盐，用文火焖煮熟后，控水盛出，放在阳光下晾干，至豌豆表皮起皱。因吃起来特别筋道，故有牛筋儿豌豆之美名。旧京时的孩童们将豆儿一个一个抛入嘴里嚼，香咸适口，越嚼越香，曾是旧京时孩童们的最佳零食儿。郊区农家也常将制好的牛筋儿豌豆当做咸菜供一年食用。

芸豆饼

芸豆是产量极高的一种豆类。清宫内慈禧爱吃的"芸豆卷"是用白芸豆制成的京味小吃。芸豆饼则是旧京时极便宜的大众化食品。追忆儿时，我常跟母亲索要几分钱跑出庭院大门去买大红芸豆吃。所谓芸豆饼即是将买的五香芸豆放入一块洁布中，再加少许的花椒、盐或白糖包好，挤揉摁压成似烧饼大小的饼儿或圆球，手举着咬吃。芸豆饼儿面嫩香鲜甜咸别具风味，最宜孩童及老人们食用。"芸豆新蒸贮满篮，白红两色任咸甘。软柔最适老幼口，牙齿无劳姿饱啖。"《故都食物百咏》里赞颂过这旧京的芸豆饼风味食品。

煎灌肠

油煎灌肠是咱老北京的风味小吃之一。灌肠，自明朝起就在民间流传，在《故都食物百咏》一书中提到煎灌肠："猪肠红粉一时煎，辣蒜咸盐说美鲜。已腐油腥同腊味，屠门大嚼亦堪怜。"《北平旅行指南》中说："粉灌猪肠要炸焦，铲铛筷碟一肩挑，特殊风味儿童买，穿过斜阳巷几条。"

灌肠，老北京时在小吃店和各大庙会以及街头小巷常有售卖，煎灌肠的店铺以长安街的聚仙居和后门桥的复兴居与合义斋的为最好，最受食者称赞。小商贩则推着小车或肩挑走街串巷，一声声"灌肠……"和铁铲敲铛的声浪与蒜肠味香飘向四方，引你不得不坐下来品尝。那时的灌肠分两种，一种为大灌肠，用猪肥肠洗净，以白面粉、红曲水、丁香、豆蔻等十多种原料调料配制成糊，灌入肠内后蒸熟。另一种叫小灌肠，用淀粉加红曲水和豆腐渣调成稠糊后蒸熟。制作灌肠讲究刀工，将灌肠削成小片要薄厚均匀，用猪油在大铁铛上煎焦，食者买多少给盛多少，一般分大、小盘，大盘五分钱，小碟二三分钱，灌肠盛入碟内，浇上盐水、蒜汁，用竹签扎着吃，我少年时就常在花儿市、蟠桃宫等庙会上购食，灌肠外焦里嫩，很有特色。老北京的灌肠店和小摊在上世纪 50 年代时已消失，但欣慰的是灌肠这种美味小吃没有失传，80 年代后在小吃街、小吃店、夜市和庙会上均可品尝到，现在一些超市上还可买到整根的灌肠成品，买回家自己油煎则别具一番风味，不过现在的灌肠只是用淀粉加上红曲制成，滋味与老北京时真正灌肠味已不一样啦！但物美价廉的灌肠仍是大人孩子们所喜爱的小吃。

四合院里的童年游戏

老北京的胡同纵横 3000 多条，老北京的四合院更有几万座。四合院里住过达官贵人，皇亲国戚，但更多的是住着普普通通的平民老百姓。百姓们在岁月中为生存而忙碌，也过着普普通通的吃喝玩乐的日子。你可知道在这些深宅大院或大杂院里，大人孩子们玩什么？用什么来休闲娱乐、消磨时光？男人们休闲时喜爱遛鸟、养金鱼、弈棋、听京戏、逛庙会、逛天桥看杂耍等，女人们老太太们则喜欢绣花、搓麻将、斗雀儿牌等，那么那时的孩子们是怎么玩乐呢？那时不是"电子时代"，孩子们没有电脑、电视机、手机，不能上网玩游戏、泡网吧，但那时孩子们的童年也

踢毽子

都过得非常快乐，多年流传下来的游戏花样繁锦，丰富多彩。诸如男孩们爱玩的打仗、骑竹马、爬树捕鸟捉蝉、满院子里找蛐蛐、弹玻璃球、拍三角、抖空竹、放风筝等；女孩们则爱玩翻绳、跳绳、踢毽子、跳房子、跳皮筋、拽包、抓拐等，在这些游戏中孩子们培养了感情，灵活了头脑，更主要的是在户外活动中增强了体质。我在北京生活了70多年，所见所闻所玩的四合院里的传统游戏很适合如今的少儿们学玩，希望如今的孩子们少玩网络游戏走出房间，走向阳光、大自然，多参加有益健康成长的集体游戏活动，更多地享受童年的幸福和快乐。

拽包

拽包需先找一块三四米长、两米多宽的空场地，在约两米宽的外侧各画一条白线，再缝制一个两寸见方的布包，布包里放些沙土或绿豆，但不可放太硬的石块，以免伤人。

此游戏可3～4人参加。三人玩法是在两条线外各站一人负责拿包砍，中间站一人面对手中拿包的人，游戏开始后，拿包的人把包拽向中间人的身上，又要不让她接住包，只要砍中三次，中间的人没接住包，她就输了，就要"下台"，换那个砍包的人上场。如果被砍的人接住砍过来的包，那

么每接住一次就是得一分，可减去被砍中的一次。四人玩法是分成两人一组，线中间站两人，砍法规则相同，两人都被砍下为输，"下台"，由另一组人上场做被砍包人。

这个游戏不仅能使孩子健身，而且也是智力的角逐，因为负责砍包的人，要想方设法把包砍在中间人难以接到的部位，站在中间的人要想方设法灵活转身躲包，随时下蹲蹦跳，一方面以防砍中，一方面还想接包。此游戏既让孩子在户外锻炼了身体，又加深了小伙伴间的情感，并从中获得极大的乐趣。

跳皮筋

跳皮筋，也叫跳猴皮筋。是女孩们最喜欢玩的游戏之一，约流行在上世纪的五十至七十年代。此游戏只需准备一副长皮筋即可，皮筋来源于胶皮或废自行车内胎铰成细长条，亦可用一些小皮筋圈（当时多取自牛奶瓶上束瓶口的皮筋）连接一起即成。

可3～5人一起玩，亦可分两组比赛，边跳边唱非常有趣。先由俩人各拿一端把皮筋抻长，其他人轮流跳，按规定动作，完成者为胜，中途跳错或没钩好皮筋时，就换另一人跳。跳法是皮筋高度从脚踝处开始到膝盖，到腰到胸到肩头，再到耳朵、头顶，然后举高"小举"、"大举"，难度越来越大，跳者用脚（不许用手）去钩皮筋，边舞边唱着自编的歌谣。记得那时女孩们常唱的歌谣有"江姐江姐好江姐，你为革命洒热血，叛徒叛徒甫志高，你是一个大草包。""学习李向阳，坚决不投降，敌人来抓我，我就跳高墙，高墙不顶用，我就钻地洞，地洞射出枪子儿，炸死小日本儿。""一朵红花红又红，刘胡兰姐姐是英雄，从小是个苦孩子，长大当了女英雄"等。

这个边歌边舞的跳皮筋游戏，既在游乐中增强了孩子们的体质，又通过自编自唱的歌，让孩子们从中学习了英雄先烈们的崇高品质与革命思想，在德智体全面发展中健康成长。

抓羊拐

抓羊拐也是女孩们非常爱玩的游戏。所谓"拐"就是羊后腿踝骨的俗称，是表面较光滑又不规则的六面体，其中四面凹凸不平且能立起，一般要准备四个羊拐，孩子们把它们洗净并染上红或绿的颜色。另外，还要缝制一个一寸多见方的布包，里面装入绿豆或小石子。

参赛人一般是 2～4 人，常在四合院屋檐下的台阶上或小饭桌上进行。那时有多种玩法，平常的一种玩法是，先将四个羊拐抓在手里，一转手腕将拐撒在地上，并同时抓起布包，然后在每抛起一次布包时，要顺序把拐扶正或按倒，并要接着布包不能落地，最后要一次把羊拐抓起，并接住布包即为赢。如果有一次没接着布包或没按规则顺序扶好拐，就为输，由另一人接着玩，轮流进行直到赛出结果和名次。

这个游戏使孩子们全身心投入，不仅锤炼了头脑的应变能力，也使孩子的手腕灵活多巧。抓羊拐曾风靡京城，让女孩们无比欢乐，在陶冶情趣中成长。

抽陀螺

抽陀螺的游戏历史久远，据《帝京景物略》一书记载，此游戏从明代就已流行。陀螺是一种木头旋出的，像个漏斗上圆下尖样的一个锥形体，在尖头上安有一个小钢珠。为了转起来好看，亦可在陀螺上画几圈环形色彩，转起来就非常好看。另外还需制作一个鞭子，用约二尺长的一小木棍，在棍的一头系上一根绳或细皮条、布条即可。

玩时先将鞭绳在陀螺上绕几下，然后用劲把陀螺放在较平的场地上，让钢珠着地旋转，玩者应用鞭子抽打，使其不停地旋转。有些玩技好的孩子，可一人同时抽打 2～3 个陀螺，亦可 2～3 人同时各抽陀螺，比谁的陀螺转的时间长，最长者为胜利者。

抽陀螺游戏是一项盛行于上世纪 40 年代的男孩游戏，当时老北京的孩子把抽陀螺叫做"抽汉奸"，因那时日本人侵占了北京城，不少汉奸助纣为虐，他们跟日本鬼子一样招人恨，老百姓就借抽陀螺出气儿，一边抽一边说："抽汉奸，打汉奸，打败日本，打汉奸。""抽汉奸，打汉奸，棒子面涨一千。"以解心头之愤恨。抽陀螺是一项很适合少儿们的室外游戏，很值得推广。

撞拐

撞拐是一项非常有趣的游戏，男女少年均可参加"战斗"。只需选一块平整的场地，并在地面上用粉笔画出几个一米左右的圆圈作为"阵地"即可。

此游戏可用一对一或组对组的比赛。一对一两人玩法是在地上的两个圈内各站一人，每人要一手抓住自己的一只脚的脚腕，将这条腿盘起来，只留另一条腿着地跳跃行走。游戏开始，由一人出圈"攻击"，一人守"阵地"，出击者蹦到对方圆圈边，两个人互用膝盖撞击对方，但不可用手去推拉，当被撞出圈（阵地）或另一条腿着地时，即为战败，如出击者被守阵地者撞下另一条腿，出击者即为失败，然后再轮流当出击者或守阵地者。如果多人分两组玩时，则以最后仍坚守阵地没被撞出圈，而出击者均被击败为胜者。

此游戏双方都要机智、敏捷、沉稳、勇敢，这是决胜的关键。这个撞拐游戏在一片欢笑中锻炼了孩子们的身体、信心和毅力。

邀人过河

至今我记忆犹新的还有个"邀人过河"游戏。这个游戏还配有动听的曲调，边唱边玩，非常有情趣。

参加游戏的人均分成两队，每个队以 4～6 人为宜，多些亦可。先用粉笔在平整的场地上画两条直线，两线间留约一米宽作为界线，亦称"河"。游戏开始时两队的人都对脸站在两条线后，先由任意一队的人拉起手，边挥动手臂边前后走动，同时齐唱道："我们邀请一个人呀！我们邀请一个人呀！"另一队的人拉着手，边舞手脚紧跟着问道："你们邀请什么人呀？你们邀请什么人呀？"（曲谱同）那一队就唱道："我们邀请×××（一对方队员姓名）呀！我们邀请×××呀？"被邀的队又唱道："什么人来同他赛呀！什么人来同他赛呀？"邀请的队答唱："×××（本队的一队员名）来同他赛呀！×××来同他赛呀！"唱毕两队参赛的人出列各站在自己一方线后边缘，腿脚不能过线，俩人友好握手后，相互用一只手使劲拉，不许用两只手拉，两队其他队员则高喊"×××加油，加油"为自己的队员鼓劲。能把对方拉出对方白线外过"河"，拉到自己队线内者即为胜。然后另一队为邀人方，按同样规则边歌边舞，往返互邀直到一个队把另一队队员全部拉过"河"时即为胜利者。

玩此游戏的窍门是，邀人一方要选力气大些年岁大些有技巧的"大腕"，选被邀的人则挑该队中臂力小年岁小些体弱的。此游戏很适合在中小学生中进行，既欢乐有趣，又锻炼了孩子们的臂力、毅力和勇气。

滚铁环

　　滚铁环是一项盛行于上世纪四五十年代的，男孩们爱玩的游戏。铁环是个直径约一尺多的铁圈，其厚约一厘米，另有一个一尺多长的铁钩。

　　可选一平整的场地，玩者手握铁钩钩住铁环，从场地一头边跑边推，让铁环不倒并不断向前滚动，一直滚向场地的终点。滚铁环亦可二三人一起进行比赛，谁中途不倒又快速到终点者为胜。

　　推滚铁环时需要一定的技巧，在跑动中同时要掌握好手的推力的平衡。玩此游戏可使孩子们锻炼毅力和手臂的力量，是一项很适合少儿们的健身运动。

选冠军

　　选冠军游戏老北京时又称选"总统"、选"领袖"，是上世纪四五十年代孩子们在胡同里或上体育课时爱玩的游戏。玩具只要准备一个排球或大皮球即可，记得笔者少年时就有一个胶皮气球，常同邻居的小伙伴一起玩这个游戏。

　　参加人数不限，先分成两组，一个组的人在外面站成一个大圆圈，另一组的人散站在圈内。游戏开始后由外圈的孩子轮流用球向内抛扔，每击中一个内圈的人，被击中者即退出圈外，经往返多次最后没被击中的那个人即为"冠军"。然后外圈与内圈两组的人交换场地，再重新进行。

　　这个游戏使孩子们在跳动中锻炼了身体，为躲闪击来的球头脑需灵活机智，是一项非常有益身心的室外游戏。

古城墙旁的忆旧

　　古老的北京是辽、金、元、明、清五朝的古都，那古老的城墙就是咱北京最大的文物古迹。说起老北京的城墙，至今我还留恋着它，因为我的家就住在古城墙附近，是古城墙伴我长大的。明城墙的内城是在 700 多年前忽必烈建的元大都城基础上修建的。历经明、清、民国时代，直至新中国成立后，1965 年时城墙及一些城楼逐渐拆除，但因有部分房屋临城墙而建，致使崇文门到东便门有一段古城墙未拆，就在这段残墙基础上 2002 年北京市修建成一座"明城墙遗址公园"。

古城墙　鲁求摄影

当我又一次漫步在明城墙遗址公园时，看这里参天古树，青青碧草，艳丽的百花与古朴沧桑的古城墙交相辉映，望着眼前的城墙，我感慨万分，古城墙边几十年前的往事、所见所闻一幕幕涌满我的心怀。

忆往昔，我从小就生活在古城墙南侧护城河边的一条古老的胡同里，那段古城墙就是从崇文门城楼到东便门角楼那一段，少年时经常攀登残破的城墙，登上城楼捕鸟嬉戏，也常随家兄在护城河旁的芦苇水塘里打野鸭，捕捉田鸡、蜻蜓和蚂蚱。那段城墙和护城河中间曾铺有铁道线和一个东便门车站，铁道向西通过崇文门到达前门火车站，东连京奉线、京通（通州）线，蒸汽机的火车头不停地鸣叫，拉着车厢每日不断奔驰往返，崇文门的道口经常因火车通过而堵塞。这里的东便门车站每天都有很多上下车的旅客渡过护城河上的便桥进出车站，几个站警嚷着，拿着皮鞭抽打着进站的人群，纷纷攘攘非常混乱。这段城墙的东头有个东便门和东南角楼，这儿曾是清军与八国联军激战的地方，因德国公使克林德在前往总理衙门的途中被义和团杀害，在京的外国人为避难全部逃入英国公使馆，后又被清军和义和团包围，从而自天津引来八国联军前来解围，清将领也在朝阳门、东直门、东便门、广渠门一线布置兵力顽强抵抗。狡猾的俄军看到东便门附近清军兵力较弱，就向东便门发起猛烈攻击，打开缺口攻占了东南角楼，八国联军攻进了老北京城。

东南角楼的西侧一个高土坡，还曾是旧北京五大庙会之一——蟠桃宫庙会的所在地。蟠桃宫也叫"护国太平蟠桃宫"，是北京有名的道教庙宇，始建于明代，庙不算大，有两层大殿，这里供奉着西王母娘娘和牛姥娘娘等塑像，每年的阴历三月初一到初五那几天举办庙会时特别热闹，因为三月初三是王母娘娘的生日。老百姓从四面八方来，有些人是自崇文门或东便门沿护城河边骑着小毛驴或坐着轿车来赶庙会，焚香祝寿，拜求早日得子孙娃娃，真是香客游人如织、香烟缭绕满庙宇。庙会期间护城河旁有很多卖各种小吃如豌豆黄、灌肠的，有卖杂品的摊位，马戏棚、杂耍、拉洋片、套圈等游乐活动也一应俱全，使那段城墙脚下护城河边热闹非凡，好一幅"清明上河图"的景象，我至今记忆犹新。

那段古城墙的北侧曾是汇文中学，慕贞女子中学和汇文小学的所在地。古城边，芳草地，新中国成立前后几年我和我的姐姐、妹妹就曾在中学里就读。我就读的汇文中学建于1871年，当时基督教美以美会在崇文门内设立了教堂，并附设了一所"蒙学馆"，这即是汇文中学的前身。该校的校长是高凤山博士，学校在高校长执教的26年中，形成了爱国、民主、严谨、重才的办学思想，培育出很多栋梁之才。少年的我，上学有时沿着南墙脚下的铁轨枕木边走向崇文门城门，再向东拐进船板胡同走进汇文中学，有时踏着残破的古墙砖拾级而上，在城墙上边走边嬉玩而走向北侧的校门。汇文中学古树参天环境幽美，有很优良的教学设施、师资、教学楼、

崇文门城楼

体育馆、操场和宿舍楼，还有一个很古老的大铁钟，每当撞响，钟声嘹亮、声传四方。我们在"当、当、当……"的钟鸣声中上下课；在长鸣钟声中，我们曾参加"反饥饿，要自由，要民主"的集会游行；在长鸣钟声中，我们列队走出校门去参加抗议美军强暴中国女学生沈崇的正义游行；在"当、当、当……"的钟声中，我们迎来古都北京的解放，列队从古城墙旁走过，集体去天安门参加建国庆典。后来汇文中学为修建新北京站的需要而迁至崇文区的培新街，这里成了文明古都的大门。慕贞女中建于1872年，虽与汇文中学仅一墙之隔，但新中国成立前后那段时期，学生之间却不能随便往来，男女学生间还是禁区。我只记得两校曾合建过一个合唱团，我报名参加，由音乐老师教练新歌，一起在教堂里演出庆祝新年……

看今朝，在已拆除的崇文门城楼及城墙的地方，早已修起了二环路、立交桥、高楼大厦；在原护城河的地方修建了地铁；那奔驰的车轮、汽笛声和人们匆忙的脚步声正一起上演着欢乐生活的交响曲，在那古城墙遗址上也修建了风景优美的"明城墙遗址公园"。我展望着古城墙的新风光，思绪万千，忆往事我难忘对古城墙的一片情思。

冬养秋虫

"冬养秋虫"是立冬时节的古老民俗。冬养秋虫曾是老北京人的最爱，秋虫主要是养蝈蝈儿、蟋蟀、油葫芦、金钟儿、秋蝉以及蝴蝶等，这里说说冬养蝈蝈儿、蟋蟀之俗。养蝈蝈儿和养蟋蟀曾是我少年时的爱好，那时玩虫及听蝈蝈儿、蟋蟀鸣唱是人们的闲趣享受。养蝈蝈儿有悠久的历史，在我国最早的诗集《尔雅》、《诗经》

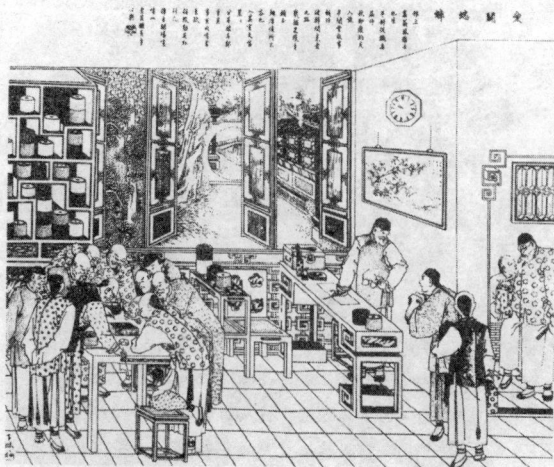

养秋虫（《爱斗蟋蟀》选自《点石斋画报》）

里就有蝈蝈的记载。而玩赏蝈蝈儿，据《武林旧事》记载，已有千年的历史了。明人写的《帝京景物略》载，因其声聒聒，故又名"聒聒"，又因其双翅上的纹理纵横，故又称"络纬"。蝈蝈儿的正名叫"蟪"，北方人叫它"蝈蝈儿"，而南方人称它为"叫哥哥"，"叫蚰子"。蝈蝈由于生长环境不同，有"绿哥"、"翠哥"、"三青蝈蝈儿"、"草白蝈蝈儿"等不同体色的品种。按季节说，立秋前的为夏蝈蝈儿，声音低弱；秋后的为秋蝈蝈儿，叫声洪亮；在晚秋后养至隆冬的称为"冬虫"、"冬哥"，其鸣叫声较柔弱。

明清时的北京盛行养蝈蝈儿，当时养蝈蝈儿的容器有用草棍或高粱秸编成的笼子，讲究的要用葫芦。皇室贵族的葫芦多是用象牙、楠木或景德镇的名瓷御制而成。而民间的葫芦制作也很精细，老北京时专有种葫芦和加工雕刻、经营葫芦的手艺人。其制法是：将已长成的葫芦先晾干一年使其质坚，然后将葫芦入油锅温炸或用茶叶煮，待其色变微黄取出晾干，再以丝绸、核桃油等摩挲使其光润。葫芦谐音"福禄"，旧京时特别受人喜爱，葫芦再经手艺人雕刻上吉祥图案和词语，如葫芦两面刻上"寿"、"喜"两字，这样就具有"福寿禄喜"吉祥之意。有些葫芦上除刻有"子孙万代"、"龙凤呈祥"、"鹤鹿同春"吉祥语外，还刻有吉祥图案，这些字与图要在初结成葫芦时就在上面雕刻好使其永不变形。葫芦的盖口同样很讲究，用红木作盖，名贵的用象牙、翡翠、虬角作口，其盖上也雕刻有"五福捧寿"、"鱼跃龙门"、"吉羊"（古时羊通祥字）以及鹤鸽花鸟等图案，这样加工后的葫芦价格当然是很贵的。蝈蝈儿、蛐蛐儿等鸣虫装进葫芦，它一叫唤会震动那盖上的铜丝弹簧，葫芦上的图字也自然动起来，这吉祥玩物拿在手中赏玩令人心驰神往。

清代皇宫内曾专有孵育蝈蝈儿、蟋蟀的暖室，育养好的秋虫装入锦囊或精致的葫芦中供皇帝们把玩，还常放在宫宴中边吃边听美妙音响以助兴。康熙帝曾有首题为《络纬养至暮春》的五律："秋深厌聒耳，今得锦囊盛。经腊鸣香阁，逢春接玉笙。物微宜护惜，事渺亦均平。造化虽流转，安然比养生。"据《清宫词选》载：清宫内的宫女都养蝈蝈儿，有一次一个宫女正侍候慈禧沐浴，宫女揣在怀中的蝈蝈儿忽然大叫起来，宫女当时吓了个半死儿，可没想到慈禧却没生气，反倒高兴地嘻嘻笑了起来。老北京人将秋虫养至冬日，有延年益寿之意。民间繁殖蝈蝈多用砖砌的火炕，把埋着蝈蝈儿卵的沙土盆放在暖炕上，同时要用羊肚沫沫和黄豆沫沫来喂养，待幼虫脱壳后将虫个个隔开放入小罐中殖养。冬蝈蝈儿长大不能放蝈笼里了，而要装进带棉套的葫芦里，揣在怀里或放在离火近的地方养，在这样保温的条件下，蝈蝈儿可以活到次年的二三月。《帝京岁时纪胜》载："蝈蝈能度三冬，以雕作葫芦、银镶牙嵌、贮而怀之……清韵自胸前突出。"旧京时要买冬蝈蝈儿，则需到丰台养花的暖房，此时的冬蝈蝈儿价钱当然是最贵的。玩养蝈蝈儿的有四合院里少儿们，也有住在杂院里的五行八作的平民，如人力三轮车夫等。而殖养冬蝈蝈儿者大多是府宅贵人、梨园名伶或文人墨客们，名净金少山，画家齐白石、王雪涛等名人都喜爱养蝈蝈儿，有些人冬日将蝈蝈儿葫芦揣进棉袍内的特制背心里，外出边办事边欣赏蝈蝈儿的鸣叫。记得大画家齐白石还曾画有一幅《白菜与蝈蝈》的著名国画呢！如今画价可观，不知被何人收藏着呢！

养蟋蟀也是旧京时人们消闲逸趣的一个乐事，不仅少儿们常拿着捕捉的工具结伴到郊外草丛坟地里去捉捕，养蟋蟀、斗蟋蟀更是一些成人们的嗜好。蟋蟀俗称蛐蛐儿，又名促织，旧京时有"促织鸣，懒妇惊"的俗语，有提醒主妇们在听见蛐蛐儿鸣叫时天气已渐凉，该准备过冬的衣裳了之意。蛐蛐儿这鸣虫自古就受人喜爱，《诗经》中就有"十月蟋蟀入我床下"的诗句，唐代杜甫、白居易等诗人都写有蟋蟀的诗句，蟋蟀这种昆虫在全国均可见到，而以山东、浙江等地的品种最著名，而北京人玩的蛐蛐儿是产自山东德州的"墨牙黄"、宁阳的"铁头青背"和"黑牙青麻头"，也有北京苏家坨的"伏地蛐蛐儿"、黑龙潭的"虾头青"和石景山福寿岭的"青洪头"。山东的宁阳县清代时曾向皇宫进贡蟋蟀，如今该地成为捉虫养殖交易的著名市场，已形成宁阳古城的一项经商产业，县城的年收入已达上亿元，虫贩的一只蟋蟀，

斗蟋蟀

价可顶一头牛或可售几千元,有的好斗的一只雄蟋蟀,虫贩竟叫价 10 万元。

斗蟋蟀源于唐代,兴于赵宋。南宋时有个叫贾似道的丞相酷爱斗蟋蟀,在蒙古军队围困襄阳、军情十分紧急的情况下,他把前线送来的战报丢在一边,在家里和妻妾们观斗蟋蟀,误国误民遭人唾骂,被人称为蟋蟀宰相。明代的宣德皇帝亦最好玩斗蟋蟀,曾是"酷好促织之戏"的大玩主,民间曾有"蟋蟀瞿瞿叫,宣德皇帝要"的俗语。清代时慈禧也喜欢听蛐蛐儿鸣叫,还曾将宫内养的蛐蛐儿赏赐给喜养蛐蛐儿的京剧名家谭鑫培、杨小楼等。

每年的秋分后是捉蛐蛐儿、养蛐蛐儿、斗蛐蛐儿的最佳时期,旧京时曾有"勇战三秋"之说。由于清代时官府曾参与斗蛐蛐儿,所以各地名虫常云集京城。老北京时街市里常有很多卖蛐蛐儿罐和蛐蛐儿的蛐蛐儿店和地摊。有的虫贩来自外地,也有的蛐蛐儿是北京产的,旧京时在永定门外有个叫胡村的村庄,那儿有不少废庙、坟地、草丛,该村就盛产好斗的"铁弹子"、"白牙青飞翅"等有名的蛐蛐儿。

旧京时以逮蛐蛐儿、养蛐蛐儿、斗蛐蛐儿为业的蛐蛐儿把式和一些遗老遗少是真正玩家,他们视好斗的优品蛐蛐儿为古董为赌博工具。蛐蛐儿的品种众多,养蛐蛐儿以头大项阔、牙长腿长、腰背厚实的为优,即虫形要方厚,项要宽老,翅要薄尖,牙齿锋利坚硬,腿要长圆,尾要尖糯的,这样的蛐蛐儿斗胜的几率最高。另外有"未养蟋蟀先蓄雌"之说,即斗之前雄蟋蟀要先贴铃(配雌),贴铃后其斗性会十足。斗蛐蛐儿时由监局将两只蟋蟀放进一个透明的斗罐或盘中,用探子拨蟋蟀的须子,双方张开大牙后打开中间的闸板,蟋蟀会掐咬在一起斗起来。搏斗得胜的蛐蛐儿会震翅鸣唱,使主人脸上有光,赌赢获得的点心水果大家分食而乐之。蛐蛐儿中秋后交配甩子两月即能孵雏,孵养幼虫方法同殖养蝈蝈之法。今天则可用电热器、空调散热殖养,成形后置入蛐蛐儿罐或葫芦内育养,保养好的蛐蛐儿可度冬逢春,成为人们隆冬过大年的娱乐玩物。冬养秋虫曾是老北京人的冬趣乐事,也是件有益的休闲活动。蟋蟀、蝈蝈儿素有"田园歌手"之美誉,既可听其鸣声,还可观其打斗,养蟋蟀、蝈蝈儿,能悦人情趣,消人怠倦,是能为人们增添无穷乐趣的活动。

寒冬时节养秋虫曾是老北京人的冬趣乐事,小小的蝈蝈儿、蛐蛐儿为老北京四合院里带来无限的温馨和欢笑。

玩雪（《宫廷玩雪》）

冰雪嬉戏

"落尽琼花天不惜，封他梅蕊玉无香"，这是宋代杨万里的《观雪》诗句。北京今年的头场雪，让我忆起几十年前冰天雪地的北京严冬情景。

上个世纪四五十年代的老北京，气候寒冷，严冬里有时风雪连天、大雪飘飘，天地一片白茫茫。忆起那时人们的着装都非常臃肿，不像如今人们穿的这样轻便、美观。可是那时的孩子们却好像天生不怕冷，在假日及放寒假期间经常在四合院里跑着、跳着，玩着各种游戏，一天天无休无止。男孩们玩着"打仗"、"弹玻璃球"、"拍洋画"，女孩们玩着永远玩不够的"跳猴皮筋"、"踢毽子"、"跳房子"。不管男孩女孩，在冷风中流着清鼻涕，兴致勃勃不停地跑动，玩出一身臭汗却仍然不肯停歇，早把寒冷忘到一边。

几十年前的严冬，大雪经常从天而降，那雪花飘满都城的每个角落，落满四合院的屋脊、树枝和整个院落。孩子们都非常喜爱雪花，趴在玻璃窗前或站在屋门口观看美丽洁白的雪花从天穹慢慢飞落，用小手去接着雪花，细看小雪花的六角形状，而那雪花遇到手上的温热马上就化成了一团水，那雪水虽然是凉的，但孩子们的心里却是热的。

当雪花不再飘落时，四合院里马上响起孩子们的欢笑声。男孩子们常用手把雪攒成雪球，玩起"打雪仗"的游戏，互相用雪球追着对方拽打，而女孩们多在一旁观战，有喜欢恶作剧的男孩冷不防将雪球拽向邻居的女

孩，引来女孩的一片叫骂。打雪
仗的玩法可几个人相互追着拽打，
也可以两三个人一组，有人专门
准备团好雪球、有人专门拽打进
攻，打雪仗弄得雪花乱飞，直到
有一方求饶认败或家长呼唤吃饭
时方停止战斗。

堆雪人（《堆佛像》。选自《吴友如画宝》）

那时四合院里的孩子们也常在大人协助下，玩"堆雪人"的游戏。
当鹅毛大雪不再降落时，大家纷纷拿起笤帚、铁锹将雪扫堆在一起，在
庭院里堆起一两个雪人或堆成大狗熊模样的动物，再找来煤球在圆圆的
脑袋上按上圆眼睛，找来胡萝卜做鼻子和嘴，有时还找来个破草帽给雪
人顶在头顶，或弄根竹竿糊上个纸旗让狗熊扛着，看着那翘着红鼻子又
调皮又可爱的雪人、动物，孩子们会围着它跑着、跳着、笑着……

当温煦的阳光出现时，雪开始融化了，从屋檐上会一滴滴滴下雪水，
雪人也慢慢融化了。由于是数九天，天气仍寒冷得很，庭院里的雪在化成水
的瞬间又结成了冰。提起冰，那也是四合院里的孩子们最喜爱的。孩子们常
用竹竿敲打屋檐下结成的冰凌和树梢上的冰碴，也常在院中或胡同里的冰道
上玩"溜冰"的游戏。那时孩子都穿着那个时代流行的五眼系带棉鞋，为了

溜冰（《冰戏》）

二　美食雅趣

溜冰（《宫廷冰戏》）

防鞋底过早磨破，家长都要在鞋底的前后掌钉上几个铁鞋钉，或钉上用废轮胎剪成的鞋掌，这种底的棉鞋正合小孩们的心意，正适合滑冰用。胡同里的男孩子和女孩子们时常排成一队，在一条条的长冰道上溜着冰，其乐无穷。

老北京严冬时冰很厚。孩子们在冰上常玩"滑冰车"。提起这滑冰车游戏，也是自明清以来就有的一种冰上游乐和运动。《明宫杂咏熹宗》书中就曾写有宫廷内的冰嬉场景："琉璃新结御河水，一片光明镜面菱。西苑雪晴来往便，胡床稳坐快云腾。"这里所说的胡床就是类似雪橇的拖床，即冰车。清朝时因满族是自关外来到北京，冰嬉更是满族人喜爱的习俗。皇帝和八旗贵族首领们每年的冬季要在西苑三海地方检阅，八旗兵在冰上练武献艺，练武前要举行鸣礼炮等礼仪，皇帝要坐在冰床上观看。道光皇帝曾有诗曰："爆竹如雷殷，池冰若砥平。"至今在故宫内还藏有一幅《冰嬉图》，上面描述着乾隆时期在冰道上举行精彩表演的游乐盛景。清朝时还有一种专供皇亲国戚使用的高级轿式冰床，称为"暖冰床"。冰床上面是暖轿，下面置有炭火盆以祛寒保暖。传说乾隆的生母圣孝太后花甲寿辰时，太后要从常住的西郊畅春园去紫禁宫里庆寿，为避免途中受寒，就曾使用这种暖冰床，沿长河冰道至西直门高梁桥而后入城进宫。

旧北京有一首竹枝词云："十月冰床遍九城，游人曳去一毛轻。风和日暖时端坐，疑在琉璃世界行。"从清朝民国时起在民间也盛行"滑冰车"，有为生计营业者用木材制成长五尺宽三尺的冰车，常在护城河、什刹海、二闸等地河道上，由人先拖拉后溜滑行驶，那冰车行走如飞，乘者心旷神怡。几十年前我年少时也曾用几块木板和小滑轮做成简易滑冰车，在护城河那冰道结实的冰上嬉戏，有的孩子的冰车上还安个小座椅，可以坐在上面并用两根小木棍支撑在冰上滑行，这是当时男孩子们在严冬冰雪季节非常酷爱的游戏，正像如今孩子们迷恋电脑游戏一样。

兔儿爷

金秋八月，天高云淡，"出门聊一望，蟾桂斜人间"（唐·罗隐《旅梦》）。一年一度的中秋佳节又到了。"一年明月今宵多"（韩愈），"月好共传唯此夜"（白居易），"最团圆夜是中秋"（殷文圭），古代文人吟咏的八月十五中秋的诗词佳句千古仍在传诵。在中秋节的传统民俗中给我印象最深至今最难忘却的是少儿时买兔儿爷、供祭兔儿爷、玩儿兔儿爷以及有关兔儿爷的往事啦！

年少时我曾居住在老北京一个古老的四合院的宅门里，每逢八月十五的夜晚，当圆圆的皓月当空之际，一家老少就忙碌着在庭院里竖中秋、摆供桌，即高竖起一杆亮电灯（古时系燃油灯并搭彩），在院内

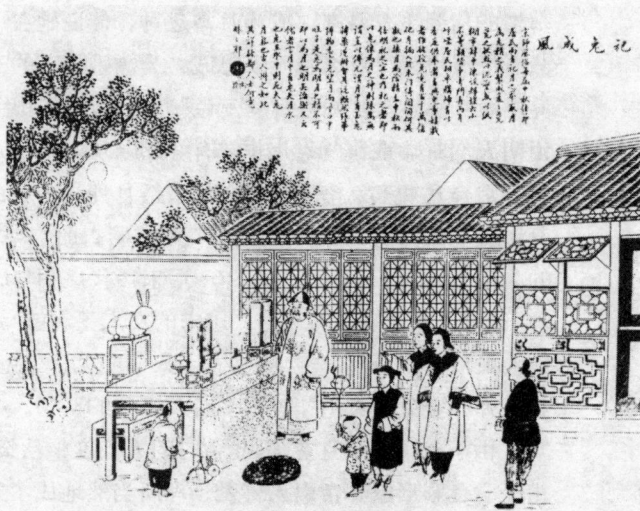

拜兔儿爷（《祀兔成风》选自《点石斋画报》绘老北京中秋节拜兔儿爷场景。）

摆放好两张八仙桌,当时除要在桌上摆上银制供具焚香蜡烛、鸡鸭鲤鱼(富富有余)、苹果(平平安安)、长节藕(长长久久)、石榴(红红火火)、西瓜(团团圆圆)、带枝带叶的毛豆(兔儿爷爱吃的食物)等物品外,必要摆上"兔儿爷码儿"和一个彩绘泥塑的兔儿爷。《北京岁华记》载:"中秋夜,人家各置月宫符像,符上兔如人立。"月宫符像上面印有银脸太阴星君(月神)以及广寒宫人立的金兔捣药的图案,故俗称"兔儿爷码儿",旧京时南纸店有售。这兔儿爷即街市上出售的兔首人身三瓣嘴用黏土纸浆等制成的泥塑物,《都门杂咏》曾载:"儿女先时争礼拜,担边买得兔儿爷。"那么这祭月拜月时为什么要拜兔?那兔儿爷又是怎么成为老北京度中秋时的神物和玩物呢?

　　说来话长,自古相传这兔儿与月亮密切相关。大家知道在远古时帝王非常重视对神的祭祀礼仪,古籍载有春天祭日、秋天祭月之礼制,天子们认为月亮是月神,自周代起每逢秋分(自唐代起改为八月十五)都要祭月。明代后皇朝还在北京西郊建有"夕月坛",每逢八月十五月圆时都要举行隆重的祭月祀典。由于月球表面结构复杂,肉眼看到的"月宫"明亮的地方不过是高地或山脉,酷似一个站立的小兔,民间就把嫦娥奔月的神话传说与小兔联系在一起。民间传说那嫦娥为反抗无道的夏王太康,毅然抛弃薄情的后羿飞奔月宫,成为月宫之神。传说她在广寒宫里常年与她做伴的只有活泼可爱、对嫦娥无限忠诚、为嫦娥捣药的玉兔儿。人们因而也把月亮叫做"嫦娥"、"蟾兔"、"玉兔"、"金兔"、"银兔"、"圆兔"呢!这足以说明人们对嫦娥和白兔儿非常有好感以及兔儿与月亮的关系。最早将中秋与嫦娥奔月、玉兔捣药等结合起来祭月拜月的是在唐代,相传是唐玄宗八月十五梦游月宫,醒后得到了"霓裳羽衣曲",梦境中他见到了一个捣药的白兔,见到了广寒清虚府……后来历代皇朝与民间都在中秋盛行祭拜月神、祭拜兔儿和赏月的习俗。唐宋的文人墨客就写出过"著意登楼瞻玉兔,何人张幕遮银阙"(辛弃疾),"上人分明见,玉兔潭底没"(贾岛),"朱弦初罢弹,金兔正奇艳"等很多有关玉兔的诗句。

　　由于兔子上了月宫,因此古时的人们度中秋祭月拜月时必摆设兔儿爷,由于它色彩形象异常引人喜爱,理所当然地成了儿童玩物。这兔儿爷的起源,在明人纪坤写的《花王阁剩稿》里曾有"京中秋节多以泥捏兔形,衣冠踞坐如人状，儿女祀而拜之"
的记载。民间艺人白大成也讲
过："兔儿爷最早是由太庙里守
庙的两太监塔子和讷子做出的。
他俩平时特喜欢京剧，觉得玉
兔的形象很可爱，闲时无事儿
就使用黄泥巴仿照京戏里的武
将形象，捏了几个人身兔首的

隆福寺庙会

小玩意儿。"这种泥捏的兔儿很快流传到民间，被街市里的艺人们仿照并
逐渐加工创造出不同样大大小小的玉兔泥塑物。而后来所以把它叫做"兔
儿爷"，这与咱老北京人对男人们的称谓有关。老北京人对"憨厚""仗义"
的男人们常爱说"真够爷们儿"、"老爷们"、"小爷们"等赞颂俚语。这种
尊称后来送给了忠实守候在嫦娥身旁的玉兔啦，故称为"兔儿爷"。

　　兔儿爷到了清代及民国时期制作越来越精致，越有个"爷"相，头戴
帅盔金光闪，身披银甲灿斑斑，护心宝镜明如月，四杆彩旗拥背肩。有骑
虎的、骑麒麟的、骑狮子的，有挎刀的、手持玉杵的，也有只是个站立的
小兔在捣药，还有的三瓣嘴、臂肘部和旗子还会动呢，艺人们的大胆创作
极讨百姓们的喜欢。老北京时自农历七月起就在东西两庙会（隆福寺、护
国寺）、东四、西单、鼓楼前以及卖兔儿爷的大本营花儿市大街上均摆出
众多的兔儿爷摊子。摊呈阶梯形，多达十来层，大的兔儿爷高达两三尺，
小的仅一两寸，层层摆满，色彩鲜艳，琳琅满目，非常吸引人。旧京时把
这种商摊称为"兔儿爷山"，我家每逢中秋节前，家母必带我在花儿市街
市上选购几个大小不同的兔儿爷，那时年少，看着那红红绿绿的大大小小
的兔儿爷爱不释手，真想让母亲都给我买回家呢！在拜月后这兔儿爷走下
神坛就成了我和弟妹们把玩的玩具，常与邻居儿童比看看谁的最好看、谁
的大，也常将分得的月饼、水果摆在兔儿爷前供玩。兔儿爷摊子在八月
十五后就收摊了，旧京时人们对摆了那么多兔儿爷的摊子，还有句"兔儿
爷打架——散摊子"的歇后语呢，意指原合伙干事未果散摊子，当时"散
摊子"这句话流传极广。还有"兔儿爷的三瓣嘴——说话不利落了"、"兔
儿爷掏耳朵——崴泥了"等俚语，旧京时也曾非常流行使用。

老北京时的戏曲界也像旧京的饽饽铺应节会出售糕点那样，在中秋节必要出演《白兔记》、《拜月亭》、《天香庆节》、《嫦娥奔月》等应节戏曲，那玉兔、兔儿爷、嫦娥必都是戏里的主角。明清以来《白兔记》是常演的剧目，剧目里的白兔助人完孝于先，帮人全忠在后，白兔被称为灵物、灵兔，其剧情故事在民间广泛流传，其中精彩的"瓜园分别"等场次，多次被昆曲、川剧等剧种改编演出。《天香庆节》是一出以兔为主的"爱情戏"，戏曲名家王瑶卿以内廷供奉之便，从宫内得到秘本，约请熟于戏曲的墨客庄萌棠共同改编为皮黄。这是一出纯粹的兔戏，故事情节热闹跌宕，喜剧色彩浓厚，该戏曾在前门外新建成的第一舞台上演，极受戏迷捧爱。那《嫦娥奔月》的戏里还曾出现过兔儿爷、兔儿奶奶呢！《嫦娥奔月》是梅兰芳编演的一出古装歌舞戏，曾在吉祥戏院首演，在第六场中兔儿爷与兔儿奶奶上场悉归丑行应工。当时是由李敬山扮兔儿爷，勾金色兔儿脸，画竖长眼和三瓣嘴，身后插一杆大旗，盔上分插两只长长的兔耳。由曹二庚扮的兔儿奶奶，勾银色兔儿脸，穿宫装，凤冠上也插有两只长长的兔耳，其扮相都仿照泥塑的。戏中这对兔儿夫妇，以长耳朵、三瓣嘴等插科打诨调剂剧情，引人发笑。

兔儿爷，是中秋节风俗的标志之一，曾风靡古城内外，使人难以忘怀。

鸟笼·拨浪鼓·门墩儿

已有近 580 年历史的前门大街承载了太多的变迁，它像一个时代的标签，醒目地烙印在古都北京的年轮里。重新修缮过的前门大街，大街两侧的店铺和五牌楼，已按民国时的风貌整修，很多老字号商铺也在旧地重张。然而当我行走在前门大街那写满历史沧桑的青石板大道上举目四望时，觉得非常耀眼又独具特色的却是那街市两旁众多路灯杆上的灯具装饰，那悬挂着的鸟笼是人们养鸟玩鸟儿的装备，可以说是鸟儿从鸟巢被人类"请"来，居住在人类生活起居的家园里。

鸟笼

要说鸟笼就要先谈谈鸟。鸟，是人类的好朋友，不仅仅是赏心悦目的观赏动物，而且在农牧业生产、保护美化环境等方面都给人类带来很多益处。鸟类全世界有9000多种，在我国生存的有1300多种，而在北京生存的鸟类有400多种，很多珍禽益鸟都受到保护。

我国最早在春秋时的古籍中，就有许多关于鸟类的记载，在《诗·小雅·斯干》中云："如鸟斯革，如翚斯飞"，诗句形容宫殿里因有鸟而华丽；"手里金鹦鹉，胸前绣凤凰"（温庭筠），古代先人很早就有饲养鸟的习俗；历代文人也曾留下很多咏鸟的诗文。唐人斐夷直曾有首写鹦鹉的诗："劝尔莫移禽鸟性，翠毛红嘴任天真。故今漫学人言巧，解语终须累尔身"，宋代的欧阳修亦有首写画眉的诗："百啭千声随意移，山花红紫树高低。始知锁向金笼听，不及林间自在啼。"这些诗都描写了鸟的美妙啼鸣和羽毛的美丽。古诗也告知我们，古时人们养鸟主要为的是观赏禽鸟的美羽和听其鸣唱。

相传宋徽宗皇帝在他的皇宫内喜欢养鸟，并非常善画鸟，他欣赏并擅长画鸟的彩色羽毛之美，在画界有宋徽宗开创了花鸟画派之说。历代皇宫及王公贵族们也多饲养观赏性极佳的鹦鹉、八哥、金丝雀、画眉、百灵、云雀、仙鹤、鸳鸯、红隼、孔雀、鸽子、喜鹊等禽鸟。一些官吏和外国使臣也常用珍禽作为给皇帝进贡的贡品。一些文人雅士及富贵人家，还常将一些珍禽如珍珠鸟、红隼、鹦鹉、八哥、画眉等作为贺寿礼物，赠送给上司或亲人们赏玩，这些羽毛美丽并能发出动听啼鸣学人说话的鸟儿，一向受到古今人们的喜爱。

老北京百姓养鸟历史悠久，约起源于明清时期。清代时慈禧太后挪用海军军费修颐和园时，还修了个听鹂馆。慈禧常年住在颐和园德和园大戏台附近的乐寿堂，乐寿堂是慈禧上朝听政、看戏、游湖、游园都非常便捷的安乐窝。从乐寿堂

听鹂馆壁画　鲁求摄影

135

东配殿可通往德和园大戏台去听戏，大戏台旁就是听鹂馆。听鹂馆墙上有很多禽鸟的壁画。相传慈禧曾传御旨：听鹂馆应名副其实，应"黄鹂鸣翠柳"。慈禧命太监派人出宫到旧京庙集市上搜寻来很多黄鹂鸟，放入鸟笼里高挂在听鹂馆，供自己欣赏并听其婉转动听的啼鸣。慈禧太后还非常宠爱鹦鹉，她把驻外使臣伍廷芳从国外带回国进贡的五只鹦鹉，长期置放在乐寿堂和中南海的仪鸾，有专职的太监侍弄喂养，即使慈禧出宫时，这宠物鹦鹉也伴随着她出行。

清代满族人非常喜欢射猎习武，在关外时专有捕鹰的鹰户人家，将捕获的鹰送至清宫内务府饲养驯鹰，以供皇帝王族们围射猎物时使用。满族人在猎兽时常顺便捕获一些禽鸟，他们将羽毛美丽又能啼鸣的鸟儿收入笼内饲养，听音观赏，调剂生活，形成最初饲养鸟类的习俗。清朝在北京建都后，把养鹰养鸟之俗从关外带到北京，当时八旗子弟们非常盛行玩鹰玩鸟，后来汉族的一些有闲阶级、文人雅士、梨园名伶、富贵人家，也将养鸟当做一项雅玩，鸟儿也成了大宅门、四合院里的宠物中最受喜爱的玩物，故有"公馆鸟"之称。听听鸟语，观赏彩羽，或仰望飞翔的鸽子，确实给生活带来不少乐趣，也曾成为老北京城里独特的文化特色，现如今养鸟已成为百姓休闲逸趣的一项雅乐活动。

养鸟玩鸟要有装备。像盘鸽子，因鸽子喜欢群居，要给它们准备鸽笼，画眉、百灵、红子、鹦鹉、八哥等大都喜欢单独或成对生活，这就形成各式鸟笼的出现。笼，成为鸟栖息的场地。

鸟笼大致分为南方笼和北方笼。南方笼的边条多是弧形，形式多样，有圆形、方形、六边形等，做工十分精细，以小刀刻竹见长，多涂成黑色或褐色漆。而北方的笼以圆形或方形为主，漆清漆以黄色为主调。从功能上分，又大致分为观赏笼、饲养笼、浴笼、繁殖笼等。

鸟笼是种非常讲究的器具，什么样的笼子装什么鸟，都有严格的规定。鸟笼的大小，要与所饲养的鸟类大小相适应，以适宜鸟的生活及方便人管理为原则。

养鸟人还要为鸟儿配齐食、水罐，配好杠、盖板以及"抓钩"、"笼套"等，这其中学问众多，很有些讲究呢。

旧京时在天桥市场及白塔寺等庙会上，都有出售鸟笼及禽鸟的集市，爱养鸟的百姓常去游观和挑选购买。

鸟笼实际是四合院里的老物件。在旧京时，养鸟人常将鸟笼儿高高挂在庭院屋檐下或天棚里的葡萄架下。一般院子里鸟主人还没起床，那鸟儿就先"叫早了"。一声声清脆婉转的啼鸣，使整个四合院充满了生机，像八哥不但能学会多种鸟语，它还能学人说话问候主人"早安"、"晚安"。住在大杂院里的一些车夫和五行八作的穷苦百姓，也常以养鸟儿为乐趣，忙碌一天后回到家逗逗鸟，是对身心极好的调剂。各种鸟儿也是孩子们的最爱，常在院中支个箩筐巧逮小小的麻雀，一旦捉到，就成为整个院里孩童们的宠物，争相玩耍爱不释手。

遛鸟

养鸟必须遛鸟，提笼架鸟行走在胡同大街上，或遛走在河边、公园里，曾是老北京的一幅旧风景儿。

青少年时，我常见到遛鸟的人，手提鸟笼抓钩用力抡晃甩着笼子行走在护城河边，遛完鸟后就走进羊市口里著名的"青山居茶楼"，将鸟笼挂起，边喝早茶边听鸟儿啼叫。

有些养鸟人，手提着三四个鸟笼，两个臂膀高甩，也着实费点力气呢。旧京有句俗语："养鸟遛鸟，遛的是鸟，练的是人。"此说的是旧京养鸟人的心态。北京人养鸟的乐趣，主要是为听鸟啼叫，养鸟人要学会驯鸟，在遛鸟的同时，让鸟儿向大自然、向别的鸟儿、向别的动物学鸣叫。比如百灵鸟就能学十三套鸣叫，能学家雀、山喜鹊、红子、锦鸡、胡哨、燕子、家喜鹊、鹞鹰、靛颏儿、柞子、黄鸟、画眉、伯劳等鸟的叫声，还能学小孩哭、猫头鹰的啼叫呢。

驯鸟学叫又有一套学问。在鸟学叫时，一定注意别让它学"脏口"，要注意用手势阻止它学。另外驯鸟时外人不应靠前观看或逗鸟，否则，驯鸟的人会很不高兴。

拨浪鼓

拨浪鼓是老北京四合院、大杂院以及卖货郎使用的老物件，也是我国最传统、最古老的玩具之一。直到如今，每年逛庙会或出售儿童玩具的商

拨浪鼓　鲁求摄影

市上，依旧可看到卖拨浪鼓的商摊。

最早的拨浪鼓，古称做"鼗"，即战国时产生的打击乐器。《周礼·春官·大司马》载有"小师掌教鼗"语，其注曰："鼗如鼓而小，持其柄摇之，旁耳还自击。"至宋代时拨浪鼓已在三个领域里使用——一是用于礼乐，二是商业之用的货郎鼓，三是儿童喜爱的玩具。在南宋李嵩的《货郎图》中，可看到画中画有拨浪鼓，其鼓柄是葫芦把，鼓形如罐，双耳类似皮条，持柄正在摇之。那时还有一种"四层拨浪鼓"——四个由小渐大的鼓叠摞连在一起，鼓下有精致的手柄，每个鼓各有弹丸做双耳，其形状颇像如今前门大街灯杆上的灯饰。

拨浪鼓从形式上分又可为两种，一种如河南淮阳、江苏盐城及北京等地的，在鼓面上加有彩绘装饰的鼓；另一种则是在鼓身上沿鼓帮一周绘有花纹彩图的鼓。这些装饰都增加了拨浪鼓的美观，并从视觉上增添了玩具的娱乐特征。

拨浪鼓在北京盛行于明清民国时期。清代的《帝京岁时纪胜》和《燕京岁时记》上都曾有记载。

拨浪鼓，老北京人又称为手摇鼓、小鼓、货郎鼓，鼓的大小不一，大的直径八九寸，小的两三寸。拨浪鼓曾是街市上叫卖物品者使用的一种鸣响打击的工具。

记得在上世纪三四十年代时，我亲眼见摇着拨浪鼓、身背着大包袱走街串巷卖布的。这样四合院的主妇们买布挑选方便，货送到自家门口，又能买到农家自制的土布以及各种花布的布头，所以卖布货郎摇着拨浪鼓咚咚一响，四合院里的主妇们就争相跑出来选购。

另一用拨浪鼓的是串胡同售卖木炭的小贩。黑色的炭多是由窑厂用木头专门烧制的，煤铺并不出售。旧京时的大宅门、四合院的人家取暖的火盆、手炉、脚炉、老式火锅、涮肉烤肉都离不开使用炭。

门墩儿

门墩儿，是老北京四合院的另一老物件儿。

门墩，又称门台、门座、门鼓，是我国传统民居大宅门、四合院、大杂院用于支撑大门门框、门轴的一个石质的构件，它是支撑固定好门框的整体门枕石的一部分，也是整个门楼中比较有特色的组成部件。门墩儿上通常雕刻着很多传统的吉祥图案和造型，因而它是我国传统文化里独特的石刻艺术品和重要文物。

门墩、门枕石最早出现于汉代，即四合院形成的早期就已开始使用了。咱北京地区的门墩起源于最早蓟州郡县建制时，在北京的石刻艺术馆五塔寺以及庙宇里，就可见到辽金时期的遗物。明清两代则是北京门墩的繁盛期，不但数量多，其形状及图案也多姿多彩。

北京的门墩儿类型大致有箱形、抱鼓形、狮子形、虎形、柱子形等各种形状。按照我国自古几千年传承的礼制，北京居民的门楼及门墩的形状，也都按级别地位乃至贫富有所不同。抱鼓形、箱子形多用于小型四合院或大杂院的大门门框两侧，也用于大府宅内众院落门的门框旁。狮子形、虎形、柱子形门墩儿，则多见于皇族、官府机构或书香门第的府宅的四合院中的那些装饰华丽的门楼门框的两端。石材雕刻成的狮、虎坐在门墩上面，活灵活现，或蹲或伏，精细美观，犹如一对对保护神，守护着宅门。这些不同形状的门墩，不仅装饰美化了居住主人的门脸儿，凸显了主人家的地位等级，还有驱魔辟邪、替主人家护院的寓意。

那石鼓及箱形门墩的表面都刻有很多精美的图案，诸如"富贵有余"、"五福捧寿"、"喜鹊登梅"、"福禄寿"以及寿桃、梅菊兰竹等吉祥图案，借助雕刻上的人物、草木、动物、寓言、吉祥物等图案，表达民居主人希望家族兴旺、长寿、富贵、和谐、美满的美好愿望。

"小小子儿，坐门墩儿，哭哭啼啼要媳妇儿，要媳妇干吗呀？点灯，说话儿，吹灯，就伴儿，做鞋，做袜儿，做裤，做褂儿，搭上腿，捂脚丫儿，清早起来梳小辫儿。"这首《小小子坐门墩》的童谣，咏唱的就是旧北京四合院院门的门墩儿趣事，我至今记忆犹新。童年时经常听母亲说着唱着这首童谣，少儿时我也时常骑坐在我家四合院大门的门墩儿上，

门墩 鲁克摄影

观看着旧京胡同里的风景，可以说是门墩儿伴随着我从幼儿到少年时的成长。我爱那居住过的四合院，更喜爱那上面雕刻着一双狮子及众多图案的门墩儿。虽然近些年由于旧城区改造，众多楼房代替了平房四合院，老胡同里民居的门墩儿已逐渐减少，但在北京保护规划的街区里的四合院门前，仍可见到传统古老的文物——门墩儿。

旧京唐花坞

在咱北京的中山公园里的西南隅，有一座很精巧玲珑的建筑——唐花坞。它背靠三面临水的水榭，附近长廊曲折，画栋雕梁，小桥流水，假山荷池，幽径芳林，碧波荡漾，风景十分优美。唐花坞的"唐花"也叫薰花，亦作"堂花"。唐，本作"煻"，是烘焙之意，故有"试灯风里见唐花"的诗句。即在暖室里用人工加温法，使花提前开放。此法始于汉代，早在明清时旧京就有用这种特殊技艺为皇宫育花的花房。

"唐花坞"最早建于1915年，那时称为暖室。后来我国著名建筑学家梁思成自美国回国后，参加设计工作并将暖室改建成全玻璃的很有民族风格的花房子。花房建有17间，并把中间的部分改建成八角亭子式，屋顶缀以孔雀绿玻璃瓦，使唐花坞成为一座美丽别致的亭阁。花房内则筑有地炕，可生火烘焙育花，花房内还设有喷水池以及苔绿如茵的涵水池、山石等。花房内不分春夏秋冬，一年四季都有花卉争芳吐艳。当走进温暖的唐花坞时，满目的姹紫嫣红，那火红的杜鹃、金黄的郁金香、华贵的牡丹、多姿的菊花、俊秀的水仙、香气浓郁的腊梅，真是繁花似锦，一片春色花香。旧京的一些文人墨客以及文学社团的成员，常在中山公园的"来今雨轩"茶社品茗、叙情、作诗赋词，欢聚后，走到唐花坞来欣赏盛开的花卉。尤其在隆冬的新春时节，这里常举办极具特色的画展，展时来观花的人众多，很多百姓常顶着雪花，迎着寒风而来，走进温煦的唐花坞观赏百花盛开的花景。人们也常购买几盆花卉带回家中，装点家园的居室。让多彩的花点缀出生机勃勃的明媚春色，给新春带来吉祥和欢乐。

唐花坞是旧京的"花城"，是座花的天地。

什刹海的荷花

什刹海，古时称为"高梁水"、"三海子"，包括了前海、后海和西海(积水潭)。

古代的北京地区从三国时代以来曾多次兴修水利工程。到元朝，公元1271年元世祖忽必烈建都于北京，在原金中都的东北方向建成大都城，为解决皇城及民间的用水和漕运物资之需要，忽必烈下谕旨，指派元朝的水利学家郭守敬主持兴修水利。后于1291年，郭守敬设计白浮堰，引西山玉泉等山泉之水，经高梁河注入大都城，使原有的前海、后海、积水潭等湖泊的水源更充足。郭守敬还指挥疏通了大都至通州的漕运，使积水潭一带水面成了大运河漕运的北方终点码头，因此从元代起，三海地区岸边逐渐成为交通要津和繁华的商业区。

当时的"三海"，湖内是商船，岸上是车水马龙，酒肆茶棚、商贾戏班云集，热闹非凡。文人墨客施耐庵、关汉卿、王冕等时常来此游玩，欣赏宽阔的水面及岸边风光，王冕曾咏诗云："燕山三月风和柔，海子酒船如画楼。"那时站在银锭桥上向西望，可看到西山的连绵山峰，留下燕山小八景之一的"银锭观山"的佳话。清初诗人宋荦曾以"不尽沧波连太液，依然晴翠送遥山"的诗句来赞咏此地。

明清时，什刹海不再是码头，这里逐渐建起了寺庙和王公贵族的王府宅园。因这里有过药王庙、关帝庙、火神庙、慈恩寺、龙华寺、什刹寺、法华庵等九寺一庵的"十刹"，故称"十刹海"，又因什刹寺的名称，传为"什刹海"。这里周围曾建有醇亲王府、恭亲王府、庆王府、罗王府、涛贝

观莲《游湖赏荷图》

勒府、德贝子府等清代王府和花园，让什刹海的市井风情又添加了雍容贵气，末代皇帝溥仪就在醇亲王府内出生并曾居住过。

由于什刹海附近王府众多，又有许多旗人居住及清朝官兵驻扎，这些人的吃喝嗜好花销，影响了周围的商业设施——旗人好吸旱烟，因此在烟袋斜街有许多烟袋铺；旗人信佛，每日焚香拜佛，鼓楼大街附近就有许多香铺；旗人好吃喝玩乐，什刹海沿岸饭馆、酒肆、古玩店、商铺鳞次栉比。据传开设在银锭桥畔的老字号"烤肉季"，便是从什刹海岸边摆摊子发展起来的。

什刹海是北京的水乡，素有"西湖春、秦淮夏、洞庭秋"的美称。什刹海在辽金时就被称为"白莲潭"——"接天莲叶无穷碧，映日荷花别样红"。据说自辽金时代起，北京就有大面积的荷花，什刹海、北海当时都是满池荷花，分外妖娆。元明清后，因什刹海的三海地带水源充足，更有历代宫廷大力提倡栽种荷花，除水面留有船道外，几乎全部被荷花覆盖。荷花素有"和和美美"的寓意，所以历代朝廷都提倡种植荷花，以供帝后观赏，王府贵族、富贵人家的大宅门，也多讲究养荷花以美化私人花园和庭院。光绪八年（1882年）慈禧太后还曾经下旨意："所有莲花叶藕，均着严管，不许再动，以备赏玩。"

自清代以来，什刹海一带逐渐成为市民游览纳凉的胜地。每到夏季，来此消夏避暑观荷游玩的人众多。清代李静山的《北京竹枝词》有诗云："柳塘莲蒲路迢迢，小憩浑然溽暑消。十里藕花香不断，晚风吹过步粮桥。"《燕京时岁记》也记载："凡花开时，北岸一带风景最佳，绿柳垂丝，红衣腻粉，花光人面，掩映迷离。"用京城土话编的《北京俗曲十二景》中也云："六月三伏好热天，什刹海前正赏莲，男男女女人不断，听完大鼓书，再听十不闲。逛河沿，果子摊全，西瓜香瓜杠口甜，冰镇的酸梅汤打冰乍。买了把子莲蓬，回转家园。"

按照传统，自宋代起至民国时期，在每年的农历六月二十四日曾流行举办"观莲节"，一些文人墨客常登临什刹海附近的楼亭酒肆聚会，赏荷、饮酒、品茗、作诗、纳凉。清人顾禄曾在《清嘉录 荷花荡》中称："是日，又为荷花生日，旧俗，画船箫鼓，竞于蓟门外荷花荡，观荷纳凉。"那时的什刹海，成为百姓们消夏避暑、观赏自然野趣、游玩购物的胜地。

自民国以来，每到夏季，什刹海的集市更加热闹。上世纪30年代，北京城内形成两个最热闹的游乐场所，一处是天桥，另一处就是什刹海的荷花市场。

每到荷花盛开的前后，在长堤两侧席棚一个挨一个，众多商贩和杂耍曲艺艺人聚集于此，叫卖和喝彩的声浪飘满了什刹海。很多高搭的席棚下设有座位，出售饭食茶点和各种小吃，有馅饼、褡裢火烧、苏造肉、灌肠、莲子粥、荷叶粥等熟食以及菱角、白藕、莲子、鸡头米、豌豆黄、驴打滚、酸梅汤、雪花酪等清凉食品。品种繁多的食品和文艺演出，使得游人流连忘返，久久不愿离去。不过后来这个荷花市场在新中国成立前停办，荷花也渐成残迹。上世纪80年代后，什刹海重新种植荷花，不几年已是荷满湖面，荷香艳丽，吸引着众多的中外游客汇集于此。到了上世纪90年代初，什刹海地区重新设立了荷花市场，并请著名书法家启功先生书写了"荷花市场"的匾额，题刻在前海的牌坊上。现如今，什刹海旁边的各类特色酒吧及各种老北京传统小吃，迎接着慕名而来的中外游客。荷花美景和各种美食，使得什刹海地区成为北京乃至全国有名的风景胜地。

京城何处赏月

"天上一轮才捧出，人间万姓仰头看"。中秋赏月是我国的传统民俗，成为一项活动是从达官贵人和文人墨客祭月发展而来的。

在唐代最早出现登台观月、驻舟赏月、饮酒对月的活动，人们举头观赏圆月乃托月寄情，抒发对生活、对亲人的美好祝愿，"中秋月色净无瑕，洒扫庭前列果瓜"说的是旧京百姓常在四合院内赏月，而一些文人雅士则多到昆明湖畔、什刹海边、黑窑台山坡、高梁河边等处品茗饮酒，咏诗作赋。如今北京满城高楼大厦遮眼帘，可去何处赏月观景呢？

古人赏月（《走月亮》）

昆明湖泛舟

"野旷天低树，江清月近人"，孟浩然的中秋诗句告诉人们，赏月最佳之所是宽旷的江面、湖面上。古代文人写月之作亦多写出月与水相连的景色，水中之月亮给人以灵动、飘逸的感觉。到昆明湖登游船或自行泛舟，湖水荡漾，举头望皎月，低首观碧水，可见双月辉映。届时昆明湖彩灯与明月交辉，十七孔桥倒映水中，万寿山顶金碧辉煌，真令人心旷神怡。

登北海琼岛

北海的建造和布局与古代神话传说有关。辽金时此处曾修建瑶山与行宫，并效仿"一仙三山"神话，修建太液池和蓬莱（琼岛）、瀛洲（团城）、方丈（犀山台）三山。琼岛曾建有广寒殿，是古时最佳赏月胜地。清代在广寒殿的废墟处建塔立寺，所建白塔高达 35 米。中秋夜登临琼岛，除赏月外还可观赏乾隆的题碑题诗，并俯视京城夜景。亦可泛舟于太液池，尽享"海上生明月"的美景。

观"卢沟晓月"

"卢沟晓月"是燕京八景之一，卢沟桥一向是古今人们的赏月之处。如今每逢八月中秋，卢沟桥及其所在的宛平古城都会举办欢乐的活动，届时即使"八月十五云遮月"，游客也能在高高的夜空看到一轮皎洁明亮的人造月亮。同时，宛平城内还有花会走街、舞狮以及老北京的杂耍、拉洋片等旧京风情活动。

北海白塔

卢沟晓月碑

古人赏月（《仰见明月》选自《吴友如画宝》）

去香山登高

登香山看月亮，是最健康的赏月方式。中秋时节秋高气爽，气候最宜人，最适合登高野游。中秋节上香山，可在下午五六点钟开始攀登，登临到最高点香炉峰时，如镜的明月正与您相对而笑。在山顶对着月亮嚼月饼，味更香而别致。而当您下山时，"山月随人归"，明月送客别有一番情趣。

另外，也可去西山大觉寺，到"明慧茶院"品茗观桂花；还可全家去什刹海旁"烤肉季"吃烤肉，临窗尽享旧京时"银锭望月"的风情；亦可去承德避暑山庄一游，那里的文津阁前有一池波光粼粼的碧水，日落前您将会在水中看到映出的一弯明月，这能使"日月同辉"的奇特建筑真乃巧夺天工。

【 三　历史影像 】

老皇历

据《史记·三皇本纪》篇载，我国的历法在远古天皇氏时期就有了，如按相传的天、地、人三皇各 18000 年来推算，那几万年前就有记"年"之说了。古籍《通鉴》上就有"伏羲作甲历，天干、地支两者相配，六甲一转，天度一周，年以是记而岁功成，月以是记而日功成"的记载，从那时的历法算来至今也有 6000 多年。

我国的历法自古以来各朝各代不尽相同，在西汉以前曾使用过黄帝历、颛顼历、夏历、殷历、周历和鲁历几种古历法。虽都以 365.2422 为一回归年，但每年的开端不同，如夏历以正月为岁首，殷历是以十二月初一为岁首，周历则以十一月初一为岁首，岁首的月份不同，四季也就随之而不同。在秦始皇统一中国后，曾以颛顼历为基础，以十月初一为岁首。至汉武帝时改用夏历后，恢复以正月初一为岁首，一直沿用至今。

夏历的历法是根据月球绕地球运行的周期而制定的，故也称太阴历。除月份大小、每月天数与公历不同外，还根据太阳的位置，把一个太阳年分成二十四个节气，以便于农事活动。纪年用天干地支搭配，每 60 年重合一次，称为一个"甲子年"。因这种历法始于夏代，所以称为夏历。夏历根据节令而适时进行农事活动，故俗称农历。而我国自民国时起决定使用世界通用的公历历法，其历法是根据地球绕太阳运行的周期而定的，所以亦称太阳历，人们俗称"阳历"。而民间百姓仍喜欢用二十四个节气适农事的阴历（夏历）历法，在每年印制的日历上，阴阳历都同时逐日并行刊登，老百姓使用起来很方便很实用。

皇历，就是老北京时记载历法的书，亦称黄历、宪书、通书。唐代诗人卢照邻《中和乐·歌登封章》里写有"炎国丧宝，黄历开睿"的诗句。历代皇帝都对皇历极为重视，唐朝时的历书必须经皇帝亲自审定后颁布，且历书只许由官方印制，不许私人印。在宋太宗时期，皇帝还在每年岁末前，给每个大臣赏赐次年的一本历书，让大臣们时刻不能忘记农事生产和节气。所以古时把这种刊登日历、天干地支、二十四节气、农事活动以及民俗祭祀日等的历书称为皇历。

在清代时，每年的十月初一为钦天监颁历日，从此时起颁布次年新宪书（历法）。《燕京岁时记》载："十月颁历以后，大小书肆出售宪书，街巷之间亦有负箱唱卖者。"即旧京时从十月起皇历在一些书肆、庙会、集市上就可买到，有些小商贩常背着个小木箱或背挎着小蓝布包走街串胡同出售历书和日历，他们常吆喝着："哎……新皇历哟！"大宅门、四合院的主妇们纷纷出来买回皇历，在皇历的外皮上再缝上一层布皮或糊一层纸皮，以防破损。还常在封面写上"××年宪书"或写上"灯下无忌，夜观大吉"的字样。民国以后，皇历大多由老北京时的文化街——前门外打磨厂里的老二酉堂、宝文堂等几家书局印制。

庙会　鲁求摄影

这些民间书局以印制经销平民百姓通俗读物、《三字经》、《百家姓》以及民间喜闻乐见的戏曲、鼓曲唱本等闻名于京城内外。这些书局均是前面柜台对外营销，后面则是印制书册读物的加工作坊。民国时的皇历已用石版铅字印制，记得皇历大 32 开本的，长约七八寸，宽约四五寸，每本四五十页，是用较显粗糙的毛边纸印的，封面是用黄色平面亮光纸加红或黑色字套印成的。翻开历书的第一页常是一幅"流年图"，该图就像一个定方位的罗盘，图心先定东西南北的方位，方位外层排列的是乾、坎、艮、震、巽、离、坤、兑文王八卦。这个八卦代表八个方位，八种事物，八卦外层跟罗盘中心之间有一白、二黑、三碧、四绿、五萤、六白、七赤、八白、九紫，也即中国星象学家所谓的"九宫"。这个流年图不是一看就懂，只有懂《易经》的人才能通晓其中的奥秘。历书的内容很丰富，除主要有一年 12 个月的阴阳历日期对照表外，还印有天干地支、二十四节气、七十二序等。所谓七十二序是指除阴阳历日期表

147

外附属的一些规则、图解、文章等,七十二是众多之意。像那时百姓家必阅览的《三字经》、《百家姓》、《千字文》、《朱子治家格言》、《二十四孝》、《弟子规》、《三九歌谣》、《九九消寒图》、《春牛圈》、农谚、格言、对联以及《周公解梦图》、《六十四爻》、《九星流年照命图》、《推背图》、《尺牍》、治病秘方等等都在其中。虽然用现代观点来看有些是迷信糟粕的东西,但大部分也确有实用价值。这种图文并茂的历书旧京时很受百姓们的喜爱,民国时虽已有挂在墙壁上的"日历牌",但老百姓家尤其是老人们,还是手不离卷、不厌其烦地喜欢翻看使用皇历。每遇家中有婚丧嫁娶红白事或修修火炕等土木之事,老人们均要先查看皇历上哪一月哪一日是"宜"、"忌"或"吉"、"凶"后,选好日子再进行。所以旧京时对这种"老妈妈令儿"曾有个北京俚语"老皇历啦",意指固守旧规之人和事。皇历旧京时还可做家中老少游乐之工具书,少儿们常爱看皇历上的"春牛图"和"占卦图",常学老人那样用七个铜钱放在手中摇晃后,一一码成行看正面反面的"字"、"谜"(读 mo),对着皇历上的卦图查找看是上卦、中卦还是不好的下卦,以测好坏吉凶。其实孩子们并不懂所列出的"卦意",而只是好玩而已。皇历上的《三字经》、《百家姓》和歌谣等也常由家长教着背诵念唱,如二十四节气歌:"春雨惊春清谷天,夏满芒夏暑相连,秋处露秋寒霜降,冬雪雪冬小大寒。每月两节日期定,最多只差一两天,上半年来六、二十一,下半年来八、二十三。"还有那"一九二九伸不出手,三九四九冻死母狗……"的九九歌诀,四合院里的孩童们边跳边唱着在庭院中玩耍嬉戏。

皇历曾是老北京百姓家中不可缺的实用手册。新中国成立后一度绝迹,近年在市场上又见到已去除迷信色彩改革一新的皇历,仍可买来一阅。

北京的春联

"两姐妹,一般长,同打扮,各梳妆,满脸红光年年报吉祥。"这个诗谜的谜底就是"春联"。此谜既写出了春联的对称特点,也写了红色的春联祝贺内容,堪称佳谜。

可是您可知晓咱北京的春联曾经不都使用大红色的纸。据民俗作家唐鲁孙考证："春联用纸，朱红、翠绿、柿黄三色都有，最讲究的用酒片金碎金银星。凡是遭父母之丧，在家守制，已过期年，可用净绿天地头加蓝色的春联；一般庵观寺院的春联都是浅黄色纸张。最奇怪的是清代的王府宗室一律悬挂的是白纸春联外加红边蓝边……"红色春联虽源于明洪武帝朱元璋的提倡，但清宫每逢春节时对联使用的是白绢，书写黑字，周围镶有金框，与北京民间的红色不同，这与满族尚白和皇宫内多明黄色有关。那么为什么民间非要用红纸来写春联呢？这与很早的一个神话传说有关。传说有个叫"年"的凶猛大怪兽，经常为害民间吃牲畜吃人，所以每当"年"要来的时候，百姓们就点燃堆堆火焰，这红色的焰火吓退怪兽，将它拒之门外。以后改为高高挂起红色的纸或布，并写上辟邪驱灾祈福纳祥的吉祥语，这就是红色春联的由来。

贴春联（《吉语题联》）

清人写的《燕京岁时记》中提到，北京"自入腊以后，即有文人墨客，在市肆檐下书写春联，以图润笔。祭灶之后，则渐次粘挂，千门万户，焕然一新"。

清末民国初的老北京，一进腊月满四九城都是"纳福迎新"的喜庆气氛。在西单、东四、鼓楼前以及花儿市和定期开放的庙市里就会出现很多写对子的摊。写春联俗称写对子。腊月时一些私塾及学校已放年假，一些书法好的老师常常带一两个学生设摊卖对子，用写字换些银两。也有些书香门第家的子弟或文人墨客借过年之际联语润笔，那时既是种楹联游乐，也是百姓公益之事。写对子的摊摆在街市商肆前，放一两张条桌并准备好红纸笔墨即可，墙上均贴上"书春"、"换鹅"或"借纸学书"的条幅招贴，一些家中无人能书写的百姓纷纷来求写对联。旧京时气候寒冷，书春者虽哈着口气暖手、跺着脚仍乐此不疲地为求字者书写春联、福字、条幅，百姓

春联（左：《春贴佣书》选自《名画荟珍》，右：《孟昶题桃符》选自《每日古董画报》）

们都满意地将"请"来的吉祥物带回家。60多年前我年少时曾伴随家兄在花儿市腊月的"联集"上设摊书春练笔，此情此景至今记忆犹新。

老北京过大年有尚红之俗，民间亦有腊月"二十九，贴对友"的俗语。各街衢里巷的宅门要在户内外高挂起吉庆的红灯笼，大宅门、四合院乃至大小杂院均在岁除书写张贴福字条幅和对联，对联的联语多是"天增岁月人增寿，春满乾坤福满门"，"又是一年春草绿，依旧十里桃花红"，或"喜迎新春合家欢乐，欢度新年福寿双全"，"瑞雪丰年八方献瑞，春风得意六合同春"等；横批与条幅常写"一元复始"、"万象更新"、"抬头见喜"、"出门见喜"。居室内除贴满福字、窗花、年画和悬挂吉祥"挂千"外，也常贴些"宜人新年，福在眼前，合家欢乐，人口平安"之类的吉语，就连佛堂里的灶王爷龛也要重新贴上"上天言好事，下界降吉祥"呢！店铺的门内外除贴满新写的红春联外，还要在柜台、柜房里贴上那独特组字的红色斗方"日进斗金"、"招财进宝"、"黄金万两"等。旧时北京春节街市、胡同、宅院、商铺内外均可见一片片红彤彤喜庆吉祥民俗文化的景观。北京的春联饱含着祝福吉祥的联语，充分表现出北京人的人情味儿和对人生美好幸福的追求。古今京城春节时节乐事喜事多多，春节的红色春联更是喜上加喜的盛景，使春节更吉庆更欢乐。

现提供古今几副春联供读者欣赏：

春随香草千年艳，人与梅花一样清。（明徐霞客）

春风放胆来梳柳，夜雨瞒人去润花。（清郑板桥）

九州生气，万里春风。（刘海粟）

但得夕阳无限好，何须惆怅近黄昏。（朱自清）

事因知足心常乐，人到无求品自高。（冰心书赠《祝您健康》）

壮丽关山迎晓日，风流人物在中华。（老舍作于1966年春节，题赠于志恭联）

一元二气三阳泰，四时五福六合春。

天下皆乐人长寿，四海同春树延年。

把三春花露酿小康酒，倾一腔豪情唱幸福歌。

灶君庙庙会

相传农历八月初三是灶君的生日，所以老北京在每年的农历八月初一至初三举办"灶君庙会"。

灶君即老百姓俗称的灶王、灶王爷。"灶"以前称为爨，后在春秋时代改称为"灶"，在战国七雄时代将"灶"尊誉为"灶君"，亦称"灶神"。早期的灶君显然有男女两种形象。据《庄子·达生》篇，灶有髻。司马彪注云："髻，灶神名，著赤衣，状如美女。"道家古籍上则把灶神说成是昆仑山上的"昆仑老母"或"种火老母元君"。唐代段成式的《酉阳杂俎》卷十四则曰："灶神名隗，状如美女，又姓张名单，字子郭……"资料载述先祖炎帝、火神祝融曾经也任过灶神之职，可见非同一般。《淮南子·氾论训》云"炎帝作火而死为灶"，《周礼》注"颛顼氏有子曰黎祀为灶神"。后人把这两种形象结合到一起，所以有了"灶神公婆"的说法。这些说法都告诉我们灶神是管人间之火的。古代社会人们取暖、照明、烤食、制器、防御野兽、治疾防毒都离不开火的燃烧。随着火的发现，人类社会的发展就离不开灶火了。老北京及全国各地都建有许多灶王庙，家家户户也都要在灶间供奉灶王爷。农历八月初三灶王生日，腊月初一跳灶王，腊月二十三送灶王爷上天，腊月三十接灶王爷等，每年要举行多次祭灶典仪。

灶神（木雕灶神）

老北京的家庭按照民间过生日吃"挑寿面"的习俗，要在灶王爷画像前供上三碗寿面并焚香礼拜。老北京有多座灶君庙祭祀灶君，其中有一个重要原因，就是厨行把灶王爷视为自己这个行当的祖师爷，每年的厨业行会要郑重其事地组织厨师三次去灶君庙祭拜。如同木匠业拜鲁班，茶叶行拜陆羽一样。民以食为天，厨师的职业，两千多年前就有了。烹饪自古在人类的生活中占有重要地位，厨师们以灶君为始祖，故八月初三这天也称为"厨师节"，举行"灶君会"的活动。八月初三，是老北京唯一盛行的行业界的"节"，它盛行于明清之时，直到"七七"事变前都有活动。这一天老北京的厨师集中在灶君庙或祠堂内举行祭祖活动，还要交流技艺经验、收授门徒、牵线找工作等，最后是请戏班演大戏。这一天，许多厨师出身的饭庄老板也前来祭灶神，一是向大家表示不忘本，二以希冀经拜祖后灶王爷能保佑自己的生意兴隆赚钱发财。

老北京时最大的灶君庙（又称都灶君庙）坐落在崇文门外东花儿市大街路北。该灶君庙有三层大殿，每殿有房三间，中殿有前后门可穿堂而过，正殿供着灶君及灶君妻子（灶王爷和灶王奶奶），灶君头戴礼冠，身穿朝服，黑髯。清代吴长元的《宸垣识略》中曰："都灶君庙在花儿市，明建，无碑可考，有古柏一。本朝康熙间重建，有国子监祭酒孙岳、翰林院编修冯云骕二碑。门外铁狮子二，康熙初年铸。每年八月初一、初二、初三日庙市。"

灶神（《灶神像》）

我青少年时就住在东花儿市北面的一条胡同里，我家是老北京人，听父辈人讲，在旧时这里的"灶君会"的庙会非常热闹，庙会开放时八大堂、八大楼、八大春、八大居等有名的酒楼、饭庄的厨师以及一些不起眼的小饭馆的厨师和平民百姓均进庙焚香拜灶君。厨行的学徒还要在此举行拜师、谢师、出师的仪式。届时庙门外有很多售卖日用杂品、儿童玩具和各种小吃干果的摊位。因临近中秋，这里还摆有很多卖兔儿爷和水果的摊子，以及花儿市特有的各种绢花、装饰品摊位，吸引着众多内外城的百姓前往游览。尤其灶君庙前的那对铁狮子更吸引游客前往观看抚摸。这一雄一雌的铁狮子，高约二尺，相顾而视，威风凛凛。它们是康熙己巳年（1689 年）间崇文门外上头巷童子圣会的同仁诚献的，后因年深日久和任人骑耍玩摸，这对铁狮子已被磨得光滑发亮。我小时候也曾经多次骑过它们呢！铁狮子给灶君庙壮了门面，所以在老北京留下了"灶君庙的狮子——铁对儿！"的歇后语。

民国以后，因为灶君庙的房屋年久失修，殿堂破旧神像损坏，已成危房，上世纪 30 年代时，由附近的回民小学董事会（董事长是马连良之父马西园）集资筹款买下灶君庙的地产，再经马连良等校董多次组织京剧义演筹资，于 1941 年 11 月改建成回民小学的新校舍。从此一座有楼房的新小学代替了原有的灶君庙，新学校定名为"穆德小学"，不过那对铁狮子作为古迹还保留着。当时很多适龄儿童都争相报考该学校。小时候，我特别喜欢那对铁狮子，爱屋及乌，央求父母让我转学，父母经不住我的恳求，也曾带我前去报考，终因不是回族儿童而未能如愿。这对铁狮子在"文革"动乱时期曾"丢失"，80 年代初期，穆德小学一位校董的后人偶然发现它们在中国工艺美术进出口公司仓库内被收藏保护。后来北京市政府根据花儿市回族群众的反映，将这对有 300 年历史的铁狮子运回穆德小学。记得上世纪 80 年代的时候，我从报纸上得到这个消息，还特地去了趟学校，亲手摸了摸这童年的伙伴。

旗袍溯源

旗袍被世人称为"东方女装的代表"。这种服装的原型出自中国满族妇女的装束，在 300 多年前，生活在东北地区的女真人的后裔——满族妇女，因气候寒冷都穿一种肥大的直筒式的袍子。她们为了方便劳作，在袍子的左右两侧开衩，在骑马登山或下江河时，就把袍子下摆扎起来系在腰间以便自如行动。在平时又可把开衩的地方用纽襻扣住，既可保暖，又能显示出女性的风姿。

满族人入关后，满族妇女随八旗兵入住北京城。由于满族人都被纳入了"八旗"序列，所以满人也被称为"旗人"，妇女穿的这种服装也就被称为"旗袍"，满语则称为"衣介"。后来在清代的皇族王府及八旗的妇女中，更在穿戴诸方面发展成为戴旗头（两把头、大板头）、穿旗鞋（厚底盆鞋）、着旗袍、戴旗饰品等一整套的装束。在老北京的崇文门外花儿市大街等地，就专门有为清宫中的女眷制作旗头用的绢花等装饰品的作坊。旗人的这种装束老北京时还有不少典故呢！如说穿旗袍是为了限制妇女的步幅，旗鞋能使妇女的步伐更稳，旗头是为了使女性的腰板挺直，戴耳坠子则是为防止女性的急回头，否则就会打着脸……

清顺治时入关定都北京后，曾下令百姓必须"剃发易服"以表对清朝的"归顺"，从而使旗袍成为满汉两大民族的通用服装。汉族的妇女觉得旗人女子的高领、细腰、长袖、长身的衣裳很得体、很轻便、很好看，纷纷仿效，于是新颖的"旗袍儿"（老北京的儿化音）走进了老北京的四合院，富贵家的太太小姐们穿起了用各种衣料精心制作的旗袍。

自民国时起，这种旗袍又逐渐传向上海、南京等全国城乡地区。在作为大都市的上海，人们结合西欧服装的样式，又对旗袍做了现代化的改良，使之成为"大众型"的模式，正像《舞台姐妹》影片中竺春花、邢月红等女子穿的旗袍那样，更彰显女性的婀娜多姿。这种新式旗袍从选料、花色、式样、做工等各方面搭配很得当，那时称为"改良旗袍"，其从遮掩人体曲线到显现凹凸有致的女性美，彻底摆脱了满族旗袍的旧有模式。这种改良后的新旗袍在 1929 年还被当时的国民政府定为女性独具民族特色的"国服"。据说在清朝末代皇帝溥仪的后妃婉容、文绣走出紫禁城皇宫前后的一段时期，曾有个"御裁缝"专门为后妃设计制作新式旗袍，其改良的新花色、新式样不但受后妃喜爱，同时也从宫内流传到民间。

在民国时期，老北京的成年女子穿各式改良后的新颖旗袍极为风靡流行。在王府井、前门等地的一些服装店、绸缎铺以及街市的裁缝店，都用中国的传统面料——丝绸锦缎等做成单、夹、棉、皮的较高档的旗袍，讲究的人还要绣上不同的花边和吉祥的图案。大宅门、四合院里的太太小姐们发髻高绾身着旗袍，更显身段窈窕婀娜多姿，体现了中国女性的东方神韵。而在老北京的一些平民百姓中，最流行的则是似旗袍样式的毛蓝布衫，夏天时敞身穿，冬天时套在棉袍的外边，夏暑天时还常穿一种用阴丹士林布做的短袖、矮领、开衩到膝部的长褂，非常合体、省料又凉爽轻便。这类旗袍成为新中国成立前平民妇女和女学生们非常爱穿的服装。

新中国成立以后，穿旗袍之习一度绝迹，直到上世纪80年代后旗袍才风光再现，并与时俱进不断发展改良。这些四季皆宜尤其更适合春秋时节穿的各式旗袍，给妇女们带来"花样年华"。旗袍演示着中国女性的美丽，穿旗袍也已成为西方乃至世界各国妇女的一种时尚。

闲话扇子

"扇子有风，拿在手中，有人来借，等到立冬。"这是老北京城里在民间传诵的一首民谣。老北京的时候，没有空调、电扇，四合院、大杂院里的平民百姓，在夏天最常用的防暑降热之法就是使用扇子。在挥汗如雨的盛夏酷暑，一把扇子扇扇，清风徐徐而来，凉爽宜人，确是惬意。

扇子始于殷代，距今已有3000多年的历史，在晋代的《古今注》中已有记载。扇，又名箑，《扬子法言》一书中《方言·杂释》篇云："扇自关而东谓之箑，自关而

卖鹅毛扇

芭蕉扇（《瓜棚乘凉》 选自《中国古典文学版画选》）

西谓之扇，今江东亦通名扇为箑。"最早的扇子，多为羽毛所制。"扇"字的"户"字下面就是"羽"字，古代扇子亦称"羽扇"。自古以来，扇子的品种很多，有羽毛扇、宫扇、竹扇、麦秆扇、苇扇、藤扇、檀香扇、绢扇、团扇、纸扇、折扇、芭蕉扇（蒲扇）等多种。扇子因南北地区不同，权贵富人、书香门第、平民百姓、男女的身份各异，使用的扇子也不相同。从最初的羽毛扇，到宫廷内的装饰，从周昭王聚丹鹤毛羽为扇以示尊贵，到诸葛亮被人视为智慧象征的羽毛扇以及大家闺秀使用的团扇、绢扇，再到现代人常用的文雅折扇、大众的蒲扇，均受到人们格外的青睐。

老北京旧时的街市上有专营扇子的商铺，名为扇庄或纸扇庄。扇庄以销售纸扇为主，因其有季节性，所以又兼营纸张和文房四宝等，纸扇庄从而得名。扇庄一般都有专门供货的制扇作坊，或者是前店后厂，自产自销兼做批发。

老北京的扇庄集中在前门外打磨厂一带，那里有很多历经几百年的老字号，经销制作各种扇子，打磨厂也因其文化氛围成为老北京的一条文化街。经销扇子的扇庄为了招徕顾客，多在门前挂一扇幌，扇幌的尺寸大小不一，扇面两侧均绘有戏曲人物或花鸟以吸引顾客，色彩鲜艳，造型生动。

老北京使用最广、最普及的是大芭蕉扇和折扇。大芭蕉扇最价廉物美。芭蕉扇其实并非芭蕉叶所制，而是用蒲葵的叶子做的。蒲葵又称葵树、蒲叶葵、扇叶葵，其树形很像棕榈树，产于南方各省。北京的芭蕉扇，都是由来自南方的扇叶葵制成。

大蒲葵扇一般是一尺大小，不但价廉且用起来风特大、特凉爽，很受老北京的百姓欢迎：老北京时，中老年人常手拿蒲扇，坐在四合院、大杂院的门道里，边扇着边闲聊着家长里短；小伙子们常在胡同的路灯下，边下棋侃大山，边扇着凉风；幼童们也常抢过老奶奶们的大蒲扇，放在胯下当马骑。大蒲扇是老北京夏日里的一幅别致的胡同风景画。炎热的酷暑伏天使用扇子不但能清热消暑，还可驱蚊，手臂不停地摇动扇子，也有利于身体健康。这种大蒲扇如今北京很难买到了，偶尔在超市里见到，看看价格就使人放弃了怀旧的想法。

折扇，又名蝙蝠扇。在北宋宣和年间，朝鲜的折扇传到我国。明清两代时，专有江浙一些扇庄精心制作华丽的"贡扇"进贡给皇帝"御用"。当时的皇帝十分喜爱折扇，常把折扇赏赐给大臣使用。

折扇一般分戏曲节目中的大折扇，江湖侠士、戏曲武丑、捕快用的黑折扇，百姓、官员、士绅、儒雅文士用的白折扇和书画折扇。扇骨过去是很讲究的，分为竹骨类、木制类、象牙类、秋角类、陈香类等。无论何种扇骨，在制作上都要经过精雕细琢。

老北京的扇骨以竹为主，也有兽骨或檀香木等做的。讲究的扇骨由名家进行镂刻，在扇骨上多刻有山水、花卉和人物。扇面多用精致的桑皮纸、高丽纸等制作，扇面除印有山水、花卉、戏曲人物、脸谱以及诗文外，也有净面的，以供名家题字题诗和作画。老北京时齐白石、张大千等书画名家和戏曲界的名人，常在扇面上作画题诗，有些扇子现在已成为珍贵文物被收藏，偶尔出现在书画拍卖会上，价格也颇高。

扇子，已经不仅是纳凉的工具。制作精美加上名人题诗作画的扇子，已成为艺术价值极高的工艺品，供国人赏玩珍藏。

天棚·鱼缸·石榴树

过去老北京流传着一句俗语："天棚鱼缸石榴树，先生肥狗胖丫头。"这前半句说的就是咱老北京四合院里夏季的别致风景。每遇炎夏，高搭天棚以蔽烈日，在石榴树和鱼缸间闲庭信步，如置身清凉世界，顿忘尘寰纷嚣，是十分惬意的享受。

天棚底下好纳凉

搭天棚的风俗历史悠久，在明清民国时期，老北京的皇廷贵族、达官贵人每到炎夏暑伏之时，除了纷纷奔向承德避暑山庄、北戴河等地避暑玩乐享福外，那紫禁城里的宫殿和官府里、庭院里都要搭建起天棚。搭天棚这种防暴晒、降暑热的办法后来传到民间，一般百姓家的四合院里也仿照搭建起了天棚。

搭天棚，也叫搭凉棚、搭彩、搭天花，有席棚和布棚两种。老北京时，除用于乘凉防热外，也常用于四合院里办喜事，如娶媳妇、聘闺女、老人做寿、儿孙出生、满月以及丧事等。因为要招待众多亲友就餐，悬挂红白楹联寿幛，白事时还要设灵堂请和尚道士念经超度，搭天棚成为老北京时兴的讲究，也是对亲友应有的礼儿。

影片《骆驼祥子》里为刘四爷做寿时，搭寿棚就再现了老北京那时的情景。老北京时有很多搭棚的棚铺，现在流传下来的很多带席箔的胡同，说明当时棚铺之多，如西城区的大席胡同、小席胡同等。棚铺专司承担京城里各店铺、四合院搭棚活计，他们每到夏季进入四五月份就开始为需要凉棚的大宅门、四合院搭建。棚铺自备有席箔、杉篙等材料，那些搭棚匠技术都非常熟练，爬高登梯攀杆都非常敏捷利落，俗语称为"猴爬杆的"。一般的四合院，仅用一天的工夫就可搭起一座高过屋顶房檐遮满院落的席棚。那棚的四面都留有透气通风的空当，席棚的正中也留有两三个天棚窗口，天棚口上搭有可拉开关闭的卷席，早晚可拉开通气纳风，午间太阳暴晒或雨天时就用

金鱼（清代瓷器）

绳子一拉关闭上，非常方便。席棚在用完后，仍由棚铺即时拆除。夏日的凉棚是大人们乘凉休闲之地，朋友间摆上一壶好茶，粗犷的，喝上几口小酒，文雅的，下几盘围棋，很是惬意。同时，凉棚下也是儿童们游乐玩耍的场所，如跳皮筋、翻花绳、跳房子、拍洋画、摔元宝，清凉舒适的环境非常受孩子们的喜爱。

"年年有余"小点缀

鱼缸，说的是四合院里常年摆放的鱼缸、鱼盆。这些鱼缸里常年饲养着金鱼，有些鱼缸里还兼种养着荷花、睡莲、河柳、水草等植物。

北京城最早养金鱼是在金代，当时的统治者从宋朝抢夺来名贵的金鱼供其赏玩，并在现在崇文区西南的地方建立鱼藻池（即后来的金鱼池）。到明清时代金鱼池的面积达数十亩，建有百余个金鱼池，金鱼池已成为饲养金鱼和游览的胜地，池中的金鱼也已经成为皇城宫殿里的珍贵观赏物。

石榴（《榴开百子》传统吉祥图案）

四合院里养鱼的鱼缸多为大口的陶泥缸或瓦盆。陶制的鱼缸透气不漏水，有利于鱼的存活。鱼缸视四合院大小和养鱼多少而配备，一般要多准备几个，以备倒缸或金鱼甩子时打鱼子用。鱼缸的下面设有木架或用砖块垫高，以高至人的腰间为高度，方便主人喂养和欣赏。金鱼的品种很多，有各色的龙睛鱼、狮子头、珍珠、绒球、草金鱼等。卖鱼的小贩出售的金鱼，有的自金鱼池趸来，有的来自京郊高碑店的"养鱼专业户"，他们挑着挑子，一头是金鱼一头是玻璃鱼缸和蛤蟆骨朵儿，走街串巷吆喝着："哎！大小金鱼哟……"吆喝声声，传遍了四合院的内外。

鱼缸是四合院庭院中不可缺少的摆设和点缀，养金鱼，在老北京意寓"年年有余"、"富贵有余"等。养鱼既可以陶冶情操，又可改善庭院环境和身心健康。鱼缸和金鱼是老北京乃至现代北京的四合院中不可或缺的物件和宠物。

石榴树（《榴花双莺图》明代吕纪绘）

五月榴花耀眼明

石榴树，则是老北京的四合院里种植最多的一种树。石榴，又名"安石榴"，据史料记载，是汉代的张骞出使西域时从安息国（今伊朗）带回中国的。石榴多为盆栽，一般在五月开花，八月结果。石榴果红似火，象征着日子红红火火，其石榴的多子象征着多子多福。老北京有些人家常用剪纸剪成"福禄寿喜"字样贴在刚成形的果实上，待成熟石榴变红时，揭去纸样，福禄寿喜便被拓在上面，将其献给长辈，非常喜人。满树的大红石榴成为夏秋时节四合院里的一道美丽的景观。

石榴花开，火红夺目。古人有"五月榴花耀眼明"之句，后世遂称阴历五月为榴月。老北京对石榴树颇有感情，早年中产以上的宅门儿，多用它点缀庭院，根据院落的大小，置数盆乃至数十盆，并以鱼缸杂列其间。

菜篮子·荷叶·网兜儿

竹篮曾是北京主妇们上街购物离不开的用具，从蔬菜水果到油盐酱醋，一篮装进。而蒲包、纸匣、荷叶、木纸、瓶碗和网兜儿，也都曾是购买物品的包装物。

60 年前去集市、庙会或干果店、副食店、商店采购，买油、醋还得自带陶罐或瓶子，买大酱、芝麻酱用盆碗，因那时还没有成袋成瓶的包装。而有些新鲜的青菜、水果、鲤鱼、黄花鱼和日杂用品，常有小贩串胡同吆喝着卖，住户不出胡同即可买到。

蒲包和纸匣子是用于包装干鲜果品和糕点的。老北京特讲究礼儿，平日或年节亲朋间常礼尚往来。在街市的"果局"、干鲜果品店、糕点铺，都备有蒲草编织的蒲包，用硬纸板外糊彩纸做成的纸匣，供包装水果、年糕、粽子、元宵、月饼等使用，购买时店员都给顾客码得整整齐齐，在包好的蒲包或纸匣外面放好一张或红或绿的店铺门票，然后捆扎得结结实实，以方便顾客手提着去送礼。

荷叶与木纸是用于包裹生熟肉制品的。旧时街市上的"羊肉床子"、"猪肉杠子"出售生熟制品都使用荷叶。老北京的圆明园、什刹海、积水潭等园林湖泊，都种有大面积的莲藕，除供皇廷观赏及食、医用外，一部分被用于民间包装食品。那月盛斋、天福号的酱羊肉、酱肘肉，旧京时都用荷叶包好并用马莲系好，回家吃时不但有肉香，还有荷香味。木纸是在新中国成立后因荷叶已供不应求，用来代替使用的。主要用来包生肉，但到上世纪70年代后不再使用。

开始使用网兜儿装日常食品和用品，是上世纪70年代前后的事儿。网兜有大有小，兜上的网眼亦可大可小，多是用线编织而成。当时干部下放劳动、学生入学，都用这种网兜装衣物、书籍和洗漱用具。那时还常有一些女孩子自己用彩色塑料绳编织成网兜或提包，用于逛街买水果或装日用杂品。这种线网兜、塑料绳网兜收拢时体积小，便于携带，并可重复使用，是没有塑料袋时最实用且盛行一时的包装用具。为减少白色污染，现在北京不允

竹篮（《三生有幸》选自《点石斋画报》）

卖枣年糕

许商家提供塑料袋了，那么用什么来替代呢？我认为网兜比布袋更实用。

老北京的冰窖与冰箱

暑伏天酷热难耐，老北京时没有空调、电冰箱，那时人们主要使用天然冰来防炎夏暑热和冷藏食品。

两千多年前的周代便有贮水御暑之法，《周礼·天官》中载："鉴如瓶，大口，以盛水，置食其中，以避瘟气。"《诗经·七月》也载："二之日凿冰冲冲，三之日纳于凌阴。"二之日、三之日指的是夏历的十二月、正月，即十二月隆冬时把冰凿得嗵嗵地响，正月里把它藏进冰窖。"鉴"指的是盛冰水的器皿，"凌阴"指的是藏冰的冰窖、冰井。自古以来就用这种天然冰去冰食物、冰酒水、保鲜食物，并用于降暑热。唐代时皇宫内还用冰举行过冷宴，皇帝以冰块颁赐众大臣，以示皇恩。

天然冰自古就在冰窖中贮存。明清时期老北京的冰窖均是半地下建筑，上面用厚厚的席箔黄泥盖顶，里面四周用砖石垒成，有些冰窖还涂上用泥、草、破棉絮或炉渣等材料配成的保温层，以提高冰窖的保温能力。老北京时冰窖很多，在德胜门外、地安门外、阜成门外、宣武门外、崇文门外皆有冰窖，从老北京带冰窖字样的胡同之多即可见一斑，如现在的秀清胡同、水清胡同、白米北巷、飞龙桥胡同，在新中国成立前都称冰窖胡同。清初时的官窖有北海东门外的雪池冰窖和德胜门冰窖，是专门向皇宫、六部、亲王、大臣们提供天然冰的。那时冰由工部专门管理，据《燕

窖冰

162

京岁时记》载："京师自暑伏日起至立秋日止，各衙门例有赐冰，届时由工部颁给冰票，自行领取，多寡不同，各有等差。"那时要按官的大小凭所赐的冰票去领取不同数量的生活用冰。后来又有了专供王府用冰的府窖，立过很大军功的王爷经皇帝御批后才可设立。民国后官府的众冰窖均改由商家经营，从而北京出现了更多的民营冰窖，天然冰开始向民间饭庄、医院、小吃铺和百姓家供应，不再被官府垄断。

护城河畔

　　天然冰块最好是采集于深山溪谷之中，那儿的冰低温持久，冰质坚硬没有污染。老北京时的冰多取自筒子河、护城河等地，那时官府的冰窖取水贮冰是很讲究的，采冰前要先"涮河"，即在冬冻前要先在采冰处的下游放置闸板，使水位上涨，用拉船钩去河中的水藻水草，然后提起闸板放去脏水，再放下闸板蓄水，待数九后结成冰时即可伐冰。打完第一茬冰，上游闸放水，再冻再伐，这样一个冬天可打伐几茬冰，其最好的是第二、第三茬的洁净优质冰，当然要供皇宫王府内使用。这些好冰运进宫内后放入冰室由专人管理，以供御膳房制作冰食冷饮和太庙祭祖以及居室内祛热降温使用。《光绪顺天府志》上曾详细记述了奶酪等冰食的制作方法，有了这优质的天然冰，在清宫宴席上就有了冷菜和冰果。这种以冰拌食的消夏小吃，后来从宫内传向民间，街市上就出现了众多以冰、香料、果品制作的美味冰食小吃。

　　上世纪30年代后，老北京建起了机器制冰厂，有了人造冰和一些冷藏设备，洁净质优的人造冰逐渐代替了天然冰，50年代以后冰窖和窖冰逐渐消失了。

　　古时没有电，更没有电冰箱，在伏天酷热之时贮存食品果蔬和冰酒主要用的是天然冰块，那时用以盛冰的有冰囊、冰禁、冰盆、冰桶等容器。

冰囊是由橡皮或猪膀胱制成的，将冰块纳于囊中，然后缚住其口。冰禁是一种青铜酒器，是用于冰酒冰水的器皿，四周有可将冰块置入的密合夹层，酒器中间是个可盛美酒的方形壶。另外古时还常使用"冰井台"的方法，明代高濂的《遵生八笺》中曾载："霍都别墅，一堂之中开七井，皆以镂刻之，盘覆之，夏月坐其上，七井生凉，不知暑气。"即挖数个深井，里面藏置着冰块，井上面建个"冰室"或"冰厨"，把食物、酒、果蔬放入，以冰井内上飘之凉气使食品不腐和祛暑热。以上古人的科学举措，实际是我国最早的"冰箱"雏形。

到了明清时代，皇府权贵之家，在暑伏天是用冰盆、冰桶冰镇食物和散凉祛热的。冰盆有瓷盆、铜盆、木桶等数种；冰桶有琉璃冰桶、木制冰桶等。琉璃冰桶由生产琉璃瓦的皇家窑厂模仿木桶式样制成，分孔雀绿、粉红、牙黄数种，其特点是桶内贮冰而桶外四周不出现水珠；木桶里镶铅皮（或锡皮），外有铜箍，约一尺五寸高，二尺见方，上有活动对开的木盖，下有雕孔的木座盒，用以存冰化水。

清代乾隆时期曾使用掐丝珐琅冰箱，该冰箱高 76 厘米，分箱体和箱座两部分，箱体高 45 厘米，102 公斤，口大底小呈斗形。冰箱为木胎、铅里，底部有一小圆孔，为冰化后泄水之用。其箱体外部为掐丝珐琅，遍饰缠枝宝相花纹，多彩艳丽，箱盖为对开活动盖，盖上有"大清乾隆御制"字体。箱座为红木，高 31 厘米，重 21 公斤，座下有饰以兽面纹的四腿角。冰箱制作精细，美观典雅，是宫廷稀有之物。一对冰箱在溥仪逃往天津时被盗运出宫，在天津拍卖了，后被天津的陆观虎先生购得，在 1985 年他的女儿将其捐献给故宫博物院，现这个国宝级文物由故宫博物院收藏。而老北京的一些四合院的上层住户，曾使用过一种外皮木制、用铅皮做里的冰箱，其里外两层间填有锯末以增强保温性能，形状像现时的保险柜大小，约高三尺、宽二尺、厚二尺，内分两层，中有带孔的木架，上层为冷藏食物用，下层有个冰槽，用于放置冰块，箱底部也有漏水孔。箱底有四脚，箱下要放个金属盘或瓷盘，以接冰水。此老式冰箱已是收藏者囊中之物。如今功能齐全、各式各样、美观保鲜的电冰箱早已是每个家庭必备的电气化用具，成为制作冷食冷饮、改善饮食的现代厨房设备。

夏日里的叫卖声

老北京时一年四季，什么季节吃什么用什么讲究颇多，这些讲究与习俗从串胡同挑担推车售卖各种货品的小贩及其不间断的吆喝卖货声里即可大体知晓。

初夏时节，应节当令的各行各业的商贩们频频行走在胡同街头巷尾时，那吆喝的卖货声也形成叫卖交响曲。60多年前的所见所闻我至今记忆犹新，仅撷取一二。

卖杏儿的

旧京时一入夏胡同里就有卖青杏儿的。郊区果农为让同一杏枝上长出大杏好杏，常常先摘下些不成熟的青杏儿，然后肩挑着担子进城串胡同吆喝叫卖："哎——吃杏儿哟，又酸又甜的杏儿哟！"旧京的少儿们那时因没有如今这么多零食，常买这种青杏儿吃。卖杏的在卖你杏后还会用一小节秫秸秆给你蘸一嘟噜麦芽糖稀。少儿们用手举着，用酸杏蘸着蜜糖吃，酸甜爽口，其乐无穷。待挂着红色的大杏上市时，商贩们的吆喝也变成"好大的甜杏哟——"，黄中透红的大杏果肉厚滋味甜，连核仁都是甜的，是人们初夏爱买食的廉价果品。

卖桑葚、樱桃和桑叶的

在端午节前的胡同里不但有吆喝卖粽子的，还有从郊区进城卖应节的樱桃、桑葚和桑叶的果农。樱桃、桑葚、桑叶所属的果树自古就是先民们爱种植的又极具经济收益的植物名木，尤其桑树，其果实（桑葚）、叶（桑叶）、枝（桑枝）等都是保健医用的食药材。桑葚、樱桃富含蔗糖、维生素及铁、锌等微量元素，曾是清宫御用的贡品。民国以后老百姓才得以品尝，"樱桃桑葚，应时当令——货卖当时"，这句歇后语就说的是端午节时的应节最新鲜水果。"哎，桑葚，大樱桃——"，百姓们常买些紫黑、白、红色的桑葚、樱桃，甜甜的桑葚、甜酸的樱桃与粽子、白糖同食具有健脾和胃、调中益气的作用。

旧京时很多人家有养蚕的风俗，桑叶是蚕必用的饲料。农历四月经清明雨润后的桑树已翠绿，绿叶长满树枝，少儿们除了常到护城河旁找野树摘取外，还买些果农卖的桑叶。这些桑叶常由卖桑葚的果农一同出售，价格不贵，大家就常买些以解喂蚕之食需。

卖黄花鱼的

据《清稗类钞》载："黄花鱼，一名黄鱼，每岁三月初，自天津运至京师，崇文门税局必先进御，然后市中始得售卖。都人呼为黄花鱼……酒楼得之，居为奇货，居民饫之，视为奇鲜……"从以上古籍可知，由于旧时交通不便以及黄花鱼曾是御膳用的海鲜，所以老北京时黄花鱼被民间百姓视为极珍贵的食物。黄花鱼原名石首鱼，因其肥美色黄如菊，老北京人俗称为黄花鱼或黄鱼。黄花鱼旧京时是八大堂、八大楼等饭店的美味佳肴，炖黄鱼、红烧黄鱼亦曾是端午等佳节家宴上的美食。旧京时曾有"卖裤子，买黄鱼"的俗语，还有接回姑奶奶回娘家吃黄花鱼的习俗。因旧时已出嫁的女儿，作为婆家的儿媳妇是难得痛快吃上一顿黄花鱼的。黄花鱼在春季渔汛后由商贩从京东的津塘海边批来，挑着担子走街串巷高声唱着："哎，大黄花鱼哟，新鲜的黄花鱼哟！"叫卖声曾是入夏后胡同里的民俗旧景。黄花鱼富含蛋白质、脂肪等，是旧京时百姓们用于大补元气、调理气血的很不错的补品。

卖芍药花的

"燕京五月好风光，芍药盈筐满市香。试解杖头分数朵，宣窑瓶插砚池旁。买得丰台红芍药，铜瓶留供小堂前。"这些《北京风俗杂咏》中的诗句，描述的是旧京夏日四合院居室里摆置芍药花的情景。

芍药，李时珍在《本草纲目》中称其有"制食之毒，莫良于芍"的功效，可见芍药花有防病保健的作用，红、白芍药花自古就是用于医治多种疾病的中药材。

老北京四九城内外入夏后海棠花、杏花、牡丹花、丁香花、郁金香、玫瑰花相继盛开。由于旧京时很多园林被皇家独占，百姓们很难欣赏到这些艳丽的花卉。北京的丰台黄土岗等村镇曾是育培种植各种花卉的鲜花基地，花农除按节令给清宫内送各种花木外，也常把一些花卉，如芍药花之类的鲜花运到报国寺及花儿市大街摆摊出售，还有些小贩肩挑着串胡同，

"新鲜的芍药花哟 —— ",不断地高声吆喝叫卖。旧京时一些文人墨客及王府贵族家经常买几束插置在中堂屋内、书桌上或栽入花盆,那红红的芍药,花香袭人,给居室带来无限的春色。

老北京的户外广告

老北京有句老话:"老王卖瓜,自卖自夸。"可不是吗?酒香也怕巷子深,咱老北京的那些好玩意儿光靠吆喝还不行呢!

幌子·幌子旺盛略店名

从宋代名画《清明上河图》中描绘的酒店外高悬的绣旗上就可见"新酒"字样的酒幌。这种仿效作战时高悬的战旗的酒幌,是用布帛做的"旗"或"招",是最早用来招徕顾客的广告形式,这种幌子在老北京的街头处处可见。至今在郊野乡镇一带仍有幌子在风中高悬。

老北京另一种幌子是以实物的特殊形式代替"幌旗"。前门大街鲜鱼口有两家毡帽店,门前各摆着一个约一米高的方凳,上面各坐着一个手捧着金元宝用楠木雕成的"黑猴儿"作为店铺的标志。一家是在明朝末年,山西人杨小泉在鲜鱼口开的毡帽店。他不仅有一套制作毡帽的精湛技艺,还有个爱养猴子的业余爱好。杨小泉买卖做得好,猴儿也养出了名。无论同行还是顾客,都管他这个毡帽店叫黑猴儿毡帽店。他的后人为了纪念他和那只黑猴儿,

幌子(前门外西河沿东口)

167

也为了招徕生意，仿照黑猴儿的模样雕刻了一只楠木猴儿，外涂黑漆，双手捧一只金元宝，摆在店铺门前。

另一家是清朝时，一个叫田老泉的人，在杨小泉黑猴儿毡帽店的旁边，也开了一家毡帽店，也在门前摆上了一只雕刻的楠木黑猴儿，这样一东一西两个店，两只黑猴儿一模一样。人们都管这里叫田老泉黑猴儿毡帽店。

崇文门外西花儿市大街还有个天合成绒线铺，长期高挂着一个木质的"大烟袋锅儿"为标志。因为天合成诚信经营生意红火，在老北京城内外非常有名，人们买绒线时都说去"大烟袋锅儿"，而忘掉其店铺的名字。

老北京的中药铺都以大膏药模型做幌子，同仁堂曾经用一个铜人做标记，京酱园多用一个大葫芦做幌子。

一些戏园子将每天上演的剧目中的主要道具实物作为幌子，放在戏园子的大门口，以此告知观众晚上将上演的剧目，以招徕观众。如今的北京街头仍可见到类似"幌子"的广告，如店铺前设置的橱窗或不时闪光的霓虹灯等现代化的广告形式。

招牌·招牌多找名家书

明清以后的北京城里的店铺经营者，对自家商铺的牌匾和楹联都极为重视。这些牌匾和楹联实际是另一种形式的广告，要使自家店铺字号既醒目吉利，又朗朗上口，最好让人过目不忘。店铺的招牌多找名人或书法家题写，各具特色。北京老字号匾额多出自

户外招牌（《谓他人父》选自《点石斋画报》）

户外招牌（《骗局翻新》选自《点石斋画报》）

寿石公、陆润庠之笔。现代名人题匾较多的是郭沫若、赵朴初、董寿平、溥杰、启功。现在保存下来有名的老字号牌匾，大栅栏"乐家老铺"为寿铠所书，"稻香村南货店"为寿石公所书，琉璃厂的"荣宝斋"为陆润庠所书，"商务印书铺"为郑孝胥所书，"韵古斋"古玩铺为宝熙所书，"静文斋南纸店"为徐世昌所书，"步瀛斋"鞋店为毛昶熙所书，前门的"六必居"相传出自明代宰相严嵩的手笔，"西鹤年堂"的匾，相传是严嵩之子严世藩所书。

一些店铺内外的柱子上都有木刻的楹联，在商业行当的各种店铺内外经常使用，其中有约定俗成的楹联。如刻字店是"笔行神至龙收画，刀走力到金石开"，刺绣店是"万里河山藏袖底，四时花鸟出针头"，百货店是"货无大小皆添备，物纵零星不厌烦"，眼镜店是"悬将小日月，照彻大乾坤"。古往今来，许多老字号商店、餐馆、酒家和茶楼等场所都有醒目的楹联，有的历经百年风雨至今保存完好。

踩街·踩街成独特景致

在上世纪三四十年代的老北京还曾出现过一种特殊的商业广告形式——踩街。踩街实际上是一些厂商为了宣传自己的产品，而举行的"活广告"，俗称"创牌子"。踩街的做法是：当一种新产品制造出来时，为了上市推广，工厂或商铺的老板，雇上一些人穿着彩衣打着彩旗，彩衣、彩旗上写着产品的名称和销售地址，沿热闹街头游走，吸引行人的眼球以达到宣传产品的目的。老板们为了加大宣传力度，在踩街的队伍中还常加上吹着小号、敲着铜鼓的乐队，后面还要加上堆着产品的人力洋车、三轮车、排子车等。有路子的还能跟军队借来吉普车、卡车等，车帮子上贴着产品的宣传画，经常还有一位打扮妖艳的摩登女郎发放产品的宣传单，向路人抛送免费的糖果等。在踩街的行进过程中，踩街的要高喊商品的名字以及"物美价廉"、"欲购从速"等语，无线留声机里还要播放《四季歌》、《何日君再来》等流行歌曲。以这种近乎闹剧的形式行走在街市上，动静不小，影响也较大，却花费不多。因为老北京的街面上什么都值钱，人工却最不值钱。这种"创牌子"的商业广告"踩街"，一直到新中国成立前还经常出现在四九城的市面上，成为当时一种独特的景致。

东便门火车站

老北京的铛铛车

在拆迁拓宽前门大街后，古老的北京城已重新恢复行驶有轨电车。这条报道引起了我对老北京有轨电车的回忆。

老北京的有轨电车，被老北京人俗称为"铛铛车"。这是因为电车上设有脚踏的铜铃，司机一边开车，一边用脚踏出有节奏的铛铛铛的声音。因为老北京的街道狭窄，有轨电车又多在繁华商业市区行驶，轨道上经常有身挑肩扛的人占道走路，铜铃的响声就起到了当今的汽车喇叭的作用，老百姓便把铛铛车当做有轨电车的代名词了。

看过电影《青春之歌》的人，会记得林道静站在北京街头有轨电车车尾振臂高呼"反饥饿、要民生、要自由"的激情澎湃的镜头。有轨电车在北京最早出现在清光绪二十三年（1897年），由外国人出资在马家堡到永定门外建了一段有轨电车，后因义和团运动而毁坏停驶。民国时北洋政府为解决北京城内的交通问题，拓宽了一些地方的马路，铺设了轨道，又从法国购进铁轨，从日本、德国购进电车线、发电机。1924年成立了国营的电车公司，当年开始通车。电车是木制车厢，两头都有操纵的机器，可以两头行驶，不用掉头。司机站着开车，左手扶电闸，右手持手闸，脚踏脚铃铛铛铛地行驶在双轨上。电车行驶时可看见电车顶上的天线弓子常摩擦出青绿色的闪光，也可算是北京城内的一景了。

新中国成立前的有轨电车在北京内外城有好几条线路，分别以黄白蓝绿红黑等色作为各路车的代表颜色，颜色牌就挂在电车两头玻璃窗的上端。记得当时第 1 路是由天桥至西直门，第 2 路由天桥至北新桥，第 3 路是东四到西四的环行线路，第 4 路由平安里至北新桥，第 5 路由崇文门内至宣武门内，第 6 路由崇文门外到和平门外，第 7 路从天桥至永定门，随着运行的需要，各路起始站也不断有所变化。新中国成立前及刚成立时，北京没有普通的公共汽车，因为票价便宜，有轨电车成为普通百姓出行的唯一交通工具。我少年时就与家人经常乘有轨电车去天桥市场、隆福寺等游乐场所游玩。记得车厢里左右两侧有长木凳座位，乘车人有站着的，有坐着的，售票员拿着票夹子在人群中来回挤着卖票。另外，还常见到身穿蓝色制服的稽票员上车查票，其实新中国成立前稽票员仅仅是查查平民百姓而已，对地痞流氓不敢问，否则要挨打的。

新中国成立后，随着北京城市建设的需要，马路重新修建，各路公交汽车得以行驶，有轨电车的陈旧设备和本身难以克服的缺点已经不适应新的城市交通。1957 年有轨电车被无轨电车所替代，遗憾地在京城消失了。

现在，前门大街再现有轨电车，重现老北京那故都美丽的一景。那有轨电车的铛铛铃声将再奏出欢快动听的声浪，飞向古都北京的四方。

老北京的戏楼

提起剧院、剧场，可谓源远流长 —— 按照《辞海》的"剧场"词条，在公元前的西汉时期就已有出演乐舞杂技的露天广场，这已是露天剧场的雏形。在《晋书 乐志》中记载，当时京都洛阳有一座名叫"平乐观"的古楼，就常有百戏在那儿表演，平乐观可称为我国古代较早的剧场。隋唐时百戏繁荣，当时表演都设于寺庙之内，各寺院中的"戏场"及后世的"庙

戏台

台"，都成为演出百戏的剧场。据《隋书·音乐志》载，公元606年正月，隋炀帝曾下令把各地百戏集于洛阳会演，在皇宫外搭起"看棚"供帝王贵族观看。这种较为雅致的室内剧场，当时称为"舞筵"、"锦筵"。到了宋代，戏剧进入发展新时期，技艺成熟，剧目繁多，开始出现营业性出演的剧场，称为"邀棚"、"勾栏"或"瓦肆棚子"，也就是用栏杆隔起来的简易剧场。

在辽、金、元时期，老北京的戏台大都设在庙宇内，门口高挂纸榜，写明当天要上演的剧目。当时的戏台已被建成前面凸出，可三面围观表演的样式，台前有帐，台后有墙，并有上下场左右两扇门出入，已经具备了我国传统剧场的基本形式。到明末的北京，临时性的剧场已被固定性的剧场所替代，这种剧场舞台结构，成为后世剧院建筑的源头。

在清朝时期，剧场的建筑规模已较大，剧场内的装饰和布置也更加精美。在皇宫紫禁城内，宁寿宫有畅音阁戏台。慈禧为她的六十寿诞，花费71万两白银在颐和园兴建了德和园大戏楼。宏伟壮丽的三层大戏楼和扮戏楼、颐乐殿、看戏廊等，前后三进院落，占地3800多平方米。戏台设计造型独特，上有天井、下有地井，台上有滑车，演戏时能"天降神仙"，能从地底"钻出鬼怪",在当时颇为神奇。在这个戏楼,宫内太监的戏班和宫外的谭鑫培、杨月楼等的三庆班、同春班经常演出,慈禧则爱看《黄鹤楼》、《定军山》、《群英会》、《四进士》、《金山寺》等。相传慈禧是个大戏迷,常住在颐和园,整日在德和园内看戏,终日无倦容,她在 13 年里,竟看过不同内容的戏 200 多出。

民间从清朝早期起,北京城已经出现有戏剧演出的茶园、茶楼戏园子和在会馆内戏台上出演的戏剧。当时,按不得影响皇宫王府贵族安静生活的规定,一律设在外城,所以戏园大都集中开设在前门外繁华的闹市里。

在清朝的早、中、晚期,都有当时所谓的"四大名园":早期的为太平园、四宜园、月明楼、查家楼;中期的为方壶斋、蓬莱轩、升平轩与广和查楼;晚期的是广德楼、广和楼、三庆园、庆乐园戏园。

所谓查家楼、广和查楼、广和楼,就是最早、最著名的"查楼"。查楼原是明末盐务臣商查氏的花园,《宸垣识略》书中载,查楼在肉市,是明代巨室查氏所建的戏楼。最初查氏后人把花园改成茶园,建了个小型戏台,边卖茶边有艺人说评书、演杂要。后戏楼于清同治年间易主,由北京东郊务农的"白薯王"王静斋经营,改名"广和楼",增大戏台面积,经常邀来好的戏班演出,成为老北京最早对平民百姓公演戏剧的剧场,谭鑫培、杨小楼、梅兰芳、马连良、谭富英、裴盛戏、袁世海等都先后在这儿演出过。

最初广和楼和其他戏园的布置,都是有茶点供应的"茶园"

戏装

173

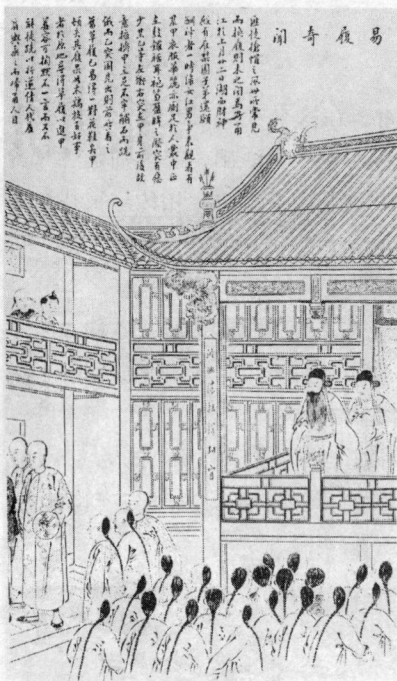

戏楼 A（《易履奇闻》选自《点石斋画报》）　　　戏楼 B（《易履奇闻》选自《点石斋画报》）

式：台前是两根大台柱子，戏台前是一条长桌或几张八仙桌，两旁是大板凳，桌上可以放茶壶、茶碗、食品，人坐着要侧着身子看戏。两廊下和后排则是散座的大条凳，楼上前排全是包厢，包厢后面全是散座儿。直到上世纪20 年代后，戏园座位才改为一排排的长椅子，也从最初女眷不能进戏园，逐渐改为男的坐楼下，女的坐楼上，最后发展为男女可一起合座看戏。

那时戏园子里除有捧角儿的乱喊叫外，前台还出现了"三行"，即茶水行、小卖行、手巾把行。正像侯宝林先生相声里所描述的，那时戏园里沏茶倒水的、卖烟卷花生瓜子的、扔手巾把的，一片嘈杂，一直到压轴戏开演，才稍静下来。

民国以后提倡文明新风，破除封建传统旧习，在京城首开剧场的夜晚演出，文明看戏，也开创了女伶可与男演员同台出演等新风气。先后在内城外城开设了新型剧场，如长安大戏院、吉祥剧院、开明剧场、第一舞台、华北戏院等，演出反封建争取民主自由的新京戏、新评剧、话剧等文明戏，著名坤伶刘喜奎等女伶在华北戏院出演的新时装戏曾轰动京城，曹禺的《雷雨》、《日出》等，也曾在长安戏院、北京饭店等地由北平剧社演出。

会馆戏楼从另一侧面反映了北京剧场和戏曲发展的历史。清代在城南地带建有很多会馆，正乙祠银号会馆、湖广会馆等会馆都建有戏台，以戏曲等节目宴请同行同乡，联络感情以利于经商交易。最早建于1667年位于前门外西河沿的正乙祠银号会馆，戏楼虽不大，但其庭院、戏台、台柱等却古色古香，成为老北京时独特的会馆戏楼，经常有程长庚、谭鑫培、梅兰芳、余叔岩等大师出演京昆戏曲、曲艺、杂耍或办堂会。如今，正乙祠银号会馆，改名正乙祠戏楼，仍有对外戏曲演出，是老北京戏园中保护最好的古剧场。

新中国成立后，城内新建了首都剧场、天桥剧场、人民剧场、北京展览馆剧场等大型现代化剧场，原有的长安大戏院等也大修、搬迁或扩建。原来的剧团合并成中国京剧院、中国评剧院、北京京剧团、北京曲艺团等演出团体，坚持百花齐放、推陈出新、古今并举的方针，多年来公演了众多京剧、评剧、话剧、歌剧、曲艺、歌舞节目，各剧场成为不可或缺的文化阵地。首都剧场和原青年宫，由北京人民艺术剧院、中国青年艺术剧院在上世纪50年代初较早地公演了《龙须沟》、《长征》、《屈原》、《雷雨》等优秀话剧。各京剧、评剧戏曲名家，也创新整理演出了众多新旧

京剧《青石山》

剧目，天桥剧场经常上演《白毛女》、《茶花女》等歌剧和歌舞节目。现在，北京的剧场、戏园以及剧院团体的设施建筑、舞台技术设备，与时俱进，日臻先进，出演节目多姿多彩，各剧场、戏院已成为文化建设及精神文明建设的重要场地。另外，新建成的国家大剧院成为高科技的国家最高艺术殿堂，公演高艺术品位、受中外瞩目的芭蕾舞、交响乐、戏剧、歌舞等优秀节目。国家大剧院的建成，不但为艺术家和观众提供了一个展示艺术、欣赏艺术的舞台，同时也将是首都中心地区最大的文化休闲广场，是北京一道亮丽的风景。

书店（《借书笑柄》选自《点石斋画报》）

老北京的书肆

书肆乃出售书刊和补充短缺书籍之场所。乾隆年间，以大学士纪晓岚为首的编纂《四库全书》的人员，出于考证典故的需要，常到琉璃厂搜集古籍，据传说那时纪晓岚买书"日费数十金"。清代著名诗人王渔洋更是浏览古旧书肆成癖。有些学者在府宅不易见到，则常可在书肆内找到他们进行畅谈。李大钊、鲁迅、老舍、齐白石、刘半农等名人雅士，也是古旧书肆的常客。据《鲁迅日记》记述，鲁迅在北京生活了十多年，在此期间他竟去过琉璃厂480多次，总计购买3000多册所需书籍。那时为数众多的大中学生每到课余和假日都纷纷来到古旧书店，一待就是几个小时，他们有的是为买书，有的则只是立足翻阅、寻章摘句，那时期没有群众可去的图书馆，书店成为不是图书馆的阅览读书之地。

在明清至新中国成立初，老北京崇文门外东打磨厂里的"老二酉堂"、"宝文堂"等书局，是有名的刊印经销古版书籍和印制普通百姓喜爱的《三字经》、《百家姓》及戏曲、鼓曲、小曲唱本的场所，其出版的唱本驰名京城内外，深受平民百姓的青睐。我青年时曾去过"老二酉堂"选书，听到过这些书局制版印刷的机器声。东打磨厂那时也是老北京的一条文化街，这里的众多书局于上个世纪50年代并入琉璃厂的古旧书行业，30年代后东安市场、西单商场也设有不少书店、书摊，后逐渐与琉璃厂隆福寺的书店共同成为老北京的四大淘书之地，很多人都在这些地儿淘买到自己想要的新旧书籍和期刊。

大钟寺与永乐大钟

坐落在北京西郊海淀区的大钟寺，是老北京的十六景之一，是我国唯一的古钟博物馆。自上世纪 70 年代起，北京市的文物管理部门将国内外征集、捐赠的各种钟铃整理分类，在大钟寺内收藏展览，于 1985 年 10 月建成最大的传播古钟铃文化的大博物馆。大钟寺内集中华古钟之大全，收藏了宋、元、明、清朝的古钟铃文物 700 余件（套）。除寺内大钟楼悬挂着的一口铸于明永乐年间的钟王——永乐大钟外，还有乾隆年间铸造的在钟身遍布 22 条飞龙的乾隆大钟，以及古老的编钟等，该寺因这些宝钟而名扬海内外，成为旅游参观探宝的胜地。

大钟寺原为觉生寺，雍正十一年（1733 年）建，寺内气势雄伟，有山门、天王殿、大雄宝殿、观音菩萨殿、藏经楼和大钟楼等六进大殿。为把永乐大钟从万寿寺移到觉生寺，雍正下谕旨在大钟寺后部建大钟楼，并御笔题"勅建觉生寺"的匾额。至乾隆八年（1743 年）大钟楼建成，将永乐大钟悬挂其间，乾隆皇帝还曾于乾隆十一年题有"乔松偃盖假山古，杰阁巍巍独居中。洪钟在悬洵伟观，连吟更喜昆弟从……中宏外耸何隆隆"的诗句咏这座巨大的宝钟。明清以来民间还因永乐大钟悬城西郊，流传着按东西南北中五方位置配易经的金木水火土五行的说法，西方庚辛金，所以大钟成为旧京时五大镇物之一的西方镇物，永乐大钟至今仍是百姓家喻户晓的吉祥宝物。

这座永乐大钟为何而铸造，又为什么被明清皇帝这样重视，老百姓为什么这么瞩目它呢？话要从明成祖朱棣（永乐皇帝）定都北京说起。永乐皇帝朱棣是明代皇帝朱元璋的第四子，他发动"靖难之役"从侄子建文帝朱允炆手中夺了皇位定鼎北京后，做了三件事：第一，建了紫禁城皇宫；第二，在北京南郊修筑了祭天的天坛；第三，铸造了这口永乐大铜钟。他

大钟寺

之所以要铸造这口巨大的钟，原因就是朱棣帝在开创基业消灭元朝的各战役中自认为屡立奇功，在夺了建文帝位后他进行"清君侧"，对前朝官吏、身边异己的大臣等进行了惨烈镇压，并株连九族杀了不少人。而朱棣则天天做梦，梦见有冤魂索命，整日坐卧不安。朱棣因此问计他身边的荣国公姚广孝，姚广孝曾是他夺位的策划者，是当时朝廷内重用的军师。姚广孝为他想出铸造一口天下最大的钟，为他颂功德并用以镇邪的妙计。朱棣帝就命姚广孝监造这口大钟，按照"唯功大者钟大"的祖宗说法（见太祖宗录），象征皇权定鼎北京城，并用撞钟超度阵亡的将士，且以此钟作为镇邪之物。

这口钟当时是在北京鼓楼西铸钟胡同内的京师铸钟厂铸造的。钟高6.75米，钟口直径3.3米，重达46.5吨，钟体内外铸有佛教汉、梵经文100多种共23万多字，经文字体工整婉丽，是明代书法家沈度的手笔。这钟的里里外外那么多那么小的文字，可以看出当时铸造工艺的水平是很高超的。当时是采用我国传统工艺无模铸造法，即用地坑造型表面陶范法。其钟体上窄下宽，钟声浑厚洪亮，音波起伏，节奏明快幽雅，击钟时尾音长达两分钟以上，钟声最远能传到15～20公里以外。之所以铸经文是为"一撞可抵遍唪经"，意用撞钟的声音来传达美好的佛的祝语。当大钟铸成后先送至景山后街、位于紫禁城东南不远的一个专门印制佛经、举办佛教法事的汉经厂（即嵩祝寺），在那儿陈列并由僧侣们每日诵经撞钟。朱棣帝坐在宫殿内即可常闻撞钟声，他与大臣们还经常去汉经厂看撞钟与做佛事，使心灵得到些许安慰。朱棣死后，在万历年间，汉经厂已房屋破旧，荒芜一片，无人问津。皇帝为保护祖宗的遗物，下谕旨将永乐大钟移至当时香火正旺、位于西直门外长河边的万寿寺（明万历五年，即1577年建）。当时这迁移大古钟之事曾轰动京城，造成百姓围观的盛景。因为那时没有吊车、汽车等运钟工具，十里长街全靠沿途凿井用水泼成冰道，再用木杠、人力、兽力加上智慧结合，经几个月才运到万寿寺内。有一首古诗曰："十龙不惜出禁林，万牛回首移山麓"，"道旁观者肩相摩，车骑数月犹驱逐"，描述了那时的盛况。

永乐大钟移至万寿寺悬挂没几年，到熹宗朱由校执政的天启年间，高悬的钟竟突然掉在地上，那时也正值天启帝的朝廷内局势动荡，山东爆发了白莲教起义，大臣们及术士们以万寿寺的大钟在皇帝住的紫禁城右侧为由进谏言，按古代前为朱雀、后为玄武、左为青龙、右为白虎的相术学说，万寿寺正置于虎方。大钟声震四方，造成龙（指皇宫）弱虎强之局势，社稷必不稳固，因而进言："帝右白虎方不宜鸣钟"，天启帝从此就让大钟卧地不起。待百年后到了清世宗雍正年间，大臣及术士们纷纷奏请悬钟，雍正于十一年（1733年）四月十六日批准了庄亲主的奏折，庄亲王建议大钟本属金，正建筑中的觉生寺后院属土，金土相生，应将大钟安置移至觉生寺的后院。雍正也认为觉生寺是风水宝地，遂下旨在寺后院盖大钟楼悬挂永乐大钟。大钟楼于乾隆八年（1743年）建成，楼高16.7米，上圆下方，以喻天圆地方之意，楼内地上砌有一直径4米的八角形石池，整个钟楼建筑独具特色，当钟声鸣响时，石池可产生共鸣，使钟声更洪亮，传向四面八方。大钟楼建筑典雅，还悬挂乾隆帝题写的"华严觉海"的匾额，引人观瞻欣赏。

自乾隆五十二年（1787年）起，觉生寺成为历代皇帝御驾亲临与寺中僧侣一起敲钟、为天旱祈雨的场所，那时因永乐大钟常鸣，老百姓都亲切地称觉生寺为"大钟寺"，从此北京城在逢年过节或求雨时都可听到祝福的钟声。每逢阴历正月初一至十五，大钟寺要开庙半个月，此时焚香拜佛活动极盛，游人纷至，士女如云，青少年多以赛马射箭为乐，入寺内游人可进行打"金钱眼"的游乐活动。游人届时可自钟楼内旋梯盘登至顶，可见大钟周围每个部位均悬挂有小铜铃，游人可用小铜元币击之，中者铃作响即可谓"吉祥"。那时此举跟白云观窝风桥下"打金钱眼"活动一样，成为旧京城庙会中的欢乐一景。清人得硕亭有诗云："觉生寺里大钟悬，蛾眼青蚨意爽然。世事看来当尽买，吉祥一卜也须钱。"

我国自古以来有盛世鸣钟的传统民俗，因钟的端庄形象和铭文具有永久性和历史感，象征着天长地久、国泰民安、和谐幸福。鸣钟，民间称为撞钟。撞钟多少下常因钟的铸造经文，历史，寺庙所处的地域、方向及节庆进行的需要而不尽相同。民间对撞钟流传有如下"吉庆祝语"：

撞一下，欢喜清净；

撞二下，灭除烦恼；

撞三下，消灾免难；

撞四下，除魔去邪；

撞五下，消灾延寿；

撞六下，恭喜发财；

撞七下，福慧双金；

撞八下，吉祥如意；

撞九下，心想事成。

如今新年、除夕等重大节日，一般要撞钟108下，有除旧迎新、敲钟祈福之意。之所以撞钟108下也因佛教认为，人有108种烦恼，从而寓意去除人生的108种烦恼。另据明代郎瑛所著文《七修类稿》解释，其"扣一百八声者，一岁之意也。盖年有十二月，二十四气，七十二候，三数之和，正此数也"。每当庆典和新年春节的子夜之时，众多百姓、国内外嘉朋，都会来到大钟寺为欢乐与新禧而撞钟，钟声深沉、悠扬、洪亮，声声震撼，传遍北京城大地；钟声为国家，为民族，为国泰民安、风调雨顺，为他们每个人的福寿禄禧而祈祥纳福！

梵宫塔影天宁寺

天宁寺位于宣武区北滨河路的西侧，坐北朝南，是老北京的知名寺院。天宁寺始建于北魏孝文帝时期，初名光林寺，隋仁寿年间称宏业寺，唐开元时称天王寺。辽天庆九年（1119 年），僧人在寺院的后院建了一个八角十三层密檐砖塔。元末时天王寺毁于战火而塔得以幸免，明永乐二年（1404年）重建寺院，并改名为天宁寺。清乾隆二十一年（1756年）时重修，并御书寺名"敕建天宁寺"，御制石碑一座。那时天宁寺的建筑，前有山门，入山门后东西两侧有钟楼、鼓楼。正中有殿房五间，殿后正中为天宁寺塔。塔西是十方堂，十方堂后依序是祖师殿、禅堂、库房、司房和祖堂。塔东是客堂，客堂后依序是伽蓝殿、斋堂、厨房、法堂和功德堂。塔的后面则是五间的大雄宝殿，殿后是七间的藏经阁，藏经阁的东西两侧均为方丈室。

天宁寺塔，据明代万历年间蒋一葵著《长安客话》和崇祯年间刘侗、于奕正所著《帝京景物略》，书中均称塔内供奉有释迦牟尼佛舍利一粒。该塔建在一个方形大砖台上，塔底部为两层八角形基座，基座上为平座，平座之上用三层仰莲座承托塔身。塔身呈八角形，每角均有盘龙倚柱，四正面有拱门，拱门上雕有佛像，南为大日如来，北为准提观音，东为药师佛，西为阿弥陀佛。塔身为密檐13层，通高57.8米，檐下砖砌斗拱为仿木角梁、椽飞。各层檐角都系有风铃，寺中僧书记载塔上有铃2928枚，合计重10492斤。古书记载此景为"风定风作，音无绝时"，成为寺中独特一景。塔顶原有宝珠作为塔刹，1976年，唐山地震波及北京，塔顶受损严重，塔刹坍塌，塔杆外露，个别砖雕被震坏。此塔历经900多年的风霜雨雪的考验，依旧完整、美丽、壮观，实为今日北京最珍贵的建筑艺术遗产之一。此塔被建筑学家梁思成先生所称赞，说它富有音乐韵律，为古代建筑设计的一大杰作。

据《康熙宛平县志》记载，天宁寺原为宛平八景之一，即"梵宫塔影"。关于此景，相传每到正午时分，在阳光普照下，天宁寺塔影便映进后边的大殿内，呈倒影状，若打开大殿的所有门窗，则会出现数十座塔影，而且皆为倒影，故天宁寺也有"倒影庙"的俗称。旧时，老北京天宁寺开放时，游人如织，寺内外热闹非凡，常常有卖鼻烟者，游人多买一两瓶自用或赠送亲友，故有"天宁寺闻鼻烟"之俗语。

古时的北京没有太高的建筑物，因天宁寺地处郊外较高的地方，以及因为寺内的高塔，成为古时北京的重要景观，曾引来无数文人墨客来观塔并吟诗作赋。每到一些节日庙会时，更是人头攒动，赏花、观景、登高，不亦乐乎。

清代学者王士桢在 观赏了天宁寺塔塔身的 浮雕佛像后，曾写下一首较为传神的《天宁寺观浮图》："千载隋皇塔，嵯峨俯旧京。相轮云外见，蛛网日边明。净土还朝暮，沧田几变更。何当寻清侣，林下话无生。"从诗中可以看出当时塔下还有园林。天宁寺曾经是古树参天、广植花卉的旅游胜地。

自上世纪 50 年代起，天宁寺塔院被封闭，很多场地被占用。70 年代，美籍华人杨振宁博士来京时曾慕名前往，因该地已属北京唱片厂的厂房，未能进去参观，扫兴而归。后到 1988 年天宁寺才被定为全国重点文物保护单位。2007 年，经过近 5 年的精心施工，坐落在北京西站东面的千年古刹天宁寺重新开放，并举行了佛像开光暨宗教活动场所颁证典礼，寺内重塑的一尊 9 米高世界最大的金丝楠木立佛也露出了"真容"，广大游人可入寺一览其亮丽的景色，倾听一下动听的风铃声了。

白云观

白云观是旧京时北京和华北地区唯一可以传戒的道观，道童通过考偈、审戒、诵经等考核，合格后便可取得戒衣、戒牒，成为道门中的正式道士。不过，对于寻常百姓而言，白云观是文人墨客、善男信女出城游玩、拜神进香、祈求平安的处所。白云观最热闹的时候，是春节时从初一到正月十九日，很多人乘马车或骑毛驴而来，游人如蚁，香客众多，香火最盛。

老北京时，过年从初一到十五厂甸、东岳庙、隆福寺、护国寺、财神庙、土地庙、药王庙、白云观都有庙会，但只有白云观延长到正月十九，因为十九才是白云观庙会的正日子。

正月十九叫燕九节，也称"宴丘节"、"筵九节"、"宴九节"，因为这一天，是全真派著名道士丘处机的生日。这一天

白云观庙会

上午，观内要举行宴丘会和盛大法会，丘祖殿里香火极盛。在白云观外的广场上也有跑马、射箭、竞技、耍龙狮等娱乐活动，北京风味小吃、玩具、杂品的商摊也鳞次栉比，旧时称为"上林盛举"。据说在光绪年间慈禧太后还御驾亲临白云观去会神仙，还赐给白云观御膳房厨师，使白云观的素斋名扬天下。

逛白云观与逛别的庙会不同的是，这里有特色十分鲜明的民俗活动，如摸石猴、打金钱眼、求顺星等，趣味无穷。

摸石猴是传统节目。一进白云观山门，那山门的石壁上雕刻着各种花纹图案，有"三猴不见面，铁打白云观，有门无人走，倒坐南极殿"的典故。这山门石券门上有一个半尺长的石猴，来逛庙的游客和信教群众为了祈求吉祥如意、"封爵封侯"和祛除百病，都要用手抚摸石猴，因长期被人们抚摸，石猴儿已被摸得锃光瓦亮，十分逗人喜爱。老话有"三猴不见面"之说，是说白云观原有三只石猴，谁能在逛白云观时摸齐这三只小猴儿，更可万事如意、大福大顺。那么，那两只石猴在哪儿呢？一只您可在山门西侧的八字墙下端找到，另一只是在那九皇会碑座的左侧，有兴趣的话可去找找看。

窝风桥打金钱眼，也是老北京的一项传统活动。这窝风桥下并没有水，庙会时在桥下挂一个直径三尺左右、用金纸做面、铁制的"大铜钱"，那钱眼中挂着一个铜铃，供游客用小铜币投打，打着铜铃者则视为吉祥如意，得财进宝。这个打钱眼的活动，听父辈讲，在上世纪30年代时最为盛行，那时窝风桥下还盘腿坐着两个老道士，面向东西相背"打坐"，任两侧桥上游客向金钱眼投铜币，即使打在老道身上也一动不动，就这样坐着，每天要坐十几个小时不吃不喝直到闭观为止。不过新中国成立前随家人游白云观时，已不见有老道盘坐在桥下，但这种打金钱眼的民俗活动，一直受游人的欢迎。

老北京时正月初八是"顺星"日，为诸星君聚会之时，也传为"诸星下界"之日，故在这天祭祀星君（即顺星），便可获得星君的保佑，因此游客逛白云观时，都要到元辰殿（顺星殿）去找自己本命之神（即六十元辰），在塑像前烧香捐钱顺星，祈求吉祥如意。记忆里新中国成立前我家每年元月初八夜晚，除"请"来星神码供在佛堂的天地桌上外，家人还要用黄白两种灯花纸，剪折成很多鸡爪子样的小纸灯，上面蘸上灯油放在天地桌上点燃，数量依家中每个人对应的值年之星盏数而定。同时还将小纸灯从四合院的门外，沿院内屋下台阶一直码放到屋内的炕沿、灶台等处，使整个四合院内灯光闪亮，以迎接诸星君下界，并有避除不祥之意。本命年的人这一晚上不得出门，守灯至灯熄，以保佑一年里顺利无恙。

另外，当游至老律堂前时，可看到一个三尺多高、六尺多长，用青铜铸成的"特"。"特"亦称铜骡，长相头似驴头、耳如马耳、尾像骡尾、蹄为牛蹄，非常特殊。老北京有这样的传说：它有祛病免灾之能，只要头痛摸头，肚疼摸腹，哪儿疼摸哪儿，可除一切疾病。因此"特"在白云观成了游人的一个吉祥物。

白云观里，还有八仙殿、吕祖殿、子孙堂等众多殿堂，当年游白云观，还可见到道士诵经的礼仪。逛白云观"庙会"，既欣赏了道教圣地的精粹，又得知了众多典故、传说、趣闻，还能祈求新年平安吉祥，因此在民间颇受欢迎。

花儿市大街

现如今崇文门外原花儿市大街已消失，拆迁后原地已盖起了国瑞城等新的小区，新的住宅楼和商业网点早已平地而起。

当我望着这旖旎的新景时，不得不回想起花儿市地区的旧景及曾有过的繁华集市景观。花儿市大街以南北羊市口为界，分为东西两段，西段为西花儿市大街，东段为东花儿市大街。

花儿市大街是明朝时将元大都城向东扩建成凸形城垣后形成的，是接近北京东郊地带的重要通道。它地处崇文门外和广渠门内地区，东面连接通州，西面毗连前门外的商业区，南面紧连着老北京的瓜市和广渠门大街，北面紧靠明清的古

广渠门外大街

城墙护城河和东便门火车站、旧运
河码头。原崇文门又是老北京的"税
关"所在地,《旧京遗事》一书中云:
"九师九门皆有课税,而统于崇文
一司。"所以自明朝时起,这一地
区就已成为给皇帝进贡物品时河运
必经之处。因而这地区逐渐居民聚
集,并建起不少旅店、饭馆、会馆
以及众多的商铺和茶馆、澡堂等休

庙会

闲场所。明清以来这一带曾有过 20 多个庙宇道观,如圣泉寺、万佛寺、
火神庙、蟠桃宫、灶君庙、花儿市清真寺、袁崇焕祠、夕照寺、隆安寺及
基督教堂等,使这里宗教气氛特别浓厚,也使花儿市地区成为集税关、寺庙、
庙会、集市、家庭手工业、商肆于大成的老北京一条著名街市 —— 花儿
市大街。逛花儿市成为老北京人的一项传统游乐休闲的活动。

花儿市大街明代时称"神木厂大街",是因重修北京城时的木料囤积
在此而得名,清代时改称花儿市大街。曾是京城四大庙市(隆福寺、护国
寺、土地庙、火神庙)之一。这地方为什么得名花儿市大街呢?《都门杂咏》
有诗曰:"梅白桃红借草濡,四时插鬓艳堪娱。人工只欠回香木,除却京
师到处尤。"这首竹枝词吟咏的就是北京匠人制作妇女头饰花之事。天下
绢花出北京,北京的绢花出花儿市,明末清初时是假花业的黄金时代,花
儿市成为绢花、宫花、簪花、纸花、绒花的集散地。戴花不仅是宫廷内的
需要,后来也传向民间,不论是大家闺秀、小家碧玉,还是老妇幼女都离
不开花。在原东花儿市大街一带的胡同内逐渐建有很多生产绢花、绒花、
纸花、假花、莲草花等的手工作坊。这些妇女头上、身上戴的饰花,陈
设室内的插花以及插在寿桃、寿面、蜜供、月饼等食品上的供花(亦称"面
鲜")等,有的系专为宫廷制作(当时称为宫花),有的批发外埠,并在西
花儿市的火神庙内外兜售,形成北京的特产。街以物名,遂称"花儿市",
原"火神庙"会也就改称"花儿市集"了。再加上西花儿市的南黄家胡同
里,一年四季出售各种鲜花和树苗,花香阵阵,香气飘满花儿市大街。这
些都是"花儿市大街"名称的由来。《天咫偶闻》中载,花儿市"每逢四有

四 京城古貌

185

空竹摊

市，其北四条胡同，则皆闺阁装饰所需，翠羽明珰，假花义鬟之属，累累肆间"，说的是老北京的花儿市每逢四、十四、二十四日开集，"花儿市集"所在地区因原有众多庙观，百姓焚香拜佛祈福的人多，逐渐成为民国时期老北京的五大庙会之一。每逢集日，这里商户栉比，摊贩云集，除了街两侧摆满了各种饰花、绢花、纸花、绒花外，还有众多日用杂货摊、农具摊，火神庙前还有很多卖香烛供品和各种传统小吃的摊贩；这里逛集（庙）的人摩肩接踵，人山人海，纷纷进庙拜神祈祷平安。如今，原有的火神庙及清真寺等庙观，经修复后仍存于国瑞城的众社区内的原址。

我特别要记述的是新中国成立前花儿市春节前的集市情景。在每年的腊月二十四到除夕，这条街上格外热闹，那时称为"联集"。这时集上呈现着一片迎新春欢度春节的气氛，街上除了摆满妇女佩戴的各种饰花、佛花、纸花、鲜花外，更有糕点、水果的棚摊以及鞭炮、空竹、风筝、玩具、灯笼、走马灯（似古代纱灯，能自动转出彩色人物画的灯）、拜佛用的香烛用品的商摊，原街上的商户也把自家特色商品摆在门前售卖，像那时的老字号福源长干鲜果品店、天合成百货绒线铺（即著名的"大烟袋锅儿"）、启元茶庄、张一元茶庄等，真是摊挨着摊，各种物品应有尽有。尤其点缀节日的是新搭建的画棚和写春联的对子摊。那用布搭起的画棚里挂满杨柳青等地的木刻水印、彩色胶印的各种内容的年画、门神画，五彩缤纷，各种窗花剪纸红色喜人，引游客观看选购。春联摊墙上都贴着"书春"、"涂鸦"的招贴，书春的人摆上一两张方桌、研墨膏、大小羊毫毛笔，就当众为购买者书写对联横批、门心、斗方、立幅等。比如，那四合院里常贴的"迎春"、"迎祥"、"鸿禧"、"抬头见喜"、"立春大吉"，商户常贴的"黄金万两"、"日进斗金"以及大小"福"字、"喜"字、"春"字等。很多城乡妇女都争相到这儿购买红绒的福字头花儿，为的是带"福"回家。春节期间，大年初一起商户虽然高挂门板歇业，直到初六才开张，但这条街上白天商户内敲响欢乐锣鼓，街市上鞭炮齐鸣，仍然很喜庆热闹；到晚间一些商家门前挂起布帏的连环画和红灯笼、走马灯，有的店铺还在除夕夜或元宵节时，在门前高挂点燃的"烟花盒子灯"（一种能向下折放的带有彩色风景、历史故事的灯），届时整个花儿市大街花炮灯饰交相辉映，非常吸引众百姓驻足观赏，整条大街一派和谐吉祥的景象。

其实不是"花儿市集"时这里也很热闹，除大街两侧众多山货铺、日杂百货、绒线铺、大酒缸、书茶馆、首饰店、布店等店铺外，这里曾经有过鸟市、鸽子市、骡马市和玉器市。在与东西花儿市连接的北羊市口还曾有一个青山居玉器市场。它是老北京时最大的玉器、珠宝钻石、象牙雕刻、古玩瓷器的交易市场，一些经营商人和玉器珠宝钻翠加工的手工业者，每天清晨在这里进行交易和招揽加工的活计。这"玉器市"就在我住家胡同口外，每天这里交易繁忙、人群稠密，车马行人常令这条短短的小街阻塞。最初玉器市在青山居茶馆内，上世纪30年代时在对面买下个织布厂旧厂房，又盖起一所大商棚，棚内摆满玉器摊。到50年代时大棚的场地被改建为大众电影院。青山居原是建在明末清初时，相传是有个姓鞠的山东人开的黄酒馆，这个酒馆兼卖茶水，因地处繁华要街，生意很是兴隆。后来青山居的老板又把原设在琉璃厂火神庙内的珠宝玉器市邀请到羊市口青山居设市，每天早上开市交易，下午和晚间又请来王杰魁、袁杰英、品正三等艺人到这儿说评书及表演单弦、大鼓书，并曾有京剧名角侯喜瑞、马德成等在这进行过演出和清唱，茶馆则只卖茶，客人免费听书听戏。

新中国成立前我正读小学，每逢路过青山居时也常站在门口眺望，看看热闹，听一会儿书。在羊市口附近的胡同内还有不少纺织作坊和加工玉器钻石的手工作坊，我上学途中常听到作坊里传出的"吱、吱、吱"的加工产品的声音。新中国成立后不久，青山居交易市场停办，后来上世纪80年代在崇文门外大街路东又开设名为青山居的一个特种工艺品综合商场，专营玉器、珠宝、钻翠、文房四宝、古玩字画以及金石篆刻等商品。

现在，这一切只有在梦里才会回来了……

四　京城古貌

灯笼　鲁求摄影

187

旧时胡同。

帘子胡同与帘子

老北京四九城里无论是皇宫的宫殿，还是四合院、大杂院的房屋，无论是寒冬还是夏暑时节，都离不开"挂帘子"。这是因为旧京时人们居住的多是简陋的平房，那时环境卫生状况极差，苍蝇蚊子特别多，所以要用各种门帘子，严冬时挡寒风吹入，夏暑天时阻挡蚊蝇等飞入，并利于通风。

帘子

帘子，亦称"堂帘"。严冬时使用棉帘、毡子帘、皮帘、蒲草帘，夏暑天则使用竹帘、纱帘或珠帘。旧京的皇殿、王府及大四合院的房宇前都建有走廊，其屋门外，冬天多安装个挡风门或挂个厚厚的棉帘子，入夏后拆下风门挂上竹帘。有的人家还在屋门外房檐下台阶之上也挂上一层高大的帘子（其两侧设小竹帘门出入），故有"堂帘"之称。

在那没有电扇、空调的年代，夏暑酷热难耐的时节，除了可在庭院里高搭凉棚外，用竹帘通风防蚊蝇则是当时巧妙简捷、又能防暑通风的好办法。挂门帘子，旧时皇宫里还曾按皇眷的等级划分，最高级的可使用斑竹、湘妃竹或细纱精制的帘子，那上面常饰有吉祥美丽的彩色图案，如福寿禄禧或仕女或花卉的字画，即所谓的"湘帘"。老百姓使用的则是用竹篾或苇箔编成的帘子。清道光皇帝写有《湘帘》诗曰："一桁垂银蒜，编成翠竹笭。篆烟留细处，草色看时多。月下纤无影，风前动有波。湘江遗趣在，夏永静如何。"《都门竹枝词》也咏有"帘卷空阶日影斜，蜂声满院静槐衙"的词句，都描述了老北京城夏日挂帘子的情景。说起挂帘子，值得一提的是帘子曾经在慈禧太后当政时，成为一种政权的特殊工具——"垂帘听政"，这在古今中外都曾是非常怪异之事，我们已从如今播出的影视剧中得以观赏并难忘此种"帘子"。

旧京的帘子胡同

正是因为皇宫王府内以及平民百姓家之需求，老北京时有很多经营帘子的作坊商铺和手艺工匠。因这些作坊，旧京时有不少被称为帘子的胡同。在明清时还有个专为皇宫内大量需要而设置的储存和制作帘子的"帘子库胡同"。帘子库胡同位于地安门内大街路东，旧黄化门大街以北的一个胡同内。这里有专人制作冬天用的棉帘，并设专人管理从南方等地购进的湘帘等竹帘。新中国成立后原帘子库场地曾被改造成为黄化门小学，用以培育新中国的学子们。

有趣的事儿是有些被称为帘子的胡同里并没有制作帘子的作坊。如国家大剧院西侧、和平门内北新华街东西两侧的东新帘子、西新帘子和东旧帘子、西旧帘子胡同，在元朝时曾被称为莲子胡同，元代时的大都城大兴水利，曾有一水系是由中南海向南流经如今的六部口东侧北新华街一带。因这一带当时地势低洼，逐渐形成了"水塘"，在塘里植荷产莲子；后在周围建屋成巷，故因出售莲子出名被人们称为莲子胡同。至明永乐年间，因重建内城城墙，将元代城墙南移，原水道被断流后，那低洼的水塘渐成为死水坑无莲可植，后又变成臭沟，明崇祯年间曾被称为"臭沟胡同"。清代后因臭污水熏人和炎夏阳光灼热，沿沟两旁人家都挂起苇箔制的卷帘子，遮挡臭味热气，人们于是改原莲子胡同为帘子胡同。

旧京"打竹帘子"的

在老北京五行八作的各行业中，有从事修整竹帘的作坊或个人。"打竹帘子哟！""修理竹帘子！"每逢夏日，旧京的胡同里都会有这样的高声吆喝。旧时人们因多年形成的节俭传统习俗，四合院、大杂院的百姓人家使用的竹帘子，要延续用十几年或一两代人。当帘子残损时仍舍不得丢弃，常让修理帘子的工匠进行修整，然后继续使用。回忆60年前，我家的竹帘子就常让匠人修整，我亦多次在所住的胡同里看那打帘子的工匠干活。那打帘子、修帘子的，有的是帘子作坊的伙计，有的是一个师傅带个小徒弟，当时在京城干这行的多为河北枣强县人。当时见打帘子的都有一两个一米左右高的立三角形的木架子，在上面铺上残损的竹帘子，工匠将已断了的或短缺的竹条儿补充上，将一根根新竹篾顺序排好，用一个"铜子"或又尖又薄的小木板做成线坠当竹梭。只见工匠熟练地在竹条间距中上下穿梭，对调打扎，每续一根竹篾，那线便将竹篾勒紧，扎好线后的竹排非常整齐好看。当帘子上中下的木板条损坏时，亦给换上新的板条，最后再在竹帘上刷上层清油漆，修好后就跟新的差不多啦。手艺高的工匠在打编时还可给住户打编出简单的几何图案呢！旧京时打修旧帘子的工钱也不贵，那时比买个新的便宜多了。如今这种行业早已绝迹。现如今的城内四合院和郊区的农家，有的已使用纱门，有的已改用珠帘之类的代替竹帘子啦。

前门和前门大街

2008 年，北京前门大街历经近三年的拆迁、改造、修缮、整治后终于掀开面纱，复建以 1957 年留存下来的一张老照片为样本，再现了前门大街上世纪二三十年代的旧景观和历史风貌。

当我走在这条 845 米长的古老大街上时，那老北京的古色古香的老字号店铺重现街道两侧，修饰一新的老胡同和四合院使我瞬间年轻了 60 多岁，重回到了新中国成立前的年幼时光。

因家父年轻时曾在大栅栏里的同仁堂药铺谋事，他对前门大街及大栅栏极有感情，曾带着我逛前门大街、大栅栏，去戏园听戏，去门框胡同吃北京各种风味小吃，买老北京的玩具，这使我也对前门和前门大街非常喜爱。那些从父辈们及古籍资料中获得的有关前门及大街的轶事，引我提笔忆旧。

丽正门·正阳门·前门·国门

正阳门，俗称前门。它就像老北京的一个标记，在当年的京师九门（内城）中，它是唯一完整保存下来的城门。"不知道前门大街就不是老北京。"这句话说得对，说得好呀！关于老北京的前门和前门大街是有很多轶事值得唠唠嗑。

前门，元大都时被称为丽正门。其名源于《周易》："日月丽乎天，百谷草木丽乎土，重明以丽乎正，乃化成天下。"那时的大街亦被称为丽正门大街。在元朝灭亡后，明清两代皇朝在元大都的基础上对北京城进行了改建增筑。在明洪武元年（1368年）大将徐达率兵北伐打到京东的通州，元朝的末代皇帝被吓得弃北京城逃走了，徐达胜利进入元大都城，并改大都为北平府。明燕王朱棣1403年在北平定都后改称其为顺天府，为巩固北方防止元军卷土重来，放弃了大都北面三分之一的城池，后退了五里，重新筑了一道高大厚实的城墙，并用原有的湖泊

正阳门城楼

和漕渠作为城北的护城河。朱棣在永乐四年（1406年）重建皇宫时，又将元大都的南墙向南移了两里左右重修了新南墙，即老北京时的前三门之城墙。英宗帝于正统元年（1436年）又将元大都的十一个门改为九座城门，其所以为九门是受古时讲究运用阳数之极"九"的"天数"的影响。改建后，南墙正中的丽正门于正统四年（1439年）改名为"正阳门"。正阳意为日者众阳之宗、人君之象；正阳也指帝王所居住的京城至高无上，圣立当中，日至中天，万民景仰。加之古人以南为阳，以南为正，故命名为"正阳门"。又因正阳门是正南大门，城池的前端，故俗称"前门"。在《礼记·祭法》及古籍中早有将国都的城门（指正门）称为"国门"之说。明清时皇帝在每年惊蛰节时去外城先农坛祭祀神农，耕种那"一亩三分地"；冬至节时要去天坛祭天，届时皇朝的銮舆（仪仗队），皇上的龙（轿）车皆浩浩荡荡出这正阳门，因只许"天子"出入这个门，故正阳门又被称为"国门"。

不知您去前门观赏前门楼子时注意到没有，那门洞上端石刻的"正阳门"匾额中的门字没有钩，门字的最后一笔是直直的一竖。这是咋回事呢？这在清人马愈撰的《马氏日抄》中有记述。"门"字无钩的故事最早发生在南京，在一次朝廷的玉牒展（档案库）发生火灾人们救火时，一宰臣认为殿门匾额上"门"字笔画上的钩脚是带来火灾之厄运，他命令立即撤下门匾投入火中，结果火马上被扑灭了。在明朝时因这门上的钩还曾发生过命案呢！相传明洪武十五年（1382年）五月，在国都南京的朱元璋到国子监集贤门视察时，看见那门字最后一笔有个上挑的钩，就问这匾是谁写

的,随臣说是中书省里书法有名的七品文书詹希原写的。朱元璋大怒说:"我正想集天下之贤士,他却为我关门塞贤,其罪可诛!"朱元璋当天就把詹希原给杀了。因此在明清两代,北京正阳门等城门的"门"字都没这个钩了!到民国时改换城门匾额,由书法家邵伯炯写的城门门额的门字也仍然无钩。而我发现不但正阳门的门匾没有钩,您去紫禁城内看看,那悬挂的很多门匾中的"门"字也是都没写那个钩的。

前门楼子九丈九,四门三桥五牌楼

依据"面南而君",皇宫背后不能有门的古礼,皇宫前面(南边)不但要开城门,而且其门还要有君王般的高大威严。正阳门正是京师九门中规格最高,最为雄伟高大壮丽的京城正门。民间就有"刘伯温修造北京城,前门楼子高大是第一名","北京城方又圆,四十里走不完,就属前门高又好,前门楼子九丈九"的俗谚。前门楼子九丈九,这"九"字其实是古代"九五之尊"之说中的吉祥数目。实际上前门楼子不止九丈九呢!经古建部门实际测量,最精确的数据是前门城楼通高为 43.65 米,箭楼通高为 35.37 米,都比其他城门高大得多,那箭楼上的箭窗也比其他城门多得多,共有 94

正阳门箭楼

正阳门西侧护城河

个之多。箭楼曾是城门设施的一部分，是古代用来防御外敌的战斗堡垒。

早年还有一句描绘前门的俗谚是"四门、三桥、五牌楼"。说的是旧京前门及城楼周围的建筑设施。过去老北京内外城十六大城门上都有城门楼，在城门的外边，大多还有一道用来屏蔽城门的半圆形的城关，即曲城，也叫瓮城、月城。而在瓮城正对着城门的城墙上，大多还有个城门楼子大小的箭楼。前门的瓮城建于正统四年（1439年），东西长108米，南北深为85米，在这个小广场里曾有供奉观音菩萨和关羽的两座小庙，都是只有一层殿的小庙。庙虽不大，但明清时香火很盛，每月初一、十五日人们都到关帝庙拜佛求签，《都门竹枝词》有"灵签第一推关庙，更去前门洞里求"之语。明清帝王每逢出正阳门去先农坛、天坛时，都要先到关帝庙上香。据《宸垣识略》载："正阳外门设而不开，惟大驾由之。月墙东西设二洞子门，为官民出入。"这外门即指的箭楼下的门洞，它跟前门楼子的城门一样，平日闭而不开，只有皇帝出入时才开启城门。那许多市民、客、商、官吏要出入前门时怎么办呢？那时要走东西两个洞子门。这洞子门前有护城河，还装有千斤闸的吊桥，这洞子门和吊桥每天日晓开门；日一落就关门，您呀，有什么急事夜间也不许通行，那时俗称"赶夜城"。那时确因家中急事必出入前门者，只有偷偷地爬水关啦！老北京时城门附近都有水关，水关是城墙下的沟眼，用以将城内的雨水泄往护城河中，平时干涸，水关宽可容身，但很低矮，穿时须爬行，当然水关内的荆棘臭味间杂，熏人、蹭脏手脸衣裤那是难免的了。在庚子年（1900年）后曾实行过闭门不锁的制度，宣统统治时又曾实行过上半夜开左门下半夜开右门之制度。

这"三桥"是指护城河上箭楼前的三座石拱桥，名叫"正阳桥"。桥南不远处建有一座"五间、六柱、五楼、柱出头"式的彩色明丽的"五牌楼"，牌楼额上写着"正阳桥"三个大字。这座牌楼雕梁画栋，古色古香，气势高大雄伟，与巍峨壮丽的正阳门城楼相互辉映，十分壮观，与前门城楼、箭楼、瓮城及正阳桥共同成为老北京时独特的古建筑群。前门外五牌楼下、正阳桥上还是每年灯节时众多妇女走桥摸门钉祛百病最热闹之所。五牌楼在民国初时因木柱朽腐，曾改为钢筋混凝土的，后于1958年因妨碍交通而被拆除。前门城楼、箭楼、五牌楼曾在八国联军入侵北京时遭遇大火，前门城楼和箭楼被侵略军轰倒塌陷，强盗杀人放火把前门大街商户抢劫一空，前门建筑群变成废墟。

旧京时还曾有个纸糊的前门的轶事。1902年1月，在西安避难一年多的慈禧太后和光绪皇帝返回北京，史称"庚子回銮"。由于劫后的正阳门尚未修复，清廷不得不采取应急措施，以免銮舆通过正阳门时慈禧不高兴。清廷令承修前门工程的厂商先搭着木料纸糊的城楼和箭楼，再披上五色绸绫，一切如原有之式样，以备驾到时观瞻。这个轶事曾在老北京广泛流传。

前门大街自古就曾是八字街三条街

正阳门大街俗称前门大街、天街，亦曾被百姓称作五牌楼大街。前门大街初步形成于元代，曾被称为丽正门大街，那时曾是官吏、文人雅士、善男信女每逢年节去城南法源寺、天宁寺、白云观等庙宇烧香拜佛，以及南郊百姓进城购物的必经之地，人来人往，车水马龙，逐渐形成一条商业街。到明清两朝由于内城大部分地儿用于构筑皇宫、皇家粮仓、皇家园林以及

皇族亲属王府（清
代时的内城就曾按
满族的八旗划分，
用于驻军和居住），
所以汉族的老百姓
被强迫移居外城前
三门一带，自康熙
时起还把在东华门
的元宵灯市移向前
门外。又由于明清

前门大街（前清）

朝改变了元代的"前宫后市"，内城不许设戏园子、妓院等，所以使前门
一带形成了老北京的商业中心，成为集商业、饮食业、服务业、娱乐业于
一体的最繁华之所。

　　这次前门大街改造后，自前门向南形成三条街，亦称为"八字街"。
其实八字街道在明初筑北京城时早已有过。当时北京城西南的旧金中都城
虽已残破，但依然存在，从前门到中都的施仁门一带（今宣武区魏染胡同
附近）当时走斜路最近，逐渐形成前门外西南方向的斜路。而在前门的东
南，当时有一条自春秋到西汉时永定河的古道，虽永定河早已改道，但这
古道地势低易十枳水，因此住户沿两岸筑了屋，形成从前门奔东南的另一
条斜路，这就是最早的前门外的"八字街"。后来，清代后前门大街西南
侧逐渐构筑成大栅栏斜街、李铁拐斜街、杨梅竹斜街等；前门大街东南侧
有长巷、北芦草园、清化寺街、东大地街等。两侧街道上逐渐建起四合院
住宅、会馆及商铺等，为路窄人稠之地。而清代后，在前门外至天坛的石
板铺就的御道两旁，尤其是五牌楼下，出售饮食杂品的摊棚众多，逐渐形
成了猪（珠）市、鱼市（鲜鱼口）、粮、煤市、瓜市、肉市交易。据《日
下旧闻考》载，正阳门前"棚房比栉，百货云集，较前代尤盛"，到乾隆
时棚房逐渐改建成砖瓦房，自此前门大街变成三条街啦！在三条街上，逐
渐增多的商铺买卖兴隆、各具特色、诚信待客，天长日久成为老北京人最
爱的众多老字号商铺。这里有经营金银玉器的廊房头、二、三条，有著名
的大栅栏（原廊房四条），有经营荷包和帽子的东西荷包巷，有查家楼（广

和楼）、庆乐园等几家戏园子，有著名的月盛斋酱羊肉铺，有一条龙、正阳、都一处等很多家著名饭铺，有全聚德、便宜坊烤鸭店，有驰名国内外的同仁堂药铺，有六必居酱园……可以说前门大街每一条胡同，每一家老商铺都有很多传说和轶事，老北京时有"头戴马聚源，脚踩内联升，身穿瑞蚨祥……"的俗语，就是赞扬前门大街的老字号商铺的。这前门大街几百年的繁荣，正如清代诗人郝懿在《都门竹枝词》中谐趣地形容前门和前门大街"晴云旭日拥城闉，对面交言听不真。谁向正阳门上坐，数清来去几多人"，另一首竹枝词里也咏前门大街是"向夜月明真似海，参差宫殿涌金银"。都道出了前门大街昔日的繁华景况。

前门大街并不都是欢乐喜人之所

老北京时有句"出前门"的俗语。这说的是清代时在内城居住的官吏、八旗子弟、富贵人家到前门外购物、听戏、逛庙焚香、找乐子时，去城南窑台等地登高、去天坛外射箭赛马时常说的口头语。可见前门大街以及天桥市场等地当时的确成为人们欢乐游逛的一条极热闹、吃喝玩乐购物样样俱全的大街。

"朱门酒肉臭，路有冻死骨。"旧京的前门大街一带也跟旧中国一样"几家欢乐几家愁"，老北京的前门大街并不都是一片欢乐喜人的场所，那"八大胡同"里的众多妓院中，多少烟花女子日夜被侮辱被欺凌，过着悲惨的生活。那从前门到天桥东西两侧的穷苦人家，日日为生计苦苦煎熬。即使那每日笑脸相迎的老字号商铺老板也受统治者苛捐杂税及无缘无故的欺压之苦，坎坷经营艰难度日。这里仅说一件与前门楼子有关的轶事。老字号亿兆百货商店曾是老北京在前门大街最大的日用百货零售批发的商店，就像新中国成立后的百货大楼那样，是人们购物之所。它创建于1936年，在新中国成立前，经营者受尽日寇及国民党反动统治者的欺压，当权者多次借机将老板逮捕入狱扣押以掳索钱财，新中国成立前夕国民党把亿兆百货商店老板张子余抓起来，硬逼着让他把前门楼子买下来，张子余没办法，只得交给国民党政府几十根金条才算完事。此事流传广泛，至今留有"你有钱，你买前门楼子去"的戏语。

旧前门大街发生过多次火灾，大火不但烧毁棚屋店铺，也牵连烧毁周

围四合院、大杂院的民居。前门大街乞讨的穷
苦人很多，那五牌楼下冬日寒风彻骨，穷苦百
姓瑟瑟发抖或倒毙街头。前门大街还曾出现过
人市，即出售活人的交易，因系以出售男人为
主，当时亦称为"穷汉市"。元人写的《析津
志》载："穷汉市一在钟楼后，为最。一在文
明门外市桥；一在顺承门南街边；一在丽正门
西；一在顺承门里草塔儿。"这说明前门的穷
汉市早在元代时已有。据史籍载明清时"正阳
门之桥上曰穷汉市"。当时生活在最底层无着
落的穷人聚集在这里，有的被召去做苦工；有
的则经中间人介绍，以很少的钱卖给他人；小
孩子则插上草标任人挑选，被卖去做奴仆。一
些妇女被人买去做妻子。在清咸丰十年（1860
年）的一张价目表上这样记载着：每头牛售价

前门外布巷内义和昌布庄

为四十至五十千文，米每石十千文，猪肉每斤一千文，而妇女上等人品者
每个十千文，中等人品者每个二千文。也就是说买个妇女仅用两斤猪肉的
钱，可见当时人市上以人做交易的惨烈景象。前门外等地出卖劳动力的集
市一直延续到新中国成立初期才逐渐消失。

前门大街曾经有四个火车站

　　老北京的前门大街之所以繁华热闹、车水马龙、摩肩接踵，还因为这
里曾经是铁路客货运输的中心枢纽地区。如今您在前门楼子东南仍可见到
一个高高的火车站遗址建筑。但您可知道从前门往南到天坛这条街道两侧
不仅仅是一个火车站，而是曾经有过四个火车站吗？

　　据我这个老铁路所知，在前门外东南和西南角曾建有两个火车站，而
在天坛内外也曾有过两个火车站。

　　我国铁路最早时的修建，曾在清宫内外有过很长时间的争论，以慈
禧为主的保守派曾激烈反对过。在力主修建铁路的李鸿章主持下，京奉铁
路自光绪四年（1878 年）始修，初到天津，直到光绪二十五年（1899 年）

前门西火车站

才从天津修到北京南边距永定门三公
里的马家堡。马家堡古时曾是京南一
个著名村庄，明清时就是进京的交通
要道 —— 驿站，1897 年曾由英国人
为卢汉铁路修筑了马家堡火车站。之
所以京奉铁路只修到马家堡，是因当
时清宫内怕铁路进北京城里会破坏北
京的风水。在清光绪二十六年（1900
年）八国联军侵入北京后，其司令部
和兵营曾设在天坛的斋宫等地，当时
侵略军为了运输军用物资，在永定门
东边城墙凿开个洞，把铁路从马家堡
修到南城内的天坛，并曾在天坛内外
修建了"天坛内站"和"天坛外站"。
在光绪二十七年（1901 年），卖国的《辛
丑条约》签订、侵略军滚蛋后，清政府才将天坛内外的铁路和站台拆除。

在光绪三十二年（1906 年）京奉（北京至沈阳）铁路从马家堡经东
便门修到前门东南侧，正式设立了车站，站名为正阳门站，后改称北京东站。
这个车站呈中西结合的建筑风格模式，站内设施很齐全，设有旅客上下车
的站台三座，其中两座还盖有风雨棚；设有售票处、行李房、问事处和分
一、二等的旅客候车室等。这个火车站曾经是清末民国时期政府要人冠盖
云集、名流往来必经之所，孙中山先生 1912 年从南京北上北平，在 1924
年进京治病，在此正阳门站举行过隆重的迎接仪式。1928 年，张作霖就
是从这里秘密登专车离北平返奉天，但还是被日军所探知，阴谋炸毁了专
列，张作霖被炸死在东北皇姑屯站。这个北京东站新中国成立后亦曾是国
家领导人外出及迎接国外领导人的背景大门。在前门楼子西南原由法国人
修建过一个车站，名叫"前门站"，后称北京西站，曾是京汉铁路（北平
至汉口）的始发、终点站。它与正阳门站一样，原来都办理客货运两种业
务，后来，在 1939 年改称北京东站的正阳门站专门经营客运业务，改称
北京西站的前门站则专门经营货运业务。这个货运站的货车是向西经宣武

门、西便门再通过丰台站向南开去，新中国成立后这个北京西站于1956年被撤销。由于国家交通发展的需要，也由于旅客与日俱增，为适应铁路交通发展，于1959年在崇文门东建成现代化的、设备先进的新的北京站（现北京站）。从此原北京东站改建成北京铁路员工俱乐部，如今这个古老的车站遗址已修缮成民国初时的建筑风貌，并改建成铁路博物馆对外开放。这座有百年历史的古老车站，不仅让人们想起前门大街的沧桑岁月，亦是老北京的一个历史符号，是北京城一处独具特色的景观。

大栅栏儿·门框胡同·青云阁

咱古都前门外的大栅栏儿，是南城中轴线上一条著名的古老商业街，从15世纪明嘉靖皇帝修筑外城召百姓居住、召商人居货，盖起棚房店铺形成廊房算起，至今已有500多年的历史。"天安门疏可走马，大栅栏密不透风"，"看玩意儿上天桥，买东西吃风味小吃到大栅栏"，这两句民谚顺口溜极形象地说出大栅栏在老北京鼎盛时期曾经的地位和繁华景象。

大栅栏

"大栅栏"最初叫廊房四条，因附近还有廊房头条、二条、三条，直到清代的《乾隆京城全图》上标的名称被改为"大栅栏"。其称栅栏渊源于明代，四九城里的百户（军官）王敏曾上奏孝宗皇帝：京城之内，大街小巷不止一处，巡捕官兵只有700余名，未免巡防不周，一闻有盗，昏夜追赶，长街小巷，辄被藏匿。因此奏请于小巷路口置立栅栏夜

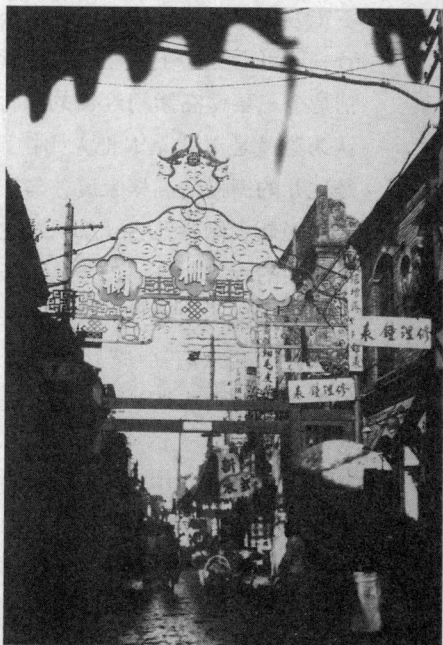

瑞蚨祥绸缎店

间关闭，以保障住户商号的安全（见明宫史）。至1730年雍正时期，雍正下令严格城门开关制度，同时又准奏京师外城各街道胡同增设栅栏板，书写街道特色。至乾隆时京师内外城已建有栅栏2400多座。因廊房四条内的商铺出资最多，其在东西街口建的栅栏比其他胡同高大牢固，故被人们改称为"大栅栏"。而北京人古今则都将大栅栏说成大"厦（音sha）"栏或大"市（音shi）"栏，而根本不念原词本音大"炸（音zha）"栏，民间流行的这个京味儿的叫法始终无从查考到其渊源，长期是个谜。我为此曾翻阅查找了很多古今文章图片，从清末时德国人拍的那张大栅栏街口的照片上悟到了谜底。细看那照片的铁栅栏不同于如今大栅栏街口新安装的栅栏，清代时的铁栅栏装饰得很美，规模高大，其横门框上加置着上窄下宽分成五层花样纹栏状的塔楼，其高度超过附近胡同的栅栏。从照片的背景还可看到高于铁栅栏的皮货店铺的侧影，另外当时街里的同仁堂老药铺是个三层楼高紫门红窗的门脸，据说可与前门城楼比高低呢。正因此我认为这就是老北京人把大栅栏读作"大厦栏"的缘故吧，"大厦"的意思是这儿的栅栏像高楼大厦，与众不同。

说起大栅栏儿古今都认为它不仅指"大栅栏"这一条街巷，人们爱把其周围的廊房头条、二条、三条、煤市街、粮食店街以及门框胡同、观音寺街等统称为大栅栏儿或大栅栏地区。有人考证现在的大栅栏地区，实际仍保存着明末清初"三纵九横"古老的格局模式。三纵指的是珠宝市街、煤市街和粮食店街，九横指的是大栅栏街外的施家胡同、大齐家胡同等众多胡同。

大栅栏地区历经几百年沧桑岁月，它是旧京时的政治文化中心，更是古今最大的商业旅游中心，堪称古都老字号商铺集聚之所，在不太宽的众街巷里，有几百个商铺、戏园子、影院和会馆。仅仅长275米的大栅栏街就有店铺80多家，"画楼林立望重重，金碧辉煌瑞气浓。箫管歇余人静后，满街齐响自鸣钟"，清人的《都门杂咏》诗描写了旧京大栅栏的繁华景象。

逛大栅栏儿老北京就流传着"买鞋内联升，买帽马聚源，买布瑞蚨祥，买表亨得利，买茶张一元，买咸菜六必居，买点心还得正明斋，看立体电影去大观楼，针头线脑到长和厚……"的购物俗语，旧京时的平民百姓最喜欢逛大栅栏儿，上世纪80年代前它曾是四九城内外百姓最爱游逛的一条老街。除了商铺外大栅栏还曾是京剧的摇篮，在大栅栏一条街里就曾有广德楼、庆和楼、庆乐园、三庆园、同乐轩五家戏园子，街外粮食店街还有个中和戏园。在100多年当中几代著名的戏曲名家谭鑫培、杨小楼、金少山、梅兰芳、余叔岩、马连良等都曾在此献演众多传统京剧，他们亦成为众多戏迷们捧角儿追逐的明星。自清代起至上世纪60年代大栅栏里的戏园子以及电影院天天热闹非凡，堪称场场爆满，一片文化娱乐繁华景象。另外大栅栏地区亦是旧京金融珠宝玉石钱市商铺最集中交易之所，还是驻京会馆及镖局最多的地方。大栅栏曾是京都最热闹的著名商业文化旅游胜地。

大栅栏儿是一条街，又不只是一条街。逛大栅栏儿除了购物听戏，还可在周边的横衢竖巷里找到独具特色的佳肴和北京传统风味的小吃。已故民俗家唐鲁孙在他的散文《吃在北平》中说，咱北京人在饮食方面最讲究精益求精，到了近乎奢侈的地步，在民国时老北京的饭馆子最盛时达1000家。追忆60年前老北京的大栅栏地区的煤市街等街巷里饭馆众多，我亲历过这儿的佳肴美味溢满好几条街巷的盛景。煤市街至清代中期后早已个与门头沟进京的煤结缘，逐渐成为美食一条街。据《朝市丛载》上记述，万兴居酱肉，致美斋的溜鱼片爆肚，泰丰楼的烩瓜尖，百景楼的烩肝肠，普云斋的酱肘与酱鸡，正明斋的饽饽，思元居的炒疙瘩都是当时的京城名吃，这些饭馆以及天承居、丰泽园等饭庄都聚集在这条街里，曾成为文人墨客、三五亲朋随意围炉小酌和戏曲界名流演罢戏品尝名吃之场所。天承居饭庄当时的炸三角，是用肉皮卤拌上肥瘦肉丁、韭黄末制成馅л面皮炸成金黄色，吃起来内馅味鲜香外

大栅栏街的店铺

201

皮酥焦，天承居的炸三角曾比都一处更有名。文学翻译家梁实秋不但译出《莎士比亚全集》留给后世，还是一位美食家，他在古都生活期间光顾过旧京众多名菜所在的楼堂饭庄，尝遍了佳肴小吃，他写有《雅舍谈吃》一书，专门记叙了京都饮食文化中的精品。梁实秋 1926 年从美国留学回国，在前门下了火车不回家，却直奔煤市街的致美斋，一连吃了三个爆肚和烩面、清油饼，可见他对故乡前门大栅栏名吃的喜爱留恋。京剧名伶们亦最爱大栅栏里的各种名食小吃，在大栅栏西街南侧的陕西巷北口，曾有个恩成居饭馆，梅兰芳、齐如山就常光顾那儿吃他们爱吃的"鸭油素炒豆苗"和"蚝油鳝背"名肴，尚小云亦最爱吃煤市街里的炒疙瘩……

门框胡同

谈起大栅栏饮食中的小吃，必然要说说门框胡同和曾经的小吃一条街。大栅栏街北侧的门框胡同老街北起廊房头条南至大栅栏，是条南北向很不起眼长约百米仅约有三米宽的小胡同儿。就在这样的小胡同里却曾住过我国著名章回体小说作家张恨水，张恨水一生勤奋写作，笔耕不辍，他1930 至 1933 年居住在门框胡同 12 号院里，在此期间创作出了《啼笑姻缘》、《金粉世家》等好几部小说；张恨水除了写作还是个戏迷，他不仅热爱京戏，常在大栅栏用仅有的余钱买戏票，看梅兰芳、余叔岩、杨小楼合演的京剧；他还懂戏并曾扮演《乌龙院》里的丑角，与众票友一起在会馆里参加堂会祝寿演出。

"东四西单鼓楼前，王府井前门大栅栏，还有那小小门框胡同一线天。"这句描叙老北京最繁华地区的谚语道出门框胡同曾经是老百姓心中最爱游逛的去处。当年门框胡同不仅有同乐轩戏园子（后又成红极一时的同乐影院）和一些老字号商铺，这窄小的胡同里更聚集着京师名扬国内外的代表京味传统的众多小吃摊，在上世纪四五十年代笔者在大栅栏看完京戏或电影后必到门框胡同一吃，记得这条胡同从南到北依次有：复顺斋的酱牛肉，年糕王，豌豆黄宛，油酥火烧刘，馅饼陆，爆肚杨，卖年糕、汤圆、炒饼的厨子杨，年糕杨，豆腐脑白，爆肚冯，奶酪魏，康家老豆腐，炒火烧沙，包子杨，同义馆的涮羊肉，瑞宾楼的褡裢火烧，德兴斋的烧羊肉、白汤杂碎，以及北口外的羊头肉马等。这些小吃摊或店铺多由清真回族同胞经营，食品制作精良、各具特色，摊位又极洁净、很讲卫生。那时我和很多食客同时挤进胡同，听着那京腔京韵的吆喝声，找到想吃的小吃摊前，挤坐在大条板凳上大吃一气，吃完这个又吃那个，吃得腰圆肚饱周身流汗才不舍地离去。据爆肚冯第三代传人冯广聚及豆腐脑白的后人追忆，民国时期正是京味小吃的黄金时代，那时很多戏曲文艺界名流都是在演出后到门框胡同吃小吃，如裘盛戎、荀慧生、尚小云、金少山、李万春、马连良、谭富英、谭元寿、常宝坤、侯宝林、白全福、郭全宝等都非常爱吃京味小吃，有些人是门框胡同的常客，他们均好这一口，边吃边聊天，引得常听戏捧角儿的百姓追着围着观看台下的名角儿尊容。

门框胡同小吃一条街在上世纪公私合营年代消失了，很多身怀特色绝技的小吃传承者到工厂或公营饮食店劳动或工作。直到80年代后爆肚冯、豆腐脑白传人的努力下，于后门桥及西四小吃胡同才见一些小吃的复活。我曾在大栅栏地区重修前后，怀旧前往找寻门框胡同，很遗憾的是，而今胡同里已多是民居，胡同口至今也未能悬挂个胡同名牌，更没有有关门框胡同历史人文方面的介绍牌匾。门框胡同代表了曾经的一段饮食文化历史，也是一处景点，我们应有所标示，以供人们观览和忆旧。

青云阁

在前门大栅栏儿的西口有个相连的观音寺老街，如今亦称大栅栏西街。其东起煤市街，西至樱桃斜街东口，全长323米，宽6米，是一条已有近600年历史的古老并独具特色的文化商业老街。它亦是古今琉璃厂文化街和大栅栏儿特色街区相衔接的纽带，曾是老北京文人雅士去琉璃厂淘古书字画古玩、购文房四宝后，到大栅栏煤市街听戏吃名食小吃时必经的一条古街。

在这条大栅栏西街里，除有不少商铺、饭馆、旅店、茶社外，还曾有个集购物娱乐饮食品茗并出售书刊文物于一体的"青云阁"，它是老北京最繁华的四大商场之一，它与廊房头条的劝业场都同建于清代，已有200年悠久的历史。青云阁曾于1905年重修，为青灰色轿子形的建筑，它前临观音寺街西口，后与杨梅竹斜街相邻。

青云阁有三层楼，中层曾是旧京的跑马廊和首先引进西方娱乐时尚的

大栅栏　鲁求摄影

台球厅，专供达官贵人们消遣用。在二层有个玉壶春茶社，相传民国时期讨伐袁世凯的名将蔡锷曾在此与名妓小凤仙演绎过一段爱情绝唱。鲁迅先生在京期间曾住在宣武门外，他去琉璃厂购书时曾 400 多次光临青云阁，在那儿理发，到玉壶春品茗、吃面点小吃，到富晋书社等店铺买书、买拓片、淘购古钱，并经常在青云阁与周作人等人聚会聊天，这些活动都在鲁迅日记中有过记载。"迤逦青云阁，喧腾估客过"；"栋栋书场满，家家相士多"；在《肃肃馆诗集》里曾有诗句吟咏过青云阁的繁华景况。

大栅栏西街及青云阁日前经宣武区投资维修改造，已还原为民国时期的古街历史风貌。青云阁亦已被修缮成古朴并具传统京味儿的小吃城。我与家人曾前往青云阁一游品尝风味小吃，在几名伙计"里边请您，平步青云，步步高升，四季平安"等迎客祝词中，我们逛了新修后的青云阁，狂吃了京味儿的名食。这里重现了门框胡同小吃一条街的老字号的著名小吃：有小肠陈、爆肚冯、年糕钱、豆腐脑白、奶酪魏、茶汤李、羊头肉马、瑞宾楼褡裢火烧等传统特色小吃，我好像又重回了门框胡同听到了那京腔京韵的吆喝声。大栅栏西街及青云阁修复保留了古都的历史风貌、风情，是值得游览的集文化商贸旅游特色于一体的景观。

宝月楼与新华门

北京的中南海是全国著名的皇家园林之一，它位于北京故宫、中山公园的西侧，面积达百万平方米。中南海的南门叫新华门，但当初它并不是一座门，而是一座二层的楼，叫做"宝月楼"。宝月楼建于清乾隆二十三年（1758 年），是乾隆为他的一位妃子——容妃所建。

有关容妃的传说很多，说她遍体生香，因此也被称为"香妃"。据《清史稿·后妃传》记载："高宗容妃，和卓氏，回部台吉和扎麦女，初入宫号贵人，累进妃。"她生于清雍正十二年（1734年），世居新疆叶尔羌，其族为和卓，故称容妃为卓氏。后来新疆发生回部叛乱，容妃的家族是当地的首领，反对割据，协同清军平息了这场叛乱。鉴于容妃家族在平息叛乱中有功，将其召入北京，封官赐爵，容妃随同来到北京。容妃被纳入宫中后，初被封为贵人，后被册封为妃，受到乾隆的恩宠，曾跟随他东巡。但这位妃子在宫中一直思念她的家乡——新疆。乾隆为了安慰她的思乡之情，在南海的南端太液池畔建了一座明楼，取名"宝月楼"。宝月楼是座面阔七间，重檐琉璃瓦卷棚歇山顶的古典式两层木结构的楼房。当时，宝月楼距"三海"的南墙还有一段距离。据《三海见闻录》及《燕都丛考》等书记载，乾隆曾下令："令西域回部移住长安街，并建礼拜祠与楼相对。"当时这里住有百余户回民，并建了一座"普宁清真寺"。这样可使容妃经常登临眺望家乡的生活风情以慰乡思，故宝月楼又有望乡楼之称。

辛亥革命后，袁世凯经过贿选当上了"大总统"，他把中南海辟为大总统府，于1913年把宝月楼改建为总统府的正门，取名新华门。改建时，先拆除了一段宛墙，然后在楼的两旁新砌两堵八字墙，使其与南海的外墙自然地连接在一起。宝月楼已经历了240多年的历史变迁。新中国成立后，中南海成为中央人民政府的所在地，新华门已成为北京庄严秀丽的一景。

九门之外的建国门、复兴门、和平门

老北京的城门有"内九外七皇城四"之说，"内九"指的是现在沿北京二环路的原北京城的九座城门：正阳门、崇文门、宣武门、朝阳门、阜成门、东直门、西直门、安定门和德胜门。"内城"还

东长安街（上世纪三十年代）

有"九门八点一口钟"的俗谚。所有的城门在同一时刻开启、关闭,用钟声、鼓声控制着老北京人的出入,日出而作、日落而息地生活着。人们都知道内城除这九个门外,还有名叫复兴门、建国门、和平门的三个门。这三个城门并不在九门之内,但又为什么叫如此之名称,这三门又曾与老北京人的生活有何关系呢?

建国门、复兴门

在上世纪初期,咱老北京的东西长安街并不是像如今的十里长安大道这么宽广畅通。那时的天安门有红墙围着,东边有一长安左门,西边有一长安右门。长安左门至东单叫东长安街,长安右门至西单叫西长安街。红墙内是禁区,老百姓是不能随便涉足的。东单往东到东城墙根是一条长胡同,宫帽胡同连着东观寺胡同和贡院大街。西单往西到西城墙根则是一条叫旧刑部街的长胡同。东、西长安街虽于20年代已通行,但东、西城墙并没有门可贯通,在40年代日寇侵占北京后,日寇曾幻想在北京东郊筹建用于工业区的"东街市",在北京西郊筹建用于商业和住宅的"西街市"。为沟通两新街市区域与城内之交通,特在东西两侧城墙各开辟了一个门洞,即东门称为"启明门",西门称为"长安门"。但门还没修好,门名亦没叫响之时,日寇就战败投降了。在1945年北平光复后,北平市长何思源当政时,曾重新修建已开辟的东、西门洞等城防设施,还加装了铁门,并由当时的市社会局归纳了市民的各种命名建议,将东边的门改称"建国门",西边的门改称"复兴门"。"建国"与"复兴"两个名称极符合抗日胜利后的民意。如今这两个门洞虽然早已随着古城城垣一起被拆除,但其美名却保留至今。

和平门

和平门原位于正阳门和宣武门之间,即如今的南、北新华街路口所经过之地。在民国初年,袁世凯窃夺了大总统职位当政后,曾将中南海宝月楼下的皇城开了个门,取名新华门。1913年,袁世凯政府的内务部总长朱启钤将这条新华门前南北走向的排水沟改建为暗沟,在其地上兴建了一条北起西长安街,抵内城南城墙的街道,命名为新华街,并幻想与外城的街道连成一条南北方向的吉祥大干道。但因正阳门外的商家担心此举会导致行人分流，至此出城，影响他们的生意，遂行贿游说当局，说是打通城墙会泄漏风水，不利于总统。迷信风水的袁世凯信以为真，阻止了打通城墙的计划。1926 年 4 月，冯玉祥回师北平后，下令将南、北新华街阻隔处的城墙打通，开辟了两个门洞，分为上、下行通道，并安装了铁门，命名为和平门，并邀请当时有名的书法家华世奎题名，刻在城门的门额上。从此不但车辆南北通畅，外城的居民过年时逛厂甸也不必再绕道宣武门了。涤秋所写《京尘闲话》中说："此门一开，冷静的北新华街顿觉热闹。今年逛厂甸的人，比往年多了好几倍。"但是没过半年，张作霖进驻北平后，迫于日本人的压力，将"和平门"更名为"兴华门"，因日本人认为和平门有影射日本天皇昭和之嫌，即昭和被中国人"平掉"之意，很不吉利。后来，北伐军进入北平后，才恢复了和平门的名称。1958 年，因城市发展需要拓宽马路，先后拆除了和平门门洞及附近的城垣，南、北新华街连成一条畅通的交通大道，和平门的名称并没有因此消失，一直延续到今天。

建国门、复兴门、和平门虽然与内城九座城门同被称为门，但它们自始至终也没有像那九座城门一样有过雄伟高大的门楼，更没有过瓮城和箭楼。如同十条豁口、北小街豁口一样，只是在城墙上扒开的便于出入的通道而已，这样"大不敬"的事情，恐怕历代统治北京的皇帝们从没想到过吧。

城东南角楼

北京城东南角楼位于崇文门东大街东端，其西北是客流众多的北京站，东南是东便门立交桥，故又称东便门角楼。

老北京的明清城墙是文明古都的重要标志。明成祖朱棣迁都北京后，对元大都进行了改建。在明永乐十七年（1419 年）将南城墙向南推移至现在的前三门大街一带，十几年后又修筑了北京城的九个城门的门楼。明《英宗实录》记载："正统四年（1439 年）四月丙午，修造京师门楼，城壕，桥闸完……城四隅立角楼。"即当时在北京城的东北、西北、东南、西南四角又建了四个角楼。上世纪五六十年代，在拆除旧京城的城墙和城楼时，

古城墙　鲁求摄影

东北、西北、西南的角楼一起被拆除了，仅保留了东南角的角楼。1958 年新建北京站时，将铁道线移至东南角楼的北边通过，从而保留住了这个唯一的城垣转角角楼。

东南角楼是目前北京仍然完整保留的唯一一座角楼，亦称东便门箭楼。这座角楼始建于明正统元年（1436 年），距今已有 500 多年历史，因其是东、南两座箭楼互相交叉组合而成的奇特建筑，1982 年被国务院批准定为国家重点文物保护单位。东南角楼建于高 12 米的方形城角墩台上，楼高约 17 米，通高 29 米，平面呈曲尺形，四面城垣为重檐歇山顶，是砖木结构建筑，朝内的两面有"抱厦"，各开有一门，一个朝西，一个朝北。楼内共 4 层，有木梯可到顶层。楼外朝东、朝南的阔面墙体及朝北、朝西的窄面墙体上均开有 4 排共 144 个箭孔。角楼建筑形式特殊，是古代重要的城防建筑，在明清时它的城防作用与地位很高，对于研究明清建筑具有很高的历史、艺术和科学价值。

500 多年来，角楼屡经修缮，1981 ～ 1983 年北京市政府拨款对仅存的东南角楼进行大修时，陆续发现带有"嘉靖"、"隆庆"等明代年号的城砖以及"乾隆"字样的琉璃瓦，反映出角楼历次修缮的历史。由于城东南角楼为京城东侧门户，地势险要，成为八国联军侵入北京时的主要进攻目标。东便门东南角楼一带曾是清军、义和团与八国联军殊死激战的地方。东南角楼在修缮时曾在墙体内发现八国联军炮轰角楼的炮弹残片，墙体上至今还残留着侵略军的刻名，它记录了帝国主义侵略中国的罪行和我国人民百年来饱受屈辱的历史。

角楼庄严地屹立在古都的东南角，它雄伟巍峨、高大壮丽、深沉凝重；望着它，俨然古城北京风貌重现眼前。

高梁河与高梁桥

高梁河，古称高梁水，位于北京的旧西直门外。有河就会有桥，桥位于西直门外北下关，桥架在高梁河的下游，因其河名而得名高梁桥。高梁河之名源于三国时期的魏国，那时在石景山南开挖渠道，用灢河的河水灌溉了当时种的高粱地，古人称其河水为高梁水，后人逐渐称为高梁河。明代时称为玉河，至清代又改称为长河。高梁河是条拥有近两千年历史的古河流，也是新中国成立前几百年来北京农田及地表供水的唯一源泉。

据成书于1500多年前的郦道元的《水经注》所载，高梁水"出蓟城西北平地，泉流东注。经燕王陵北，又东经蓟城北，又东南流"。《魏土地记》曰："蓟东一十里，有高梁之水者也。其水又东南入灢水。"又据地理学家侯仁之教授考证，高梁河其泉流的地理位置，应是西直门外紫竹院内湖泊的前身，新中国成立前最原始的高梁河水道很长，元代郭守敬从昌平的白浮泉及西山诸泉引导并疏浚水向东流，经现在的白石桥下逶迤向东到高梁桥，再至德胜门水关入城，经积水潭、什刹海、北海、中南海，穿过西长安街向东南经马驹桥入灢水。正如"高梁河水碧弯环，半入春城半绕山"词句形容的那样。那灢水即如今称的永定河，这条古高梁河曾经是最早的永定河古道，以后成为元代大都漕运和城市生活供水之水源，历经明、清、民国时期它都是城市生命线的一部分。历史上高梁河对北京地区的开发建设、文化、经济以及皇家宫苑湖泊的形成都具有很大影响，民间曾有"没有高梁河，就没有北京城"这样的说法。

高梁桥，又称高亮桥。之所以称高亮桥，源于流传在老北京城的一个"高亮赶水"的故事。相传明朝的刘伯温在修建北京四九城时有龙公作怪，龙公要把四九城里的水都收回去让人们渴死。龙公全家装成卖菜的商贩混进四九城，龙公令龙子把所有的甜水吸干，令龙女把苦水也吸干，分别装进水篓里放在独轮车上由龙公推着出了西直门。刘伯温知道后非常着急，他说城里没有水哪行呀！这时候从修城的人中站出来一个年轻的工匠，名叫高亮，他表示："我去追赶。"只见他手持一把长钢钎子，出了西直门上了西北大道，追呀追，一口气追到玉泉山脚下才赶上龙公。高亮手举钢钎一下子击中那苦水篓子，苦水哗哗地流淌下来，而那甜水篓瞬间变成一个凸着大肚子的龙子，刺溜一下早已钻进了玉泉山。高亮沿原路往回跑时一回头，却被龙公发来的大水吞没卷走了。由此北京城内的地下水成了苦水，只有玉泉山才有甜水。后来人们在高亮死的那地方建了一座坟，为纪念他还修了座桥，桥名就叫高亮桥。这个神话故事把高梁河与北京城联系在一起，至今北京人还记着这有趣的高亮赶水的传说。

实际上高梁桥是元代忽必烈时期于1292年在高梁河上架起的一座石桥。"凿断昆仑白玉根，退观如雪冻犹存，摩挲体质微生润，雕琢功夫不见痕。"诗中所吟的即是此白石桥。这座桥为三孔连拱桥，桥身石材为花岗岩石，桥下有闸名高梁闸，元代时曾称会川闸。这个高梁桥至今已有700多年历史了，元代时高梁桥的南北两端还各建有一座牌坊呢！自元代起高梁桥一带就是风景幽静优美的地方，那清澈粼粼的泉水从桥下流，一些香客商旅车马则从桥上走。至明清时这儿已成为从西山一带至四九城往来必经的一条大道，那皇宫里必用的玉泉甜水的送水车往来在沿河大道及高梁桥上，每天可见那插着龙旗的送水车上都放着四个大水桶，上面盖着绣着龙的大苫布，曾为老北京的一景……

在元明清时高梁河两岸逐渐建起了大护国仁王寺、极乐寺、镇国寺、大佛寺、娘娘庙、万寿寺、紫竹院、乐善园以及万福马庄、康亲王园等寺庙庄园。明清两代高梁河河水清涟，夹岸又密植杨柳和点景树，沿岸风光亮丽，超然世外，成为以柳林、佛寺为特色的京师最佳胜地和通往西山皇室行宫园林唯一的御用之路。据史书载，元代的英宗、文宗等皇帝到玉泉山游览时就是沿这条水路乘龙舟而行。尤其在颐和园建成前后，清代的皇帝后妃都是从此沿高梁河乘轿车或乘船去圆明园、颐和园等皇家园林，历史上对此现象有"赛游西山"之称。乾隆帝为了给生母孝圣太后六十大寿一个惊喜，于1751年特在高梁桥旁建了个金碧辉煌、宫门五楹的绮虹堂。这年冬天乾隆扶持太后乘轿到绮虹堂，在此歇脚进膳然后换乘冰车（暖水床）在高梁河上一路滑行北上到畅春园参加祝寿活动，太后一路上观景又没受风寒，心情极为欢愉。至慈禧时每年去她的"夏宫"——颐和园歇伏也是先乘銮舆轿车出西直门走御路前行，有一次慈禧坐在轿子里忽觉有人拍打轿帘，就问："何人叩帘？"左右答曰："回老佛爷，是

　万寿寺　鲁求摄影

棵大柳树。"慈禧掀帘一看说："好大
的一棵柳树！"至今公交汽车站仍沿
用着"大柳树"的古站名。慈禧乘轿
到高梁桥后常到绮虹堂和新建的富和
楼、增和楼里小憩进膳梳妆，而且登
上为她而建的船坞码头，乘金碧夺目
的龙船，由纤夫拉着奔向颐和园的昆

明湖。清灭亡后长河御道废弃。1916
年袁世凯夺取民国政权称帝后，曾下令重修长河堤岸补种杨柳，他亦想在
长河上行驶龙舟，但因其称帝美梦不及百日，整修高梁河的夹岸工程也随
之停止了。

　　由于四九城内众多园林都由皇家贵族所独享，旧京时高梁河、高梁桥
畔为平民百姓的近郊游乐的风景最佳之处所，明、清、民国时有"天坛游
松、长河游柳"的俗语。高梁河及堤岸之柳林曾是驰名京城的一大景观。
《帝京景物略》云："荇尾靡波，鱼头接流。夹岸高柳，丝丝到水。绿树绀
宇，桃柳当候，岸草遍矣。"《长安客话》亦云，高梁河"水急而清，鱼之
沉水底者鳞鬣皆见。春时堤柳垂青，西山朝夕设色以娱游人"。即每逢春
夏两季景色最美之时，清明、端午节百姓们踏青游高梁桥，此时百戏毕集，
有扒竿、筋斗、倒喇、筒子、马弹解数和烟火水嬉等名目，都人仕女乘轿、
骑马、步行争相云集以万人计。据《宛署杂记》载："俗传四月八日娘娘
神降生……倾城妇女无长少竞往游之，各携酒果音乐，杂坐河之两岸，或
解裙系柳为围，装点红绿，千态万状，至暮乃罢。"说的是在四月初八浴
佛会这天，高梁桥畔旗幢蔽空，铙吹震野，游人摩肩接踵，延续十余日，
除在万寿寺内举行功德法会、斋会等纪念佛祖释迦牟尼诞辰的活动，佛家
信徒有前往拜佛讨饮洗佛水及"乌米饭"和舍豆结缘等习俗以外，同一天
高梁桥畔的娘娘庙内外更有不能生育的妇女至此拜佛乞灵，求娘娘降福，
早生贵子。由于这里庙宇云集，柳林成荫，又有很多酒楼、茶肆、小吃等，
夏暑酷热时节游人多至此纳凉避暑、钓鱼、游寺庙玩乐，成为旧京一处休
闲胜地。

　　上世纪二三十年代后，随着西直门外大街的开辟和城内公园的逐渐

开放，高梁桥游事渐衰。时至今日物换星移，虽然高梁河畔不再有庙宇云集、柳荫成林丝丝垂水的风光，但古老的高梁河、高梁桥仍在，慈禧与光绪帝用过的船坞码头等古迹仍遗存，高梁河堤岸沿河道路已多次改建维修。我曾多次徜徉在西外拓宽的大道及两侧楼丛中，也曾到长河上乘游船品茗观赏两岸新美景，并在万寿寺、五塔寺、苏州街、颐和园等名胜中信步闲游。呵！好似在现代化城市及古老民俗文化的思维空间中遨游飞翔。

金水河与牛郎织女桥

　　天安门前有条碧绿的河水，河上有几座白石桥，人们称其为金水河和金水桥。但紫禁城里还有条同名的河，河上有金水桥。为什么有"金水"之名呢？

　　老紫禁城是明永乐十八年（1420年）建成，在紫禁城外还建有一圈皇城，现天安门就是原来皇城的正门。在紫禁城的午门内有条河叫内金水河，天安门前还有条外金水河，都是源于玉泉山的泉水。《大清一统志》中云："玉河源出宛平县玉泉山，汇为昆明湖，分流而东，南入得胜门西水关，至皇城内太液池，由大内经金水桥流出玉河桥……元时名金水河，以起西门入，故名。"原来根据古代的金木水火土五行学说，西方属金，故称为金水河、金水桥。又因水源自玉泉山，故又称为玉带河、玉带桥。金水河除了美化皇宫，还有排雨水和防火的功能，又因其护卫着皇城宫和"天子"，故又有"天河"的美誉。总之，分流了的玉泉水一支从紫禁城的西北角南流经武英殿前，再向东流过断虹桥到太和殿前，经内金水桥向东南出紫禁城，汇入紫禁城东侧的御河。另一支经西苑（即中南海）向东过外金水桥，汇流于太庙东的菖蒲河，然后汇于御河并连接于护城河。

　　内金水桥系五座并列的单孔拱券汉白玉石桥。居中的桥最宽，乃主桥，称为御桥，只供皇帝来往通行。御桥东西两侧的四座桥为宾桥，供王公和文武官员等通行。外金水桥是七座并列三孔拱券式的汉白玉石桥。居中的桥身宽大，玉石栏杆上雕有龙的图案，是帝王去祭祖、大婚、出巡时专用

212

的，名为"御路桥"。其左右的桥供宗室亲王通行，名叫"王公桥"。王公桥左右两侧，准许三品以上的文武大臣行走，称"品级桥"。品级桥东西两侧的桥曰"公生桥"，供四品以下官员通行。这种严格的等级规定，在当时是绝对不能违反的。

在外金水河的东西两侧，老北京时还曾有过两座石拱桥。明永乐年间明成祖朱棣修整金水河时，在金水河上游的南长街南口内，建有一座"织女桥"，在东边的南池子大街南口内，建一座"牛郎桥"。杜甫的《牵牛织女》一诗有云："牵牛处河西，织女处其东，万古永相望，七夕谁见同？"相传明永乐帝就曾带着后妃和宫女们在七夕节的夜晚来金水河上，放灯观星游乐。

新中国成立前，我曾到过菖蒲河游玩，那时牛郎桥的桥基、石板、桥拱均早已残缺。新中国成立后，政府整修马路时，南长街和南池子的织女、牛郎残桥已彻底不见，外金水河部分被改为暗河。上世纪90年代，市政府将菖蒲河由暗河恢复为明河，建成菖蒲河公园，在园内又重修了一座牛郎桥。

先农坛和一亩三分地

旧时，历代皇帝为表示对农业生产的重视，除在每年的冬至阳气始生之日举行"冬至郊天"礼仪，祭天、祭地、祭神、祭先祖、祈盼风调雨顺外，还要在立春时鞭打春牛祭拜统管农事的神，并要在春耕前由皇帝带领文武百官，在特定的田地上进行一番耕田种地的举动。

明清两代皇朝祭祀神农氏的场所是北京南

先农坛

城的先农坛。先农坛始建于 1420 年（明永乐年间），比天坛还早 18 年。"先农"即最先教民耕田人之意。先农坛占地 1700 亩，坛内根据皇帝祭祀活动的需要，设有演耕田（即俗称的一亩三分地）、观耕台、神仓、太岁殿等建筑，是我国规模最大、祭祀等级最高、保存最完整的古代祭农场所，2001 年被列为全国重点文物保护单位。

明清历代皇帝，在每年春分前后的一个良辰吉日——亥日，率众臣驾临先农坛，明人沈榜《宛署杂记》中详细记载了皇帝躬耕田地的情况。每年的皇耕盛典由顺天府进行筹备，要准备好耕牛和农具，再找些有经验的老农并给他们进行礼仪培训，要搭建五彩大棚，要先将耕田整成松软的沃土……皇帝扶犁亲耕时，顺天府尹执鞭在牛旁，由几位老农协助扶犁牵牛，在一亩三分地上象征性地耕犁几个来回，然后皇帝登上观耕台，众大臣及众老农扶着犁耕耘播种。

乾隆皇帝曾对先农坛进行大规模修缮改建，并下旨在坛内广植松柏以利圣洁，老北京时每年一次在一亩三分地的皇耕演礼，虽有皇帝作秀、浪费众多白花花银两之嫌，但皇朝重农楷模的作用，确实在民间有较深远的影响。旧京的农家百姓在春耕到来之前，也都要在当地庙宇或宗祠中进行祭天、祭地、祭先祖、拜祀神农氏的典礼及演戏娱神的活动。在一些农村也建有小的土地庙，一些农户也会在院里拿砖土垒个小土地爷神龛，他们或许不知炎帝和神农，但在春耕前必要膜拜祭祖，以求保佑五谷丰登。

民谚有"一年之计在于春"之语，春三月，天地俱生，万物以荣。在此春暖花开之际，适节令、备春耕、选优种、勤耕作，便可在我们各自的"一亩三分地"上获得好收成。

八大处的"两谜"和"四宝"

古老的寺庙园林八大处，坐落于西山风景区南麓，总面积 332 公顷，最高处海拔达 498 米。八大处建于唐、辽、元代，历史悠久，名胜众多，素以"三山八刹十二景"享誉中外。所谓"三山"即翠微山、严坡山和卢师山，三山峰峦错落、沟壑纵横、林木苍翠、流泉淙淙，四季美景迷人如画。

所谓"八刹"即长安寺、灵光寺、三山庵、大悲寺、龙泉庵、香界寺、宝珠洞、证果寺，这八座古刹或隐于谷底，或雄踞于绝壁，碑光塔影、暮鼓晨钟，怪石与奇松相依、闲亭与浅水相映，清静神秘之中又显得肃穆神圣。所谓"十二景"，即绝顶远眺、春山杏林、翠峰云断、卢师夕照、烟雨鹃声、雨后山洪、水谷流泉、高林晓日、五桥月夜、深秋红叶、虎峰叠翠、层峦晴雪，这十二景如同十二幅妙笔丹青，画尽了八大处四季四时的迷人意境。每当春夏，这里繁花似锦，鸟啼莺啭；金秋时节天高气爽，红叶如丹；寒冬时又飞白凝素，冰清玉洁，真可谓四时景致分外绮丽。

因八大处自然之美，历代帝王显宦、文人墨客多到此参禅礼佛、探古觅幽、避暑降居，给八大处留下很多珍贵文物，给后人留存不少典雅诗文和有趣的传说。明朝的工部主事廖希颜游罢八大处曾赋诗道："翠微西接古神州，石磴云盘阁道幽。白日烟霞林谷迥，长风鹤鹳海天浮。僧归黄叶峰前寺，水向青龙口中流。只道长安天尺五，谁云此处减瀛洲。"这首赞颂八大处风光的诗，把其自然景致形容得好似南海里仙岛瀛台那样幽美迷人。当你游历八大处的美景时，可观摩盛有佛祖释迦牟尼灵牙舍利的新塔和古塔，观赏龙泉池中的古金鱼、泰国僧王馈赠的贴金大佛，观看香界寺中大悲菩萨自传男身雕像、宝珠洞前乾隆御制诗石刻墨宝、证果寺大铜钟上的铭文，以及被清代文学家龚自珍誉为"义士魂"、"佳人骨"的天然美景——那云雾缭绕大气磅礴的虎峰，还有那"曲径通幽处，禅房花木深"的雅洁和已有300～800年之高龄的古玉兰、古银杏、古篁竹……一幅幅均是令人难忘的美景。

现如今当你在霜秋菊日登临时，到八大处最高处或坐载客缆车凌空览胜居高远眺，古都如画美景倏然扑面而来：西望崇岩峻岭重重叠叠，不计万千；南瞰可见永定河水淙淙如带一脉东流；向东看千古北京故都，薄云浅雾之中可见众多伟楼高塔之雄姿；畅目北向可观览到玉泉山塔影、万寿山的殿阁和燕山诸脉。"会当凌绝顶，一览众山小。"登临这素有"京西小泰山"之称的八大处，古老的传说，千般美景，万种诗情，定会使你心胸开阔，心驰神往，留下无限美好的记忆。

八大处古今都是人们登高赏景、祈福敬佛、寻幽探奇的胜地。老北京时曾流传着"不知道八大处的'两谜'、'四宝'，就不算来过八大处"的俗语，说的是旧京人们游览八大处时，在游山观景的同时不能忘记探宝寻奇、解谜之事，只有这样才算真正游了八大处的名胜。八大处确实有"两谜"。

一个谜是说八大处本应是九大处。按古老的"九五之尊"说法，九为最大，古建筑格局多为九。相传原来有个很大的洪湖寺，即九大处。在八国联军侵略我国时，八大处里会武功的和尚参加了义和团，杀死过不少日本兵。一次和尚们正在灵光寺设坛敬祭时，日本兵追来，和尚们被迫躲藏到洪湖寺，当日本兵包围后和尚点火与洪湖寺同归于尽，大火冲天吓跑了前来的日本侵略兵。至今留下了有否九处之谜。

另一个谜是说八大处与《红楼梦》小说的事。古典小说《红楼梦》的作者曹雪芹晚年曾居住在八大处附近生活并写书，相传曹氏小说中的环境酷似八大处及附近的环境。曹雪芹在写《红楼梦》故事时，用过八大处附近风景没有呢？给人们留下一个难解的谜团，待考证解谜。

旧京时去八大处觅奇探宝曾风靡一时。当时八大处的"四宝"是：

"一宝"是灵光寺内敬存的释迦牟尼的一颗佛牙舍利。据佛教典籍载，佛祖释迦牟尼80岁圆寂后共烧出了84000颗舍利，其中只有四枚佛牙舍利，这四枚中有一枚在天宫，一枚在龙宫，两枚在人间，其中一枚于五代时传到辽时的燕京（即今北京），燕国太夫人（辽国宰相耶律仁先之母）郑氏，为珍奉佛祖圣物决定建塔供存。塔于辽咸雍年间建成，塔名"招仙塔"，因建筑精美，又雕有无数梵经和佛像，又得名"画像千佛塔"，将佛牙舍利长期安放在塔内。这座精美的佛塔于八国联军侵略北京时被炮火焚毁，只剩下个塔基。后来寺内僧人在塔基内偶然间发现了个石函，匣上写着"释迦牟尼佛牙舍利"和"天会七年四月二十三日"字样及梵文经咒。经寺中住持认定，知其确是颗佛牙，据说这颗佛牙长近10厘米，当时曾将佛牙移至广济寺内保存。后自1958年起在灵光寺兴建一座高51米的八角十三层密檐式砖塔，60年代初佛牙移至新塔内保存，供国内外佛教信徒朝拜。

"二宝"说的是四处大悲寺内的那棵文冠果树。大悲寺始建于元代，原名隐寂寺，因明代在寺后建大悲阁，于清康熙年间易今名。康熙帝曾御笔为大悲寺题过两块匾额。寺内曾有棵古老的文冠果树，相传寺内的文和尚常在树旁读经作诗，每当文和尚围着文冠果树转圈后，创作灵感即随之而来，立即写出好诗词。该文冠果树的花呈五角形白色，而花中间则是红色，极为少见，因而更引得文人墨客对文冠果树有所偏爱，纷纷前来欣赏文冠果树和花。

这"三宝"是六处香界寺里的观音石。香界寺始建于唐代，原名平坡寺，明仁宗时重建改名大圆通寺，清乾隆年间又修后改称今名。香界寺是八大处的主寺，规模宏大，殿宇五进，左院建有乾隆行宫及花园，寺后建有藏经楼。有关香界寺的故事传说众多，相传有一年乾隆帝在香界寺里，突然无缘无故地在平地上摔了一跤，随从讨好皇帝，谎说是一块石头绊倒的。乾隆帝也顺着笑着下令让把那绊脚石挖出来。那随从就在皇帝摔跤之地挖呀挖，挖出一大堆石块，因那时讲究九为大数，故随从又自石块堆中取出九块，当他筛选出一块大石块时，竟惊奇地发现这石块上有"敬佛"两字，大石块背面还有个观音菩萨像，和蔼慈祥地笑着。原来这是一块唐代的石碑，曾被康熙帝把碑文磨掉，又御题"敬佛"二字雕刻在碑面上。这就是当时堪称观音石的珍宝。

"四宝"说的是七处"宝珠洞"内的砾石组成的一幅高山及寺庙的奇观，宝珠洞有一座正殿及两座配殿。殿后有深广约5米的岩洞，因洞壁为砾石胶结岩，形成黑白两色珠子样的物质，黏合成高山及寺庙的岩石画图，极为罕见。清乾隆帝曾有诗"极顶何来洞穴深，仙风吹送八琅音"赞美宝珠洞的奇特风光。

老北京的"四水为镇"

镇物之说起源于古老的五行术士和风水之俗。曾有《百镇全书》等古籍讲解辟邪驱灾降魔保平安福祉的方术。在《小园赋》中就有"镇宅神以埋石，厌山精而照镜"之说。从历代皇朝到民间百姓都传承着设置镇物这一古老传统的风俗。

老北京时四九城里流传有多项镇物。民间大宅门、四合院的居家布置流行必设有"六镇物"：影壁、山海镇、泰山石敢当、八卦太极图、善牌、门前镜。为了北京城的平安，四九城内外曾有五大镇物，相传系明清时依《易经》五行之说所设定，即东方属木，在广渠门外有神木厂的金丝楠木；

西方属金，在西直门外觉生寺有永乐大钟；南方属火，在永定门外建有燕墩；北方属水，在昆明湖有镇水的铜牛；中央属土，在四九城中心堆起个景山。还有脊兽镇、塔镇、石镇、阴阳宅镇等，除此之外鲜为人知的还有"四水镇"之说。老北京城由于地理位置与自然条件的关系，历来缺水，因此人们对水情有独钟。那旧京的河湖潭海作为保障平安的镇物，分处在内城的四角，被称为四水镇。

老北京的"四水为镇"之说法是指在四九城西北角的积水潭，东北角的后海，东南角的泡子河，西南角的太平湖。

积水潭

又称为鸡狮潭。《燕京游贤志》载："积水潭在都城西北隅，东西亘二里余，南北半之，西山诸泉从高梁桥流入北水关汇此。或因内多植莲，名为莲花池；或因水阳有净业寺，名为净业湖。"老北京时在水关的闸口处有一长约1.9米的石螭——镇水兽。在积水潭北侧的土山上有个汇通祠，又名镇水观音庵。除祠内供奉龙王及有众殿堂外，祠后方还保存着约两米来高的暗红色巨石一块，通体有花纹云朵，叩之有声如铜。那巨石上顶端可见一头狮和一只鸡，鸡在左狮在右，人们称它为鸡狮石，因而亦把西北角的这个湖称为鸡狮潭。关于鸡狮石的来历民间曾有个美丽的传说。相传有一天夜里忽然电闪雷鸣，一场暴风骤雨后，随着一道闪电红光，人们听到从天空中传来一声巨响。第二天早上住那儿的百姓看见在原有的洼地里竖立着一根很大的石头柱子，引得很多人围着议论起这怪事儿。一天傍晚从西方又来了个骑毛驴的白胡子老头，驴背的褡裢上放着斧子、凿子等工具。白胡子老头摸着看了看那块奇石，告诉大家这石头是块宝贝呀，可是有用之物哟！说完瞬间人和毛驴又都不见了。当天夜间忽然又刮起了大风，人们在风声里听到噼噼啪啪的敲击石头的声响，第二天人们就瞧见在原来的洼地里溢满着湖水，那石柱上新被雕刻出鸡、狮等众多纹图画面。人们见那栩栩如生的大公鸡和那毛发威猛的雄狮，说这可是有仙气灵气能辟邪镇魔的宝贝呀！那天鸡是祥瑞之物，那雄狮是百兽之王，骁勇威猛，这石柱是天赐给积水潭的镇物。后来在《燕都杂咏》里有诗描写它："鲜采临风展异姿，摇光耀目具威仪；陨星天使成良构，不数当年断罄奇。"老北京的积水潭里湖水漾荡，湖内荷花、芦苇及白鹭等构成优美自然有野趣的湖光靓景，是北京城西北角的一座平民乐园。

在"文革"十年浩劫中，镇水的石螭和鸡狮石被砸毁，上世纪70年代修地铁时积水潭和汇通祠被填平拆掉了。80年代地铁修完后在原四九城西北角重堆成一座小山，重建了汇通祠并据侯仁之教授提议作为郭守敬纪念馆。那曾坐镇一方的石螭、鸡狮石重又仿制后也留存在汇通祠，供人们观览怀旧。

后海

后海位于地安门东北、东直门北侧，是老北京后三海中的一个著名湖泊。后海东西长南北窄，两岸曾先后是清大学士明珠、和珅、成亲王、醇亲王居住的王府及园林，醇王府的西花园还曾被认为是曹雪芹写的《红楼梦》大观园的雏形。沿岸还有一些寺庙、民居以及茶肆、商铺、酒楼，如著名的烤肉季、爆肚张等。后海南端曾

后海 鲁求摄影

有李广桥，东端为著名的银锭桥。燕京小八景之一的"银锭观山"说的即是站在此银锭桥上远可观山，近可观海，景致极富诗意。人们还可在此体验曾经流传的"银锭观山水倒流"俗语的风光。

旧京时从积水潭引来的泉水并非一直东流入后海，其中有股水是通过李广桥绕恭王府南墙后注入前海，再经水闸及银锭桥桥孔流向西侧，形成"银锭观山水倒流"的奇特景观。

后海是老北京东北角的水镇，更是幽静优美的平民乐园。新中国成立后对外三海湖水进行疏浚，修筑石岸和道路辟为公园，后海是如今胡同游的主要观光处所，美丽的后海已被列为北京市历史文化风景区之一。

泡子河

泡子河是四九城东南角的水镇。泡子河原是通惠河的一部分，后来明代修建北京城时将通惠河的一段截于四九城的东南角。泡子河北面原曾有朝廷会考选拔人才的贡院、古老的观象台以及汇文中学，河东侧曾是营造盔甲火药的盔甲厂，泡子河旁还曾有过吕公祠等寺庙以及私人园林。清人宋起凤《稗说》中载："崇文门内东隅之泡子河，亦引水关之水汇成池，更通地泉，其脉上瀵，如济南趵突泉，水面潋滟若列星，故称泡子河。"泡子河在明代时"前有长溪，后有广淀，高堞环其东，天台峙其北，两岸多高槐垂柳，空水澄鲜，林木明秀"。那时的泡子河沿岸还建有亭台、石桥，每当夏秋时节，林木苍郁，鱼鸟腾跃在芦荻上下，景色幽雅优美。"不远世尘外，泫然别有天。"一些文人雅士曾到此游乐咏诗，欣赏泡子河美景。新中国成立前夕我在汇文中学就读时曾就近去过泡子河旧址，此时河道早已干涸，一片荒凉，至今京城仍留有泡子河东、西巷的地名。上世纪50年代后北京城墙被拆除，这东南角水镇的泡子河原址上建起了北京城新大门——北京新站和一条通往京东的大道。

太平湖

太平湖是四九城西南角的水镇。老北京时曾在四九城的西北角与西南角各有一个太平湖公园。此西南角的太平湖并非人民艺术家老舍在"文革"中受迫害投湖的太平湖。据《天咫偶闻》中载，太平湖在内城西南隅角楼下，太平街的西头，湖水面积达十顷，岸边树木茂密……当日落时，夕阳下湖水及岸边楼亭景物极为美丽。此书写于1907年，即在清末民国初时这里的风光还是很美的，旧京时西南角曾有"金隅"之称，相传曹雪芹还曾将自制的风筝在此太平湖（亦称西湖）上放飞过呢！上世纪50年代太平湖被填平，原址上建起了中央音乐学院。如今在此地区仍留有太平湖东里、太平湖中街的地名，还有名为"金隅"的大厦，使人们忆起四九城西南角曾经存在的四水镇之一——美丽的太平湖公园和湖泊。

老北京四九城的"四水为镇"，像建筑民宅时四角必安放"石镇"那样，虽然有些迷信色彩，但四九城这些曾经的潭海河湖，亦曾在疏浚北京城的水利建设，以及营造百姓游乐休闲环境方面留有很多功绩，值得追述。

后记

　　我出生于北京，并在古都北京生活了 70 多年，算是个纯粹的老北京人吧！我目睹过古老的北京城的变迁及北京人在新中国成立前后的生活巨变。我自幼年起耳闻目染四九城的人文、民俗、名胜、风情，非常喜爱古都北京的一切，并自青年时起酷爱收集、抄录、留存下老北京的点点滴滴，包括了历史、地理、文化、人文、民俗等诸多资料。这些资料帮助我写出本书，本书中的诸篇文稿，均曾发表于《北京晚报》、《北京日报》、《中国电视报》、《信报》及《北京纪事》等报刊上。

　　此次出书承蒙得到社会科学文献出版社编辑的帮助，谨向王静、崔岩、马晓星、陶盈竹几位编辑以及编务尤雅表示深深的谢意。因笔者学识疏浅，书中如有不妥之处，望诸君教正。

作者

四　京城古貌

《古典音乐零距离》

作　　者：谢　琚
页　　码：262 页
开　　本：1/16
插　　图：217 幅
定　　价：35.00 元
ＩＳＢＮ：978-7-5097-0108-9
出版时间：2010 年 5 月第 3 次印刷
内含藏书票：普契尼未完成的《图兰朵》曲谱
随书附赠 CD：《古典音乐零距离》光盘选曲（74 分 28 秒）

ISBN 978-7-5097-0108-9
9 787509 701089 >

内容简介

　　《古典音乐零距离》从古典音乐大师的生平入手，讲述音乐背后的故事，帮助读者深层次理解音乐，从而拉近读者与古典音乐的距离。随后分别介绍了交响乐、室内乐、独奏曲、协奏曲、歌剧、舞剧等不同的古典音乐门类，并在随书赠送的 CD 光盘中配有相应的经典曲目片段，带给读者感性的音乐体验。

　　35 位古典音乐大师的辉煌人生，107 部经典传世的不朽之作，200 余幅生动有趣的精选插图，8 首版本精良的代表曲目，一气呵成，浑然一体；内容通俗，叙述简洁，文字生动，易于理解；穿插于其中的音乐小常识，更是增加了阅读的趣味。

　　本书致力于审美，也致力于感受，一夕之间缩短您与古典音乐的距离，带给您轻松愉悦的视听体验。

《画说京剧》

作　　者：和宝堂
页　　码：239 页
开　　本：1/32
插　　图：320 幅
定　　价：35.00 元
ＩＳＢＮ：978-7-5097-0584-1
出版时间：2009 年 4 月第 2 次印刷
内含藏书票：霸王项羽
随书附赠 DVD：《京剧名家·经典精粹》（110 分钟）

ISBN 978-7-5097-0584-1
9 787509 705841 >

内容简介

　　本书全面勾画京剧，历史、行当、名家流派、经典剧目一应俱全，同时收录大量鲜为人知的名家轶事，每每令读者会心一笑。书中对京剧后台、乐队的描述是其他同类书籍中少有的，还在附录中增加了关于戏校学戏的文字，帮助圈外人了解圈内事。书中贡献 300 多幅独家图片，随书附赠的 110 分钟的影像资料收录梅兰芳、马连良、张君秋、李少春等名家名段，更是弥足珍贵。

　　浓墨重彩画足人生百态，皮黄琴鼓唱尽国剧悠扬，"京城京剧第一写家"和宝堂先生力作。

《踏足美利坚》

作　　者：洪　颖
页　　码：256 页（全彩）
开　　本：1/16
插　　图：420 幅
定　　价：39.8 元
I S B N：978-7-5097-0585-8
出版时间：2009 年 1 月

ISBN 978-7-5097-0585-8
9 787509 705858 >

内容简介

　　一本既实用又充满知识趣味的旅游指南，作者文字功底深厚，详细介绍赴美旅游的贴心实用信息，提供众多博物馆的开闭馆时间以及各城市的交通、购物、娱乐和风味美食等实用信息，也为暂不考虑赴美但对美国感兴趣的读者勾勒一个美国印象。

　　书中除介绍美国东西海岸七大名城、夏威夷群岛、拉斯维加斯和国家公园，还包括城市周边许多具有历史价值的人文景点，并讲述了许多鲜为人知的人物故事和小趣闻，所描绘之处，令人未至其境、未睹其物便已钟情和向往。由当地旅游机构直接提供的 400 余幅全彩插图更为读者增添感性的阅读体验。

《我的 FBI 生涯》

作　　者：路易斯·J·弗里（Louis J. Freeh）
翻　　译：姚　敏
页　　码：272 页
开　　本：1/16
定　　价：35.00 元
I S B N：978-7-5097-1201-6
出版时间：2010 年 1 月

ISBN 978-7-5097-1201-6
9 787509 712016 >

内容简介

　　本书是前联邦调查局局长的自传体回忆录。

　　在美国政坛丑闻泛滥，国际恐怖主义猖獗的 90 年代，各类案件、各色人等纷至沓来，轮番登场。路易斯·弗里坚守联邦调查局的独立性，秉公执法，维护国家安全。在书中，弗里记录了自己的生活、家庭经历以及在担任 FBI 局长的八年里所经历的重大事件。

　　作为联邦调查局局长，弗里在出色服务国家的过程中成了一名见证人——一个讲真话的人——他见证了克林顿时期白宫内所有违法乱纪的事情。对于围绕着克林顿总统职位的大多数争议，都可以归结为：你相信路易斯·弗里还是相信比尔·克林顿？

图书在版编目（ＣＩＰ）数据

老北京的记忆/张善培著. —北京：社会科学文
献出版社，2010.5（2012.5 重印）
（中国意象）
ISBN 978-7-5097-1301-3

Ⅰ.①老… Ⅱ.①张… Ⅲ.①北京市－地方史－史料
Ⅳ.① K291

中国版本图书馆 CIP 数据核字 (2010) 第 082451 号

中国意象
老北京的记忆

编　　者 / 张善培

出 版 人 / 谢寿光
出 版 者 / 社会科学文献出版社
地　　址 / 北京市西城区北三环中路甲 29 号院 3 号楼华龙大厦
邮政编码 / 100029

责任部门 / 北京社科智库电子音像出版社　　　　责任编辑 / 王　静　马晓星
　　　　　　（010）59367106　　　　　　　　　责任校对 / 南秋燕
电子信箱 / dzyx@ssap.cn　　　　　　　　　　　责任印制 / 岳　阳
项目统筹 / 孙元明
装帧设计 / **3A** 设计艺术工作室　马　宁　段　丽

总 经 销 / 社会科学文献出版社发行部（010）59367081　59367089
读者服务 / 读者服务中心 (010) 59367028

印　　装 / 三河市文通印刷包装有限公司
开　　本 / 787 mm×1092 mm　1/16　　　　印　张 / 14
版　　次 / 2010 年 5 月第 1 版　　　　　　　字　数 / 219 千字
印　　次 / 2012 年 5 月第 5 次印刷
书　　号 / ISBN 978-7-5097-1301-3
定　　价 / 29.00 元